SANTA TERESINHA
UMA CHUVA DE BÊNÇÃOS

FREI PATRÍCIO SCIADINI, OCD

SANTA TERESINHA
UMA CHUVA DE BÊNÇÃOS

Edições Loyola

Dados Internacionais de Catalogação na Publicação (CIP)
(Câmara Brasileira do Livro, SP, Brasil)

Sciadini, Patrício
  Santa Teresinha : uma chuva de bênçãos / Patrício Sciadini. -- São Paulo : Edições Loyola, 2024. -- (Testemunhas de Cristo)
  ISBN 978-65-5504-374-7

  1. Devoção 2. Espiritualidade 3. Hagiografia cristã 4. Santas cristãs 5. Teresinha do Menino Jesus, Santa, 1873-1897 I. Título. II. Série.

24-214736   CDD-248.4

Índices para catálogo sistemático:
1. Santas : Igreja Católica : Vida espiritual : Cristianismo   248.4
Tábata Alves da Silva - Bibliotecária - CRB-8/9253

Preparação: Mônica Glasser
Capa: Ronaldo Hideo Inoue
  Montagem de detalhe da imagem de Santa Teresa de Lisieux (escultura em madeira esmaltada, Igreja do Menino Jesus de Praga, República Tcheca, 2008, foto de © Jorge Royan, <http://www.royan.com.ar>, © Wikimedia Commons, CC BY-SA 3.0) sobre a imagem generativa de © joompon ("chuva" de pétalas de rosa) e a ilustração de © koya979 (globo de neve), © Adobe Stock.
Diagramação: Maurelio Barbosa
Imagens do miolo: Fotos da Virgem do Sorriso e de Santa Teresinha retiradas da obra *Édition du Centenaire* (1971-1992), edição crítica realizada por Ir. Cecília (Carmelo de Lisieux), Dom Guy Gaucher, OCD (Bispo auxiliar de Bayeux e Lisieux), Ir. Genoveva, OP (Mosteiro Clairefontaine) e Jacques Lonchampt. Imagens do anexo de Dra. Régia Celli Patriota de Sica (arquivo pessoal) e Caroline Meneghello (logotipo da Casa Santa Teresinha e ícone da rosa). Demais ilustrações de © LiliGraphie, © Adobe Stock.

Edições Loyola Jesuítas
Rua 1822 nº 341 – Ipiranga
04216-000 São Paulo, SP
T 55 11 3385 8500/8501, 2063 4275
editorial@loyola.com.br
vendas@loyola.com.br
www.loyola.com.br

Todos os direitos reservados. Nenhuma parte desta obra pode ser reproduzida ou transmitida por qualquer forma e/ou quaisquer meios (eletrônico ou mecânico, incluindo fotocópia e gravação) ou arquivada em qualquer sistema ou banco de dados sem permissão escrita da Editora.

ISBN 978-65-5504-374-7

© EDIÇÕES LOYOLA, São Paulo, Brasil, 2024

SUMÁRIO

Introdução	7
1. Quem é Santa Teresinha	11
2. Sempre sonhando alto	13
3. Por que entrei no Carmelo?	29
4. Na escola das viagens	31
5. Um longo tempo de espera	55
6. O dia de sorrisos e choros	57
7. Como nasceu o Carmelo de Lisieux	59
8. Um dia no Carmelo	61
9. Uma vida feliz	81
10. O pai de Teresa desaparece	85
11. Número 1449	93
12. Teresa sofre, ama, silencia	95
13. Luzes e trevas	99
14. Oito de setembro de 1890 – Casamento entre Teresa e Jesus	103
15. Como conheci Santa Teresinha	107
16. Um gênio da espiritualidade	111
17. A força da espiritualidade	113
18. Um rio de paz	119
19. A monotonia da vida	123
20. Compreendi o que é o amor	129

21. "Não temo uma vida longa" 133
22. A verdade dói, mas liberta 139
23. Teresa era a palhaça do mosteiro 143
24. *Le petit chemin* ["O pequeno caminho"] 157
25. Viver de amor 161
26. "Eu me ofereço ao amor misericordioso" 167
27. Teresa recebe um irmão espiritual 173
28. Irmã São Pedro 181
29. Nuvens densas sobre o Carmelo 187
30. A máquina fotográfica entra na clausura 189
31. A noite do nada 193
32. Teresa ganha o segundo irmão missionário 217
33. A maior decepção de Teresa: Diana Vaughan 221
34. Missionária sem passaporte 225
35. Querida Irmã Maria 229
36. Sentada à mesa com os pecadores 275
37. Não tenho outros tesouros 277
38. O último sorriso de Santa Teresinha 283
39. Trinta de setembro de 1897 285
40. O funeral de Teresa 287
41. Leônia compra o hábito de Teresa 289
42. As flores do jardim de Teresa 291
43. "Recorda-te, Jesus" 303
44. Semear a esperança 315
45. O que falta para você ser feliz? 319
46. Como Santa Teresinha rezava? 325
47. Celebrar as maravilhas do amor 333
48. Como rezar a Santa Teresinha 335
Referências 339
Anexo. Casa Santa Teresinha – Amor concreto 341

INTRODUÇÃO

Não podemos viver sozinhos. Na história da nossa vida humana, encontramos amigos que nos aliviam o peso do dia a dia, com quem atamos relações mais estáveis ou talvez passageiras, com os quais construímos o nosso futuro familiar, social, empresarial. Há uma norma da psicologia evidente e mais luminosa que a luz do sol: eu preciso de você para ser eu mesmo, para me realizar, e você precisa de mim. Nessa mútua cooperação, podemos criar uma sociedade e um mundo melhores.

Há também momentos na vida em que a ajuda dos outros não é suficiente, e percebemos uma vida "espiritual" escondida dentro de nós que, como a vida humana, tem seus momentos de alegria, de sofrimento, de depressão. Quando sentimos que sozinhos não conseguimos superar essas situações interiores, psicológicas e espirituais ao mesmo tempo, perguntamo-nos: o que fazer?

Quando a ajuda humana nos falta, recorremos a um auxílio espiritual. Mesmo os que se declaram ateus, nas dificuldades erguem os braços ao céu e clamam para que Deus os ajude. Ou recorremos aos ritos de umbanda, candomblé, tão difundidos no nosso Brasil, ou a outras práticas que nos parecem mais eficazes para nos ajudar a superar os obstáculos que encontramos na vida.

Na Igreja Católica, recorremos à ajuda da Virgem Maria, de São José e dos santos, que são inumeráveis, havendo alguns para muitas necessidades. Quem não sabe que Santo Antônio é o santo casamenteiro, ou que São Judas atende as causas impossíveis, assim como Santa

Rita? Santo Expedito resolve problemas rapidamente, e é por isso que se chama "Expedito"... Entre as santas, há uma especial na devoção popular, que é amada no mundo inteiro e a quem são dedicadas mais de três mil igrejas. É a "Santa das rosas", Santa Teresinha, que, antes de morrer, prometeu que do céu enviaria sobre a terra uma chuva de rosas: "No céu, não quero ficar sem trabalhar, inativa, mas continuarei a pedir a Deus que envie uma chuva de bênçãos sobre a humanidade".

Santa Teresinha do Menino Jesus e da Santa Face foi o nome que ela assumiu ao entrar no Carmelo de Lisieux, no dia 9 de abril de 1888. Viveu ali pouco mais de oito anos, morrendo aos 24 anos no entardecer de 30 de setembro de 1897. No dia do seu enterro, foi acompanhada ao cemitério por não mais de trinta pessoas, em uma tarde chuvosa, com muita neblina e frio. Colocou-se sobre o túmulo uma pequena cruz, na qual estava escrito:

Irmã Teresa do Menino Jesus e da Santa Face
*2 de janeiro 1873 †30 setembro 1897

Rapidamente a fama dela se espalhou pela redondeza, e o povo começou a ir rezar no seu túmulo; do céu, então, começou a cair uma chuva de graças e de bênçãos.

Os santos não precisam que lhes façamos propaganda, porque sabem fazê-la sozinhos, para a glória de Deus e para o bem dos outros.

Hoje, Santa Teresa é uma das santas mais amadas do mundo, pela sua simplicidade, pelo seu sorriso e porque, quando se pede algo a ela, costuma enviar uma rosa por meio de alguém que a doa. Mas, mesmo sem a chegada das rosas, sentimos perto de nós a sua influência positiva, que nos reanima e nos encoraja a não deixar o pessimismo entrar no nosso coração.

Este livro se propõe a torná-la mais conhecida. Não será uma obra histórica, mas sim uma ajuda àqueles que vivem momentos difíceis na vida, que necessitam de uma amiga sincera para desabafar as próprias preocupações, a qual escuta no silêncio, dando uma resposta que devemos saber ouvir com os ouvidos do coração. Conhecer a vida dos santos é conhecer alguém de carne e osso que viveu antes de nós e que soube atravessar os desertos, as noites da vida, à luz da esperança e do amor. Assim como Santa Teresinha, que, entre derrotas e vitórias, soube espalhar ao seu redor pétalas de rosas, como ela mesma escreveu em uma poesia:

UMA ROSA DESFOLHADA

> Jesus, quando te vejo, em tua Mãe apoiado,
>   Deixar seus braços
> E ensaiar a tremer, nesta terra exilado,
>   *Os teus primeiros passos,*
> Diante de ti quisera *uma flor desfolhar*
>   Em seu frescor,
> Para ver teu pezinho repousar sem dor
>   Sobre uma flor!...
>
> *A rosa desfolhada* é a imagem verdadeira,
>   Divino Infante,
> De uma vida que quer se imolar toda inteira
>   A cada instante.
> Muita rosa deseja irradiar formosura
>   Em teu altar,
>
> Em uma doação total... Busco ambição mais pura:
>   *"Desfolhar-me!"*
>
> Brilho de rosa torna uma festa luzente,
>   Ó Menino do céu;
> Mas, *rosa desfolhada*, esta vai, simplesmente,
>   Do vento ao léu.
> *Uma rosa desfolhada* entrega-se a seu dono
>   *Para sempre, amém.*

É como ela, Senhor, que feliz me abandono
    A ti também.

Sem susto a gente pisa em *pétalas de rosa*
    Que vão morrendo.
Decoração sem arte e despretensiosa,
    Assim o entendo...
A ti foi minha vida, ó Jesus, consagrada
    Com meu porvir.
Aos olhos dos mortais isto é *rosa fanada:*
    Vou me *extinguir!...*

Por ti devo *morrer,* Beleza eterna e viva
    Que sorte de ouro!
Desfolhando-me dou prova definitiva
    Que és meu tesouro!...
Teus *passos infantis* eu sigo, em meu fadário,
    Vivendo aqui em teus braços,
Pensando em suavizar, na estrada do Calvário,
    Os teus últimos passos!... (Poesia 51)

1
QUEM É SANTA TERESINHA

Teresa foi a última flor que desabrochou na família de Luís e Zélia Martin. Hoje, eles também são santos, proclamados pela própria Igreja Católica. Ela era a caçula de oito filhos, três meninos e cinco meninas. Três morreram logo depois do nascimento ou em tenra idade, e as cinco filhas que sobreviveram tornaram-se todas religiosas: quatro Carmelitas e uma Visitandina. Os pais, na juventude, procuraram entrar na vida religiosa, mas, por motivos banais, não foram aceitos. O pai porque não sabia latim, e a mãe porque não foi bem aceita pela superiora das Irmãs de São Vicente de Paula, que lhe disse: "Você não tem vocação".

Deus se serve das nossas desilusões e frustrações para realizar sobre nós o seu projeto de amor. Cada um de nós tem um projeto, e o vamos conhecendo lentamente, com o decorrer do tempo. É só permanecermos abertos à ação de Deus. O povo chama esse projeto de "destino", porém, aos olhos da fé, é "predestinação", isto é, uma finalidade que se constrói junto, entre a pessoa e Deus. Cooperação maravilhosa quando não nos revoltamos, mas assumimos as nossas revoltas como dom e como uma "oportunidade" que nos é dada para a nossa felicidade.

Os pais de Teresinha tinham recebido uma formação um pouco rígida, no estilo jansenista da época, em que Deus era apresentado como alguém distante, justiceiro, punitivo. Contudo, eles tiveram uma visão de Deus como Pai, cheio de ternura e de misericórdia.

Os dois trabalhavam duro para se sustentar. Ela era bordadeira do famoso ponto de Alençon, cidade da Normandia que possuía várias fábricas de bordados. E ele, Luís, introvertido, era relojoeiro, dedicado à leitura dos clássicos e de livros espirituais. Os dois, religiosos praticantes, aos domingos preferiam perder fregueses e dinheiro a abrir os seus negócios, porque naquele tempo era proibido aos cristãos trabalhar aos domingos e em dias de festa. O povo das redondezas, nos domingos, vinha à cidade para participar das funções religiosas e fazer compras... Mas encontrava fechadas as portas do comércio da família Martin.

Depois da desilusão da vida religiosa, por influência da mãe de Luís, os dois se encontraram em uma ponte que passava sobre um pequeno ponto do rio e atravessava a cidade de Alençon. E Zélia sentiu uma voz interior que lhe disse: "Este é o homem que tenho preparado para ti!". Depois de um noivado breve, de apenas três meses, casaram-se no dia 13 de julho, à meia-noite, como era costume naquele tempo.

Surge, porém, um pequeno problema. Luís queria viver o matrimônio como "irmãos", sem relações sexuais, e Zélia, por sua vez, mesmo que cedesse a isso, desejava muitos filhos. Aliás, sonhava com uma família cheia de crianças, que correriam pela casa. O que fazer? Após um encontro com um sacerdote sábio, prudente e inteligente, o que não é sempre fácil de encontrar, Luís muda de ideia e passa a ter um matrimônio fecundo, gerando com a esposa oito filhos.

As famílias de hoje, com pessoas cada vez mais egoístas, medrosas, têm gerado menos filhos. Aliás, existem países como Itália, Espanha, Alemanha, quase todos os da velha Europa, que vivem um inverno demográfico. Recusam-se a gerar filhos e rejeitam os migrantes, embora se vejam obrigados a recebê-los para manterem-se vivos. A Europa vai desaparecer, como nos tempos das grandes invasões bárbaras, e teremos uma nova Europa na miscigenação de raças.

Os migrantes são uma riqueza e devem ser acolhidos, bem formados, amados e integrados aos povos que os recebem. Não são barcos de trabalho escravo, mas precisam ser respeitados na sua dignidade humana, nos seus direitos fundamentais.

Eles também são nossos irmãos e irmãs, assim como de Teresa, a menina que o pai apelidou de princesa, rainha.

2
SEMPRE SONHANDO ALTO

Se quisermos alcançar a felicidade, devemos ter na nossa frente um ideal, estar convencidos de que podemos, com a graça de Deus, a ajuda dos outros e nossa determinação, chegar lá. Hoje em dia, muitos fracassos na vida são causados por ideais medíocres. Não queremos lutar e queremos chegar a uma vida cômoda de lucro, de realização profissional, sem esforço. Isso não existe nem na vida cotidiana, nem na profissão, nem também na vida espiritual. Há ditados populares que dizem: "Deus ajuda a quem cedo madruga" e "Ajuda-te que Deus te ajuda!".

Teresa do Menino Jesus viveu e foi educada em uma família cristã que tinha um ideal: ser fiel ao Evangelho e educar os filhos nessa fidelidade a Deus. O pai dela, Luís Martin, havia colocado um escrito diante de si, no seu local de trabalho, que o ajudava no dia a dia: "Deus acima de tudo!". A pequena Teresa, mimada na família por ser a caçula e por ter perdido a mãe quando tinha quatro anos e meio, viu diante de si irmãs que almejavam um ideal. Ela um dia escreveu em *História de uma alma*: "Não tenho asas de águia para voar ao cimo das altas montanhas, mas tenho olhos de águia para fitar o sol divino que é Cristo...".

O caminho de Teresa de Lisieux foi sempre exigir o máximo de si mesma e ter ao mesmo tempo o máximo de confiança em Deus. Uma das palavras que ela mais usa nos seus escritos é: "Quero", que não é fruto de orgulho ou de prepotência, mas sim de humildade. Ela sabe que sozinha não pode nada, mas com a ajuda de Deus pode tudo. Ela lembra as palavras de Jesus: "Sem mim nada podeis fazer!".

"Quero ser santa, e não quero ser santa pela metade... Mas com toda a minha pessoa." No entanto, diante desse desejo, ela se depara com uma dificuldade enorme. No seu tempo, a pregação sobre a santidade era algo heroico, e só se podia ser santo, isto é, cristão perfeito, desafiando a própria natureza humana, por meio de sacrifícios e penitências, jejuns, até morrer e fazer morrer, como dizia São Francisco de Assis, "o burro que está em nós...".

Ela toma consciência de que esse caminho não lhe é possível percorrer, por causa da sua fragilidade física, da sua jovem idade e da sua incapacidade psicológica, mas todas essas dificuldades não lhe podem impedir de ser santa, fiel a Jesus até o heroísmo. Ela mesma escreveu: "Deus não pode colocar no coração de uma pessoa um desejo que seja irrealizável".

Eis o segredo da felicidade: crer que é possível realizar os nossos objetivos. Que fazer diante de um empecilho? Desistir? Ou encontrar um caminho alternativo?

CAMINHO ALTERNATIVO

Com genialidade e criatividade, Teresa vai buscando um caminho alternativo para chegar ao seu ideal: "Já que não posso percorrer o caminho da penitência e do sacrifício, irei percorrer o caminho do amor". Por meio do caminho do amor, das pequenas coisas, podemos alcançar tudo o que queremos. O amor, a santidade, não são medidas "quantitativas", mas qualitativas. Em um momento de busca de um caminho, Teresa escreve: "Tudo é grande quando é feito por amor". É esse o grande caminho que todos podemos percorrer na nossa vida diária: não devemos nunca nos confrontar com aquilo que os outros fazem, nem ter inveja do que os outros fazem, pois cada um de nós deve ser capaz de aceitar as próprias limitações, as próprias capacidades. Nem todos podemos ter o gênio de um Michelangelo, de um Leonardo da Vinci, ou de um Fernando Pessoa, mas todos podemos desenvolver até ao máximo as nossas capacidades.

Eu fico abismado quando vejo pinturas de pessoas com limitações nas mãos que conseguem pintar com a boca ou com os pés. Essas pessoas foram capazes de superar as deficiências sem desânimo, mas com coragem, e obter o máximo da vida. Teresa do Menino Jesus é uma revolucionária da teologia do tempo, porque a santidade era luta, força e destruição do próprio ser por amor a Deus, mediante a penitência. Ela reage a isso, silenciosamente, mas com coragem, e apresenta a santidade como é: só amor. Deus não pede o impossível para ninguém, mas nos pede o máximo da nossa possibilidade.

GRANDES IDEAIS

Teresa d'Ávila, a reformadora do Carmelo, que viveu na Espanha entre os anos 1515 e 1582, foi uma mulher corajosa em um tempo em que a mulher não valia nada. Ela soube afirmar-se na sociedade e na Igreja não com um feminismo estéril, mas com autoridade moral, espiritual, assim como escreveu para suas monjas de clausura: "Deveis ter ideais grandes, e não ser como galinhas de asas cortadas, que não podem voar". E quais são os ideais que norteiam sua vida pessoal? Social? Profissional? E familiar?

Em uma "sociedade líquida" e sem espinha dorsal como a nossa, necessitamos redescobrir a força de um ideal que revolucione a nossa vida e a das pessoas que vivem ao nosso redor. Teresinha era uma mulher de grandes ideais, que se renovavam a cada momento e que a ajudavam a "sair" do seu pequeno mundo claustral e do egoísmo para servir e ajudar os outros. Sua maior fonte de felicidade era descobrir-se útil para aliviar os sofrimentos dos demais.

UMA MULHER FELIZ

A palavra "santo" pode nos fazer torcer o nariz. Que quer dizer, porém, esta palavra na linguagem eclesial e, precisamente, na Igreja

Católica? Em uma família cristã de todos os tempos, e até mesmo nas de hoje, depois do nascimento de uma criança, se pensa logo em batizá-la. O batismo das crianças atualmente é contestado por teólogos e por pessoas engajadas da própria Igreja. Eu defendo a ideia de que a criança deve ser batizada, porque, como os pais comunicam a vida física, também têm o dever de comunicar a vida espiritual e os seus valores. Como a criança não tem capacidade de escolher a escola nem o que quer fazer, mas são os pais que escolhem para ela, também no caso da fé deveríamos seguir o mesmo caminho. De fato, a Igreja hoje em dia quer sempre mais que não sejamos indivíduos egoístas, mas que caminhemos juntos e vivamos em comunidade, seja familiar, social, seja religiosa.

Os pais de Santa Teresinha se preocuparam em batizá-la imediatamente. Ela nasceu no dia 2 de janeiro de 1873 e dois dias depois foi batizada na igreja matriz de Alençon. Foi uma festa em família e com os vizinhos. Uma criança não constitui só a alegria dos pais, mas de todos os vizinhos. Recebeu, como era de costume na família Martin, o nome de "Maria", que era dado a todos os filhos, e depois o nome de Francisca Teresa. Mas seu último nome se tornaria aquele com que seria sempre conhecida e amada durante a vida e especialmente depois de sua morte: Lisieux. Sem Santa Teresinha, a cidade que leva esse nome continuaria a ser um pequeno município da Normandia, com pouca expressão.

Muitos lugares do mundo se tornaram famosos por causa dos santos que ali habitaram. Quem conheceria hoje Assis sem Francisco, que com sua vida, sua espiritualidade e sua história de rico rebelde ao sistema do seu tempo se despojou de tudo e foi convertido pelo beijo de um leproso? Quem conheceria a pequeníssima aldeia de Fátima se a Virgem Maria não tivesse decidido aparecer a três pastorzinhos que nem sabiam ler e escrever, mas que ardiam de amor pela Virgem Maria? Ou mesmo Lourdes e também a cidade das muralhas maravilhosas, que encerram o centro de Ávila, sem a atuação corajosa de Teresa d'Ávila? Ou ainda, nos nossos dias, a cidade indiana de "Calcutá", se aí não tivesse vivido uma mulher franzina, mas cheia de ternura pelos abandonados pobres, chamada Teresa, que levaria o nome da sua cidade pelo mundo inteiro?

Teresa Martin era uma menina, uma jovem mulher feliz, mesmo que na sua vida, como ela conta, existissem claros e escuros, nuvens pequenas e grandes tempestades, mas que não conseguiam anular a sua felicidade. Ela foi mimada, era a bênção da casa Martin, especialmente antes da morte da mãe. Depois da morte de Zélia Guerin, será o pai, assim como as quatro irmãs, quem a colocará no centro, cobrindo-a de atenção, para que não sentisse a perda da mãe. O pai, Luís, cobre a pequena de muitos pequenos presentes, a leva para pescar e todos os dias vai com ela até a igreja de São Pedro, no coração de Lisieux, para rezar. Era um pai que tinha tempo para escutar os desejos da filha e que sentia saudade quando ela precisava frequentar o colégio das Irmãs Beneditinas. Assim como Teresa, toda a família esperava com alegria que chegasse a quinta-feira para que "a pequena Teresa" voltasse alegremente para casa.

Mas onde Teresa encontrava a sua felicidade?

Cada um de nós constrói a própria felicidade, mas, para que isso seja possível, precisamos descobrir dentro de nós a fonte, a nascente da Água Viva, que vai fecundando o nosso terreno e nos faz florescer. A felicidade não nasce sem dificuldades e sem que lutemos. Um dia, Teresinha disse: "Podemos ser felizes tanto em um palácio de rei como em uma cabana, porque a felicidade mora em nós". Hoje em dia o projeto da nossa felicidade é superficial, massificado e coisificado, em que todas as coisas doam um relâmpago de felicidade, mas que imediatamente deixa no coração uma terrível amargura e desilusão. Voltar novamente a viver com simplicidade, eis o segredo. A felicidade está naquilo que você escolhe como seu ideal, como meta da sua vida. Não pode ser feliz aquele que vive debaixo de imposição e que não lhe é permitido fazer as próprias escolhas pessoais e sociais. A escravidão, seja qual for, mata a felicidade dos corações.

VOCÊ AGUENTA SER FELIZ?

Não consigo pensar em Jesus como uma pessoa triste, nem consigo ver filmes sobre Jesus que procuram fixar demasiadamente atenção sobre a paixão de Cristo. Jesus veio para comunicar à humanidade a felicidade, para libertar do peso da dor. Um Deus feliz, que é amor, sabe bem dosar sofrimento, alegria, esperança. Pessoalmente, imagino Jesus como um bom amigo, agradável, capaz de dar otimismo e esperança às pessoas que se aproximavam dele. Imagino o mesmo Jesus dotado de bom humor, que amava festa e estar com os amigos, como Lázaro, Marta e Maria em Betânia, onde descansava do trabalho missionário. Amava a boa mesa e, por isso, o encontramos, segundo os evangelistas, muitíssimas vezes comendo na casa dos ricos e das pessoas importantes do povo de Israel. Li com alegria o livro do meu amigo Nizan Guanaes e Arthur Guerra, *Você aguenta ser feliz?* Parece-me que muitas pessoas são capazes mais de aguentar a dor que a felicidade. A felicidade é uma adrenalina que o entusiasma e coloca no coração o desejo de fazer, de ajudar, de abrir caminhos novos para uma vida cada vez mais feliz. Pensar que somos chamados a viver uma vida de tristeza, dor e preocupações não é o estilo do Evangelho. O cristianismo é alegria, basta pensar no código da alegria ensinado por Jesus, que são as bem-aventuranças.

Uma ladainha e invocações refazem a felicidade em todos os momentos da vida, particularmente a que sai dos esquemas mundanos e apresenta um novo caminho. Teresinha encontra a felicidade mesmo na cruz, porque é um caminho para estar unida a Jesus, que a ama com todo o seu coração. O próprio Jesus convocou um dia todos os sofredores a ir com ele para superar as dificuldades e experimentar a alegria da cruz: "Todos vocês que sofrem, estão cansados, vinde a mim e eu vos aliviarei, porque o meu jugo é leve e meu peso, suave" (Mt 11,28-30).

Devemos reeducar-nos à felicidade, escondida na beleza de uma flor, no brilho de uma estrela, na gota de orvalho que brilha como pérola preciosa ao primeiro raiar do sol da manhã; reeducar-nos a sentir o pulsar do nosso coração e a ouvir o canto do sabiá, que, com sua melodia, encanta quem o escuta. Isso é uma melodia muito mais doce que todos os instrumentos musicais que o ser humano possa inventar. Jamais a técnica poderá igualar o que o Criador de todas as coisas tem feito. Nós não inventamos nada, imitamos, e com nossa inteligência podemos, no máximo, misturar bem os elementos já presentes na natureza e nada mais.

Os santos, gênios e heróis da humanidade têm capacidade de recordar-nos que somos chamados a grandes coisas. São pessoas que rompem as estruturas do medo e da mesquinhez humana e nos chamam a descobrir dentro de nós uma mina de possibilidades de vida nova. Em Teresa de Lisieux, eu tenho encontrado a força para redimensionar a minha vida. Ela nunca assumiu na sua vida uma atitude vitimista, mas, diante das próprias limitações, ela procurava reinventar-se e em tudo descobrir a alegria. Onde os outros descobrem pessimismo e limitações, ela descobria beleza e amor.

"Os meus defeitos deveriam causar-me tristeza e, no entanto, me causam alegria, porque experimento a minha pequenez e a misericórdia de Deus. Cheguei ao ponto que na cruz encontro alegria." Não é masoquismo, mas amor de oferta e de participação aos que sofrem sob o peso do desespero e da pobreza humana e material. Se você aguenta ser feliz, vai também aguentar os dias tristonhos da vida, com esperança e com amor. Depois da tempestade vai surgir de novo no horizonte o arco-íris da paz e da harmonia da vida.

Um dia em que Teresa voltava da pesca com o pai, quando as primeiras estrelas surgiam no céu límpido da Normandia, ela vive uma bela experiência, a qual ela mesma relata:

> Na volta, eu olhava as *estrelas* que piscavam docemente, e essa visão me encantava... Havia sobretudo um grupo de *pérolas de ouro* que eu notava com prazer, achando que tinham a forma de um T. Mostrava a papai dizendo que era meu nome que estava escrito no céu e, nada querendo ver da vil terra, pedia-lhe para conduzir meus passos. Então, sem olhar onde pisava, olhava para cima sem cansar-me de contemplar o azul estrelado!... (HA 62).

Uma alegria infantil que possui o eco do Apocalipse: "Virão os céus novos e terras novas!". Os seus olhos veem o que o seu coração vê. Um dia eu também procurei no céu o P de Patrício e cheguei a encontrá-lo.

Experimente também você procurar a inicial do seu nome, não no céu poluído das grandes cidades, mas no céu límpido dos nossos horizontes da alma.

Reabituemos o nosso coração, os nossos olhos, a nossa vida a alegrias genuínas da vida, e nos afastemos por alguns instantes dos rumores das grandes cidades, e todos os dias encontremos alguns momentos para ler o Evangelho, o livro dos livros, que não cansa porque fala só de um tema: o amor. Quem se cansa de ouvir falar de amor? Por acaso um doente se cansa de ouvir falar de métodos para recuperar a saúde? Ou uma pessoa triste de ouvir sobre alegria? Ou um pobre se cansa de ouvir falar de sucesso? O pobre que não aguenta ouvir sobre sucesso se transforma em invejoso e ganancioso, e assim aumenta a sua tristeza e sentido de revolta.

A felicidade de Teresa do Menino Jesus é uma felicidade natural, alimentada pelo extasiar-se diante das pequenas alegrias do dia a dia, sem nada de artificial. Tudo nasce do êxtase diante da beleza que Deus, sem artifícios, coloca diante dos nossos olhos, como o voo das borboletas, que agora estão esvoaçando enquanto escrevo este texto. Ela me traz o perfume da primavera e a beleza das cores.

O EXEMPLO DOS PAIS

Um povo que não defende os valores familiares é destinado a desaparecer, e não possui nem presente nem futuro. Nunca existiram famílias perfeitas, mas tentavam educar os filhos nos princípios fundamentais da honestidade, da solidariedade e do amor. Hoje vivemos em uma sociedade que, pelos meios de comunicação, destrói os valores basilares da família humana. Por trás de toda ideologia não está o bem das pessoas, mas sim o dinheiro e uma sede de novidade que desestabiliza muitas vezes os valores.

Teresa encontrou na sua família valores sólidos, seja humanos, seja religiosos. Os pais lhe inculcaram valores morais. A escola do seu tempo, embora com limitações, ensinava, ao mesmo tempo que cultura, também os valores da vida. Assim como as irmãs, ela estudou na escola das Irmãs Beneditinas de Lisieux e tinha reforço em casa com uma professora particular, que nem sempre era modelo de docilidade e de compreensão, e também com suas irmãs, até que elas entrassem no Carmelo.

Portanto, apesar de o amor de Teresa ao estudo e à matemática ser muito grande, ela passou por dificuldades durante a vida escolar junto às Irmãs Beneditinas:

> Eu tinha oito anos e meio quando Leônia saiu do internato e fui substituí-la na Abadia. Muitas vezes ouvira dizer que o tempo passado no internato era o melhor e o mais doce da vida. Não foi assim para mim. Os cinco anos que lá passei foram os mais tristes. Se não tivesse comigo minha querida Celina, não teria conseguido ficar um único mês sem adoecer... A pobre florzinha fora acostumada a mergulhar suas raízes em terra de escol, feita sob medida para ela, por isso pareceu-lhe muito difícil ser transplantada em meio a flores de toda espécie, de raízes frequentemente pouco delicadas, e ver-se obrigada a encontrar em uma terra comum a seiva necessária à sua subsistência!...
>
> Ensinastes-me tão bem, Madre querida, que ao chegar ao internato eu era a mais adiantada das crianças da minha idade. Fui colocada em uma classe de alunas todas superiores a mim em tamanho. Uma delas, com 13 ou 14 anos, era pouco inteligente, mas sabia impor-se às alunas e até às mestras. Vendo-me tão nova, quase sempre a primeira da turma e querida por todas as religiosas, sentiu, sem dúvida, uma inveja bem perdoável em uma interna e fez-me pagar de mil maneiras meus pequenos êxitos...
>
> Com minha natureza tímida e delicada, não sabia defender-me e contentava-me em chorar sem nada dizer, não me queixando, nem a vós, do que eu sofria. Não tinha virtude bastante para elevar-me acima dessas misérias da vida e meu pobre coração sofria muito... Felizmente, toda noite, reencontrava o lar paterno e então meu coração se alegrava. Pulava no colo do meu rei, contava-lhe as notas recebidas, e seu beijo fazia-me esquecer todas as aflições... Quanta alegria ao anunciar o resultado da minha primeira redação [uma redação

sobre História Sagrada], só faltando um ponto para ter o máximo, não tendo sabido o nome do pai de Moisés. Era a primeira e trazia uma bela medalha de prata. Para recompensar-me, papai me deu uma bonita moedinha de quatro centavos, que coloquei em uma caixa destinada a receber, quase toda quinta-feira, nova moeda sempre do mesmo tamanho... (era nessa caixa que me abastecia quando, por ocasião de algumas festas maiores, eu queria dar uma esmola pessoal, fosse para a Propagação da Fé ou outras obras semelhantes). Maravilhada com o êxito da sua aluninha, Paulina deu-lhe de presente um belo bambolê para encorajá-la a continuar sendo estudiosa. A coitadinha precisava realmente dessas alegrias familiares; sem elas, a vida de interna teria sido árdua demais para ela.

A tarde de cada quinta-feira era de folga. Mas não era como os feriados de Paulina, não ficava no mirante com papai... Era preciso brincar, não com minha Celina, o que me agradava quando eu estava sozinha com ela, mas com minhas priminhas e as meninas Maudelonde. Era um sacrifício para mim, pois eu não sabia brincar como as demais crianças; não era companheira agradável. Esforçava-me, contudo, para imitar as outras. Mas sem conseguir. Aborrecia-me muito, sobretudo quando era preciso passar uma tarde inteira a dançar quadrilhas. A única coisa que me agradava era ir ao jardim da estrela. Então, eu era a primeira em tudo, colhendo muitas flores, e, por saber encontrar as mais bonitas, despertava a inveja das minhas companheirinhas... (HA 74-76).

Toda segunda-feira, Teresa devia deixar a casa paterna e ir para o colégio, e, com alegria, esperava a quinta-feira, quando podia voltar para casa e passar o fim de semana com o pai e as irmãs.

Há uma pequena parábola de Santa Teresinha que ela conta com uma delicadeza extraordinária: "Os passarinhos aprendem a cantar escutando os próprios pais, assim também as crianças aprendem a viver olhando os próprios pais". Hoje em dia faltam para as crianças "modelos" em que elas possam se espelhar e ver como será o futuro; palavras que incentivem os valores fundamentas da vida: honestidade, trabalho, amor à família, à vida espiritual etc. Em outro lugar, Teresa faz um grande elogio aos próprios pais: "Com pais santos como eu tive, deveria ser santa". Depois da morte da mãe, Teresinha sente que o pai é para ela uma presença materna e paterna. Será de fato ele que apoiará em tudo a vocação de Teresa para entrar no Carmelo, mesmo contra os conselhos de várias pessoas, entre as quais seu tio, Isidoro, o próprio bispo Dom Hugonin, como também o capelão do Carmelo de Lisieux, padre Delatroëte.

Há uma carta em que Teresa escreve ao seu "rei e imperador" – forma usada para se referir ao pai – que, creio eu, todos um dia gostaríamos de receber de quem nos ama e amamos:

Para o Senhor Martin.

J.M.J.T.

Jesus†   Carmelo, 25 de agosto de 1888

Meu querido Paizinho,

Chegou enfim o dia em que tua Rainha pode desejar-te um feliz aniversário com todas as *patentes*, sendo que está no Carmelo na companhia das tuas joias: o Diamante, a Pérola fina... Pobre da Rainhazinha, ela teria de retirar-se para deixar todo o lugar para as joias esplêndidas do seu Rei, mas não consegue resignar-se a tanto, também tem seu título, pode ostentá-lo para quem quiser vê-lo, está assinado pelo próprio punho do seu Rei: Rainha da França e de Navarra. Nada mais tem, mas parece-me que isso é suficiente para fazê-la chegar a seu Rei; aliás, ninguém tenta contestar-lhe o seu direito, mesmo no estrangeiro é reconhecido: na Itália, em Roma, sabia-se que a Rainha estava ali...

Meu Rei querido, tua Rainhazinha gostaria de ter presentes magníficos para te oferecer, mas nada tem, aliás, ela seria exigente demais. Para seu Rei, todos os palácios do Vaticano, cheios de presentes, não seriam suficientemente belos, sonha com outra coisa, mais real, precisa de tesouros imensos, horizontes infinitos; o que gostaria de dar para seu Rei não se encontra na terra, só Jesus o possui, por isso, ela vai pedir-lhe para encher o seu Rei de consolações celestiais. Para um Pai que não é da terra, tudo o que é terrestre não o poderia satisfazer.

Estás vendo, Paizinho querido, embora parecendo nada te oferecer, dou-te um presente magnífico; se ele não deslumbra tua vista, pelo menos teu coração o sentirá, pois espero que Deus atenda a minha oração.

Porém, Paizinho querido, embora te diga que não desejo senão encantar o teu coração, dou-te uma estampinha feita pela tua Rainha, espero que apesar da minha carência de talento ela te agrade, a Pérola fina quis ajudar-me com seus conselhos de artista e compôs-me o lindo desenho, mas quis que eu a pintasse *sozinha*, o mérito não é grande, mas minha incapacidade é tão grande e meu Rei tão indulgente que espero dar-lhe um pouco de prazer, oferecendo-lhe esta estampinha.

Até breve, Paizinho querido, se tua Rainha não está perto de ti hoje, ela o está pelo pensamento e pelo coração. Ela deseja-te o melhor dos aniversários que tenhas tido em toda a tua vida e te abraça com todo o coração.

Tua Rainhazinha

Teresa do Menino Jesus – p. c. ind. (Carta 61)

As cartas nos revelam o coração sensível de Teresa, e como ela trata com confiança o seu pai, que faz de tudo para a sua "princesa" sentir o seu amor. E Teresa usa palavras afetuosas para que o pai possa vencer a solidão em que se encontra. A última carta dela ao pai que possuímos é de 8 de janeiro 1889. Que cada um de nós possa meditá-la para sentir como é importante o amor familiar, não feito de manipulações, mas de toda sua sinceridade.

Para o Senhor Martin.
$\qquad$ J.M.J.T.

Jesus† $\qquad$ Em 8 de janeiro de 1889

Meu Rei incomparável,

Se soubesses como estou sensibilizada com tua bondade!... Um melão!... Champanhe, oh! Isto me daria vontade de chorar se não me contivesse; mas controlo-me e me alegro muito pela bela festa de quinta-feira.

Ordinariamente, as bodas de uma Rainha celebram-se por meio de grandes regozijos; é por isso, sem dúvida, que a Rainha da França e de Navarra terá um fogo de artifício... É o rei que faz os gostos para a Rainha e ele é entendido em fazer surpresas; ao *besourinho louro* só lhe resta agradecer!...

Sim, quinta-feira haverá uma bela festa na terra, creio que será ainda mais magnífica no Céu, os anjos ficarão admirados por ver um Pai tão agradável a Deus e Jesus preparará uma coroa que acrescentará a todas aquelas que meu Rei já reuniu.

Nunca as festas da terra serão tão encantadoras quanto as do Céu, mas parece-me impossível encontrar uma festa mais celestial do que a que se prepara. Nada fiz, todavia, para ser digna de uma graça tão grande, mas Deus quis considerar os méritos do meu Pai querido, e é por isso que me concede este favor insigne.

Agora estou em retiro e, durante o retiro, não é permitido escrever. Porém nossa Madre permitiu-me enviar-te esta palavrinha a fim de agradecer-te, és tão bom para tua Rainha; e, depois, a proibição de escrever é, sem dúvida, para não perturbar o silêncio do retiro, mas poder-se-á perturbar a sua paz escrevendo a um santo?...

Até quinta-feira, meu Rei querido, tua Rainhazinha te abraça de coração enquanto espera fazê-lo de fato.

$\qquad$ A Rainha da França e de todas as Navarras

$\qquad$ Teresa do Menino Jesus – post. carm. ind. (Carta 77)

TAMBÉM OS SANTOS SE CONVERTEM

Muitas vezes achamos que as pessoas estão marcadas pelo destino. Alguns nascem com um bom caráter, sabem fazer o bem, são naturalmente bons, e outros são determinados a fazer o mal, e nunca poderão ser pessoas normais, capazes de sorrir, de ser honestos. O bem e o mal estão escritos no DNA. Essa visão determinista, pessimista, é contrária a um Deus amor, que doa ao ser humano a liberdade, isto é, a capacidade de escolher e de realizar aquilo que ele determina na sua vida. É verdade que existem tantos condicionamentos familiares, sociais, religiosos, mas temos dentro de nós um conhecimento natural maravilhoso, um relógio que toca todas as vezes que fazemos o mal. E, quando fazemos o bem, ele toca uma música divina, que nos encoraja e nos dá uma paz interior.

É o Natal de 1886. Depois da Santa Missa da meia-noite, a família Martin volta feliz para casa. A árvore de Natal está preparada, assim como alguns símbolos religiosos que recordam a vinda de Jesus. E na França, como em outros países cristãos, tem-se o costume de colocar debaixo da árvore de Natal presentes para as crianças. Teresa corre na frente para ver o que o pai colocou. A sua agitação perturba o pai, que desabafa: "Graças a Deus que este ano é o último ano que daremos presentes a esta menina!". Teresinha escuta e fica ferida por ter desagradado e feito o pai perder a paciência, seu imperador e rei. Chorando, sobe a escada que leva ao andar superior e deixa que as lágrimas corram, sem vergonha. A sua irmã Celina, amiga do coração, com quem divide tudo, sobe para consolá-la e a aconselha a permanecer no seu quarto e a não descer.

Teresa reage a esse conselho de Celina e desce, sorrindo e com tranquilidade. Mas deixemos que a própria Teresa nos conte com suas palavras o que aconteceu de tão importante, que marcou para sempre a sua vida.

> Foi preciso Deus fazer um pequeno milagre para eu crescer de repente, e esse milagre se deu em um dia inesquecível de Natal, nessa *noite* luminosa que ilumina as delícias da Santíssima Trindade. Jesus, a doce *criancinha* recém-nascida, transformou a noite da minha alma em torrentes de luz... Nessa noite em que se fez *fraco* e sofrido pelo

meu amor, fez-me *forte* e corajosa, equipou-me com suas armas e, desde essa noite abençoada, não saí vencida em nenhum combate. Pelo contrário, andei de vitória em vitória e iniciei, por assim dizer, "uma corrida de gigante!..." A fonte das minhas lágrimas secou e só voltou a jorrar pouquíssimas vezes e com dificuldade, o que justificou essa palavra que me fora dita: "Choras tanto na infância que, mais tarde, não terás mais lágrimas para derramar!...".

Foi em 25 de dezembro de 1886 que recebi a graça de sair da infância, em suma, a graça da minha completa conversão. Estávamos voltando da missa do galo, em que tinha tido a felicidade de receber o Deus *forte e poderoso*. Ao chegar aos Buissonnets, alegrava-me por pegar meus sapatos na lareira. Esse costume antigo causara-nos tanta alegria durante a infância que Celina queria continuar a me tratar como um bebê, por ser a menor da família... Papai gostava de ver minha felicidade, ouvir meus gritos de alegria ao tirar cada surpresa dos *sapatos encantados*, e a alegria do meu Rei querido aumentava muito a minha. Mas, querendo Jesus mostrar-me que devia me desfazer dos defeitos da infância, tirou de mim também as inocentes alegrias; permitiu que papai, cansado da missa do galo, sentisse tédio vendo meus sapatos na lareira e dissesse essas palavras que me magoaram: "Enfim, felizmente, é o último ano!...". Subi a escada para ir tirar meu chapéu. Celina, conhecendo minha sensibilidade e vendo já as lágrimas em meus olhos, ficou também com vontade de chorar, pois amava-me muito e compreendia meu sofrimento: "Oh, Teresa!", disse-me, "não desce, te causará tristeza demais olhar agora teus sapatos". Mas Teresa não era mais a mesma, Jesus havia mudado o coração dela! Reprimindo minhas lágrimas, desci rapidamente e, comprimindo as batidas do coração, peguei meus sapatos... Então, colocando-os diante de papai, tirei *alegremente* todos os objetos, parecendo feliz como uma rainha. Papai ria também, voltara a ficar alegre e Celina pensava *sonhar*!... Felizmente, era uma doce realidade. Teresinha reencontrar a força de alma que perdera aos quatro anos e meio e ia conservar para sempre!... Nessa *noite de luz*, começou o terceiro período da minha vida, o mais bonito de todos, o mais cheio das graças do Céu... (HA 133).

Para a própria Teresa, a conversão, isto é, esse movimento do Espírito Santo que nos chama sempre a uma constante revisão de vida, é fixar os nossos olhos no modelo que é Jesus Cristo. Os modelos humanos, mesmo que sejam santos como Francisco de Assis, Teresa de Calcutá, João da Cruz, Teresa d'Ávila ou Santa Teresinha nunca são completos. Eles e elas são santos porquanto reproduzem a imagem de Cristo, da Virgem Maria e até mesmo de São José, que na Igreja tem grande importância. A conversão acontece quando nos cansamos de pecar ou estamos descontentes com o nosso estilo de vida.

Hoje vivemos em uma sociedade que busca somente gratificações. Enquanto não nos sentimos felizes, abandonamos com facilidade o caminho de busca, da luta. Teresa nos ensina que não pode ser assim, mas que as crises, as derrotas, devem ser motivos para pararmos, voltar-nos para nós mesmos, avaliar a nossa realidade humana e retomar o caminho.

3

POR QUE ENTREI NO CARMELO?

Toda a nossa vida é construída sobre alguns sins e alguns nãos que devemos dar a nós mesmos e aos outros. É feita de escolhas que sempre comportam renúncias para que possamos realizar os nossos projetos. Não se pode fazer tudo nem estar presente em todos os lugares. Somos limitados. Santa Teresinha tinha tudo para ser feliz sem entrar no Carmelo, sem ser religiosa de uma Ordem considerada austera. Por que uma pessoa renuncia a uma vida confortável para abraçar uma vida feita de sacrifícios? O que acontece a uma jovem ou a um jovem para tomar essa decisão que nos parece pura "loucura"? Depois de refletir, eu vejo uma só resposta: o amor. Quando se ama, somos radicais no amor, somos apaixonados e não raciocinamos muito, nos deixamos guiar pela força do amor e da paixão.

Várias vezes tenho tido a experiência de pais que me procuram dizendo-me: "Procure tirar da cabeça da minha filha (ou filho) de se casar com essa pessoa, pois não é 'feita para ela!'". E sempre tenho respondido: "Se estão deveras apaixonados, ninguém tira da cabeça". Os filhos são capazes de fugir de casa, de enfrentar todos os perigos e dificuldades, e acabam casando-se.

Assim também acontece quando lemos a história dos santos que encontraram dificuldades para entrar na vida religiosa, mas acabaram vencendo e conseguiram isso. Não é o caso de Teresa do Menino Jesus. Ela teve o apoio do pai, mas ao mesmo tempo queria entrar no Carmelo aos quinze anos, e enfrentou resistência de várias pessoas. Porém ela conseguiu superar uma a uma. O livro bíblico do Cântico dos Cânticos, que narra o amor do amado pela sua amada, originalmente era um canto de amor usado durante as núpcias; nele, os místicos viram o símbolo mais forte do amor entre Deus e o ser humano, o qual desemboca em uma verdadeira aliança e união: um matrimônio que os santos chamam em uma linguagem espiritual de "matrimônio espiritual"; uma união que ultrapassa qualquer experiência humana, e só pode compreendê-la quem, abrindo-se totalmente à graça de Deus, sente-se como que atraído fortemente por Deus. E é o mesmo Cântico que diz: "O amor é mais forte do que a morte" (Ct 8,6).

Teresa vê a sua vida religiosa como um "autêntico matrimônio de amor" *com Jesus*. Essa linguagem esponsal não é só da mística católica, mas também de todas as espiritualidades. E ela, pensando em sua profissão como um matrimônio, elabora um convite.

TERESA AOS 13 ANOS (FEVEREIRO DE 1886).

4
NA ESCOLA DAS VIAGENS

Teresa amava viajar, e, quando o pai, que também amava fazer longas viagens, viajava, ela esperava a sua volta junto com algumas lembranças: era uma imagem, um brinquedo, já que nunca o pai voltava de mãos vazias. É próprio das crianças esperar presentes, e também dos adultos. Eu amo receber presentes, porque são um forte sinal de afeto e de amor, que não sabemos exprimir com palavras. O presente não vale pelo seu valor quantificado em dinheiro, mas pelo seu valor quantificado na balança do amor.

Teresa receberia como presente, antes de sua ida para o Carmelo, uma viagem turística-espiritual a Roma, com o pai e com a irmã Celina. Foi uma viagem deliciosa, cheia também de contratempos. Deixemos que ela mesma nos conte:

Chovia a cântaros quando chegamos a Bayeux. Papai não queria que sua rainhazinha entrasse na residência episcopal com sua *linda roupa* molhada. Subimos em um ônibus e nos dirigimos à catedral. Aí começaram novas dificuldades. Sua Excelência e todo o clero assistiam a um grande funeral. A igreja estava repleta de senhoras de luto e eu, com meu vestido claro e meu chapéu branco, era olhada por todos. Queria sair da igreja, mas não podia pensar nisso por causa da chuva. Para humilhar-me ainda mais, papai, com sua simplicidade patriarcal, fez-me subir na torre da catedral. Não querendo desagradá-lo, subi com boa vontade e propiciei esse divertimento aos bons habitantes de Bayeux, que teria desejado nunca ter conhecido... Enfim, pude respirar sossegada em uma capela atrás do altar-mor e fiquei muito tempo lá, rezando com fervor, aguardando que a chuva parasse e nos fosse permitido sair. Ao descer, papai fez-me observar a beleza do edifício, que parecia muito maior agora que estava deserto. Porém um único pensamento ocupava meu espírito e não podia me agradar com coisa alguma. Fomos logo procurar pelo padre Révérony, que sabia da nossa chegada por ter sido ele quem marcara o dia da viagem. Mas estava ausente. Fomos obrigados a *vagar* pelas ruas, que me pareceram *muito tristes*. Enfim, voltamos para perto da sede do bispado, e papai fez-me entrar em um belo hotel onde não fiz honra ao hábil cozinheiro. O pobre paizinho era para comigo de uma ternura quase inacreditável, dizendo-me para não ficar triste, que logo o senhor bispo iria atender a meu pedido. Após um descanso, voltamos a procurar o padre Révérony; um senhor chegou ao mesmo tempo, mas o vigário-geral pediu-lhe polidamente para esperar e nos fez entrar primeiro no seu gabinete (o pobre senhor teve tempo de enfastiar-se, pois a visita foi demorada). O padre Révérony mostrou-se muito amável, mas creio que estranhou muito o motivo da nossa viagem. Depois de ter-me olhado sorrindo, dirigiu-me algumas perguntas e disse: "Vou apresentar-vos a Sua Excelência, tenhais a bondade de me acompanhar". Vendo as lágrimas brilharem nos meus olhos, acrescentou: "Ah! Vejo diamantes... não deveis mostrá-los a Sua Excelência!"... Fez-nos atravessar muitos cômodos vastíssimos, enfeitados de retratos de bispos. Vendo-me nesses salões enormes, tinha impressão de ser uma formiguinha e me perguntava o que ia ousar dizer a Sua Excelência. Ele anda, entre dois cômodos, em um corredor. Vi o padre Révérony dizer-lhe algumas palavras e voltar com ele. Aguardávamos no gabinete dele. Ali, três enormes poltronas estavam dispostas diante da lareira onde crepitava um fogo forte. Ao ver entrar Sua Grandeza, papai pôs-se de joelhos a meu lado para receber sua bênção. Indicou uma poltrona para papai sentar-se, colocou-se na frente dele e o padre Révérony indicou-me a do meio. Recusei polidamente, mas insistiu, dizendo que devia mostrar-me capaz de obedecer.

Sentei-me logo sem fazer comentário e senti-me constrangida ao vê-lo pegar uma cadeira enquanto eu estava afundada em uma poltrona onde quatro pessoas como eu cabiam folgadamente (mais à vontade do que eu, pois estava longe de me sentir folgada!...). Esperava que papai fosse falar, mas disse-me para explicar pessoalmente a Sua Excelência a finalidade da nossa visita; o que fiz o mais *eloquentemente* possível. Acostumado com a *eloquência*, Sua Grandeza não pareceu comovido com meu arrazoado. Uma palavra favorável do padre superior teria servido melhor a minha causa, infelizmente não dispunha dela e sua oposição não intercedia a meu favor.

Sua Excelência perguntou-me se havia muito tempo que eu desejava ingressar no Carmelo: "Oh, sim, Excelência! Muito tempo...". "Vejamos", interveio, rindo, o padre Révérony, "podeis dizer que faz *15 anos* que tendes esse desejo." "É verdade", respondi sorrindo também, "mas não há muito que retirar, pois desejo fazer-me religiosa desde o despertar da minha razão e desejei o Carmelo logo que o conheci bem, pois nessa ordem achava que todas as aspirações da minha alma seriam satisfeitas." Não sei, Madre, se foram exatamente essas as minhas palavras, creio que eram ditas de forma ainda pior, mas, enfim, o sentido era este.

Pensando agradar a papai, Sua Excelência tentou fazer-me ficar ainda alguns anos junto dele. Ficou um pouco *surpreso* e *edificado* vendo-o tomar meu partido, intercedendo para eu obter a permissão de levantar voo aos 15 anos. Porém tudo foi inútil. Disse que antes de decidir era indispensável uma conversa com o *superior do Carmelo*. Nada podia ouvir que me causasse maior aflição, pois conhecia a oposição formal do nosso padre. Sem levar em conta a recomendação do padre Révérony, fiz mais do que *mostrar diamantes* a Sua Excelência, *dei* alguns a ele!... Vi que ficou emocionado; pegando-me pelo pescoço, apoiava minha cabeça no ombro dele e me fazia carícias como nunca, ao que parece, alguém recebera dele. Disse-me que nem tudo estava perdido, que ficava muito contente em eu fazer a viagem a Roma para firmar minha vocação e que em vez de chorar devia alegrar-me. Acrescentou que, na semana seguinte, devendo ir a Lisieux, falaria de mim com o pároco de São Tiago e que, certamente, eu receberia resposta dele na Itália. Compreendi ser inútil insistir mais, aliás, nada mais tinha a dizer, tinha esgotado todos os recursos da minha *eloquência*.

Sua Excelência acompanhou-nos até o jardim. Papai o *divertiu muito* quando lhe disse que, para parecer mais velha, eu tinha levantado meu cabelo. Isso não foi esquecido, pois Sua Excelência não fala da sua "filhinha" sem contar a história dos cabelos... O padre Révérony quis acompanhar-nos até a extremidade do jardim do bispado; disse a papai que nunca vira coisa igual: "Um pai tão disposto a dar sua filha a Deus quanto esta em se oferecer!".

Papai fez-lhe diversas perguntas a respeito da peregrinação, inclusive sobre a maneira de se vestir para o encontro com o Santo Padre. Vejo-o ainda se virando diante do padre Révérony, perguntando-lhe: "Estou bem assim?...". Dissera também a Sua Excelência que se não me permitisse ingressar no Carmelo eu pediria essa graça ao Soberano Pontífice. Meu Rei querido era muito simples nas suas palavras e nas suas maneiras, mas era tão *bonito*... tinha uma distinção natural que deve ter agradado muito a Sua Excelência, acostumado a se ver cercado de pessoas que conhecem todas as regras da etiqueta dos salões, mas não o *Rei da França e de Navarra* com sua *rainhazinha*...

Uma vez na rua, minhas lágrimas brotaram de novo, não tanto por causa da minha dor, mas por ver meu paizinho querido que acabara de fazer uma viagem inútil... Planejara enviar uma resposta festiva ao Carmelo para anunciar a resposta de Sua Excelência, e via-se de volta sem resposta... Ah! Quanto sofri!... Parecia-me que meu futuro estava abalado para sempre. Mais o tempo passava, mais as coisas ficavam confusas. Minha alma estava mergulhada na amargura, mas na paz, também, pois só procurava a vontade de Deus.

Logo de volta a Lisieux, fui buscar consolo no Carmelo e o encontrei em vós, querida Madre. Oh, não! Nunca esquecerei tudo o que sofrestes por minha causa. Se não receasse profaná-las, servindo-me delas, repetiria as palavras que Jesus dirigia a seus apóstolos, na tarde da sua Paixão: "*Vós* sois aqueles que permanecestes ao meu lado nas minhas provações"... Minhas *bem-amadas* irmãs ofereceram-me também *doces consolos*...

Três dias após a viagem a Bayeux, fazia outra muito maior, à cidade eterna... Ah! Que viagem aquela!... Ela sozinha fez-me conhecer mais coisas que longos anos de estudo, mostrou-me a vaidade de tudo o que passa e que tudo é aflição de espírito sob o sol... Mas vi muitas coisas bonitas, contemplei todas as maravilhas da arte e da religião, sobretudo pisei a mesma terra que os santos apóstolos, a terra regada com o sangue dos mártires, e minha alma cresceu em contato com coisas santas...

Estou muito feliz por ter ido a Roma, mas compreendo as pessoas de fora que pensaram que papai me levara a fazer essa grande viagem a fim de mudar minhas ideias sobre a vida religiosa; de fato, havia com que abalar uma vocação pouco firme.

Não tendo vivido na alta sociedade, Celina e eu nos encontramos no meio da nobreza que compunha quase exclusivamente a romaria. Ah! Longe de nos deslumbrar, todos esses títulos e esses *"de"* pareceram-nos mera fumaça... De longe, algumas vezes, aquilo me impressionara, mas de perto vi que "nem tudo que reluz é ouro" e compreendi essa palavra da Imitação: "Não ides atrás dessa sombra que chamam de grande nome, não desejai numerosas relações, nem a amizade particular de homem algum".

Compreendi que a verdadeira grandeza se encontra na *alma* e não no *nome*, pois, como o disse Isaías: "O Senhor dará *outro nome* a seus eleitos", e São João diz também: "Ao vencedor darei maná escondido, e dar-lhe-ei uma pedra branca, sobre a qual estará escrito um *nome novo*, que ninguém conhece, exceto aquele que o recebe". Portanto, é no Céu que conheceremos nossos títulos de nobreza. Então, cada um receberá de Deus o louvor que merece e quem na terra desejou ser o mais pobre, o mais esquecido por amor a Jesus, será o primeiro, o mais *nobre* e o mais rico!...

A segunda experiência que fiz diz respeito aos sacerdotes. Não tendo vivido nunca na intimidade deles, não podia compreender a principal finalidade da reforma do Carmelo. Rezar pelos pecadores me empolgava, mas rezar pelas almas dos padres, que eu acreditava mais puras que o cristal, parecia-me estranho!...

Ah! Compreendi, *minha vocação* na *Itália*, não era ir buscar longe demais um conhecimento tão útil...

Durante um mês, vivi com muitos *padres santos* e vi que, se sua sublime dignidade os eleva acima dos anjos, nem por isso deixam de ser homens frágeis e fracos... Se *padres santos*, que Jesus denomina no seu Evangelho "sal da terra", mostram em sua conduta que precisam extremamente de orações, o que dizer daqueles que são tíbios? Jesus não disse também: "Se o sal se tornar insípido, com que há de se lhe restituir o sabor?".

Oh Madre! Como é bonita a vocação que tem por finalidade *conservar o sal* destinado às almas! Essa vocação é a do Carmelo, pois a única finalidade das nossas orações e dos nossos sacrifícios é ser *apóstolo dos apóstolos*, rezando para eles enquanto evangelizam as almas por suas palavras e, sobretudo, por seus exemplos... Preciso parar, se continuasse a falar sobre este assunto, não acabaria nunca!...

Vou, querida Madre, relatar minha viagem com alguns pormenores. Perdoai-me se me excedo em minúcias. Não penso antes de escrever e, por causa do pouco tempo que tenho livre, recomeço tantas vezes que meu relato poderá lhe parecer um pouco enfadonho... O que me consola é pensar que, no Céu, vos falarei das graças que recebi e poderei fazê-lo em termos agradáveis e encantadores... Nada mais haverá para interromper nossas efusões íntimas e, em um único olhar, tereis entendido tudo... Sendo que ainda preciso usar a linguagem da triste terra, vou tentar fazê-lo com a simplicidade de uma criança que conhece o amor da sua mãe!...

A romaria saiu de Paris em 7 de novembro, mas papai nos levou a essa cidade alguns dias antes para que pudéssemos visitá-la.

Às três horas de certa manhã, atravessei a cidade de Lisieux ainda adormecida; muitas impressões atravessaram minha alma naquele momento. Sentia estar me dirigindo para o desconhecido e que grandes coisas me esperavam lá... Papai estava alegre; quando o trem se pôs a andar, cantou este velho refrão: "Corre, corre, diligência minha;

eis-nos na estrada real". Chegamos a Paris antes do meio-dia e começamos a visitar logo. Nosso pobre paizinho cansou-se muito a fim de nos agradar; mas logo tínhamos visto todas as maravilhas da capital. A mim, *só uma* encantou, foi "Nossa Senhora das Vitórias". Ah! O que senti a seus pés é indescritível... As graças que me concedeu emocionaram-me tão profundamente que minhas lágrimas expressaram sozinhas a minha felicidade, como no dia da minha primeira comunhão... Fez-me sentir que foi *verdadeiramente ela quem me sorrira e curara*. Compreendi que velava por mim, que eu era *sua* filha, portanto, só podia atribuir-lhe o nome de *"Mamãe"*, pois parecia-me ainda mais terno que o de mãe... Com que fervor lhe pedi para me proteger sempre e realizar em breve o sonho de esconder-me à *sombra do seu manto virginal!*... Ah! Era um dos meus primeiros desejos de criança... Ao crescer, compreendi que era no Carmelo que me seria possível encontrar, de verdade, o manto de Nossa Senhora, e era para essa montanha fértil que meus desejos todos tendiam...

Invoquei Nossa Senhora das Vitórias para que afastasse de mim tudo o que poderia ter embaçado a minha pureza. Não ignorava que, em uma viagem como essa à Itália, se encontrariam muitas coisas capazes de me perturbar, sobretudo porque, desconhecendo o mal, temia descobri-lo; não tendo experimentado que tudo é puro para os puros e que a alma simples e reta não enxerga o mal em lugar nenhum, pois, de fato, o mal só existe nos corações impuros e não nos objetos sensíveis... Pedi também a São José para velar por mim; desde a minha infância, tinha por ele uma devoção que se confundia com meu amor pela Santíssima Virgem. Todo dia rezava a oração: "Ó São José, pai e protetor das virgens"; por isso, empreendi sem receio minha longa viagem, estava tão bem protegida que me parecia impossível ter medo.

Depois de nos consagrarmos ao Sagrado Coração, na basílica de Montmartre, saímos de Paris na segunda-feira, dia 7, pela manhã; logo travamos conhecimento com as pessoas da romaria. Eu, costumeiramente tão tímida que nem ousava falar, vi-me completamente livre desse defeito incômodo; surpreendi-me a conversar livremente com todas as grandes damas, os padres e até o bispo de Coutances. Parecia-me ter sempre vivido no meio dessa gente. Creio que éramos queridos de todos, e papai parecia orgulhoso das suas duas filhas. Mas, se ele estava satisfeito conosco, também estávamos com ele, pois no grupo todo não havia senhor mais bonito e mais distinto que meu Rei querido; gostava de ficar cercado por Celina e por mim. Muitas vezes, quando não estávamos em um carro e eu me afastava dele, chamava-me para lhe dar o braço como em Lisieux... O padre de Révérony prestava atenção a todas as nossas ações e, muitas vezes, via-o nos observando de longe. Na mesa, quando eu não estava na frente dele, ele encontrava um meio de se inclinar para me ver e ouvir o que eu dizia. Sem dúvida queria conhecer-me a fim de saber se, de fato, eu era capaz de ser carmelita. Creio que ficou satisfeito com o exame, pois, *no final da viagem*, pareceu bem disposto a meu favor. Em Roma, porém, estava longe de me ser favorável, segundo vos contarei adiante. Antes de chegar a essa cidade eterna, meta da nossa viagem, foi-nos dado contemplar muitas maravilhas. Primeiro, foi a Suíça, com montanhas cujos cumes se perdem nas nuvens, as cascatas caindo de mil diferentes e graciosas maneiras, os vales profundos cheios de samambaias gigantes e de urzes cor-de-rosa. Ah! Madre querida, como as belezas da natureza distribuídas em *profusão* fizeram bem à minha alma, como a elevaram para Aquele que se agradou em lançar tamanhas obras-primas em uma terra de exílio que deve durar apenas um dia... Não tinha olhos suficientes para contemplar. Em pé na portinhola, quase não respirava. Queria estar, ao mesmo tempo, dos dois lados do vagão, pois ao virar-me via paisagens encantadoras e diferentes das que estavam na minha frente.

Às vezes, estávamos no cume de uma montanha, a nossos pés, precipícios de profundidade inalcançável pelo olhar pareciam querer nos engolir... ou ainda um charmoso e pequeno lugarejo com seus graciosos chalés e seu campanário, por cima do qual balançavam indolentes algumas nuvens resplandecentes de brancura... mais longe, um vasto lago, dourado pelos últimos raios do sol, com ondas calmas e puras a mesclar o tom azulado do Céu aos fogos do crepúsculo, apresentava a nossos olhares maravilhados o mais poético espetáculo que se pode ver... Ao fundo do vasto horizonte, montanhas de formas indecisas, que teriam escapado ao nosso olhar não fossem seus cumes nevados que o sol tornava ofuscantes, acrescentavam um encanto suplementar ao belo lago que nos encantava...

Vendo todas essas belezas, surgiam pensamentos muito profundos em minha alma. Tinha a impressão de já estar compreendendo a grandeza de Deus e as maravilhas do Céu... A vida religiosa apresentava-se a mim *tal como é*, com *suas submissões*, seus pequenos sacrifícios feitos às ocultas. Compreendia como é fácil ensimesmar-se, esquecer a sublime finalidade da vocação, e me dizia: mais tarde, no momento da provação, quando, prisioneira no Carmelo, só puder contemplar um pequeno canto do Céu estrelado, recordarei o que vejo hoje, e esse pensamento me dará coragem, esquecerei facilmente meus pobres e pequenos interesses ao ver a grandeza e o poder de Deus a quem quero amar unicamente. Não terei a infelicidade de apegar-me a *palhas*, agora que "meu *coração pressentiu* o que Jesus reserva a quem o ama!...".

Após ter admirado o poder de Deus, pude ainda admirar o poder que deu às suas criaturas. A primeira cidade da Itália que visitamos foi Milão. Sua catedral, inteiramente de mármore branco, com estátuas numerosas para formar um povo incontável, foi examinada por nós em seus mínimos detalhes. Celina e eu éramos intrépidas, sempre as primeiras e seguindo imediatamente Sua Excelência, a fim de ver tudo o que se referia às relíquias dos santos e ouvir as explicações. Assim é que, enquanto celebrava o santo sacrifício sobre o túmulo de São Carlos, estávamos com papai atrás do altar, com a cabeça encostada na urna que contém o corpo do santo revestido dos seus trajes pontificais. Era assim em todo lugar... Exceto quando se tratava de subir onde a dignidade de um bispo não permitia, pois naquelas ocasiões sabíamos nos afastar de Sua Grandeza... Deixando as senhoras tímidas esconder o rosto nas mãos logo após ter alcançado as primeiras campainhas que coroam a catedral, seguíamos os mais destemidos romeiros e chegávamos até o alto da *última* campainha de mármore, e tínhamos o prazer de ver a nossos pés a cidade de Milão, cujos numerosos habitantes pareciam formar um *pequeno formigueiro*... Uma vez tendo descido do nosso pedestal, começamos nossos passeios de carro, que deviam durar um mês e saciar-me para sempre do meu desejo de *rodar* sem cansaço! O campo santo encantou-nos ainda mais que a catedral. Todas essas estátuas de mármore branco, que um cinzel genial parece ter animado, estão colocadas sobre o vasto campo dos mortos em uma espécie de displicência que, para mim, aumenta o encanto... Dá vontade, quase, de consolar os personagens ideais que nos cercam. Sua expressão é tão realista, sua dor, tão calma e resignada que não há como deixar de reconhecer os pensamentos de imortalidade que devem encher o coração dos artistas quando executam essas obras-primas. Aqui, uma criança joga flores sobre o túmulo de seus pais; parece que o mármore perdeu seu peso, que as pétalas delicadas deslizam entre os dedos da criança, que o vento já começa a dispersá-las, a fazer flutuar o véu leve das viúvas e as fitas que adornam os cabelos das moças. Papai estava tão encantado quanto nós; na Suíça, sentiu cansaço, mas agora sua alegria havia voltado, gozava do belo espetáculo que contemplávamos, e sua alma de artista manifestava-se nas expressões de fé e admiração que se estampavam no seu belo rosto. Um velho senhor (francês), que, sem dúvida, não tinha alma tão poética, olhava-nos de soslaio e dizia mal-humorado, embora parecesse lastimar não ser capaz de partilhar da nossa admiração: "Ah! Como os franceses são entusiastas!". Creio que esse pobre senhor teria feito melhor ficando em casa, pois não pareceu gostar da viagem. Encontrava-se frequentemente perto de nós e sempre ficava resmungando. Reclamava dos carros, dos hotéis, das pessoas, das cidades, enfim, de tudo... Com sua habitual grandeza de alma, papai procurava animá-lo, oferecia seu lugar etc.; enfim, achava-se bem em qualquer lugar, sendo de um caráter totalmente oposto ao do seu desagradável vizinho... Ah! Quantas pessoas diferentes vimos, como o estudo do mundo se faz interessante quando estamos prestes a deixá-lo!...

Em Veneza, o cenário muda completamente. Em vez do ruído das grandes cidades, só se ouvem, no meio do silêncio, os gritos dos gondoleiros e o murmúrio da onda agitada pelos remos. Veneza não é desprovida de encantos, mas acho essa cidade triste. O palácio dos doges é esplêndido, porém também triste com seus vastos aposentos onde reinam o ouro, a madeira, os mais preciosos mármores e as pinturas dos maiores mestres. Há muito tempo que suas abóbadas sonoras deixaram de ouvir as vozes dos governadores que pronunciavam sentenças de vida e de morte nas salas que atravessamos... Os infelizes prisioneiros que mantinham nas masmorras e calabouços subterrâneos deixaram de sofrer... Ao visitar esses horrendos cárceres, reportava-me ao tempo dos mártires e desejei poder ficar, a fim de imitá-los!... Mas foi preciso sair logo e passar na ponte dos suspiros, assim chamada por causa dos suspiros de alívio dados pelos condenados por se verem livres do horror dos subterrâneos, aos quais preferiam a morte...

Depois de Veneza, fomos a Pádua, onde veneramos a língua de Santo Antônio, e a Bolonha, onde vimos Santa Catarina, que conserva a impressão do beijo do Menino Jesus. Há muitos pormenores interessantes que eu poderia dar sobre cada cidade e sobre as mil pequenas circunstâncias particulares da nossa viagem, mas não teria fim, por isso só vou relatar os principais.

Deixei Bolonha com satisfação. Essa cidade tornara-se insuportável para mim, devido aos estudantes dos quais está repleta e que formavam uma barreira quando tínhamos a infelicidade de sair a pé, e, sobretudo, por causa de pequena aventura que me aconteceu com um deles. Foi com alegria que rumei para Loreto. Não me surpreendeu que Nossa Senhora tenha escolhido esse lugar para transportar sua casa abençoada. A paz, a alegria, a pobreza reinam soberanamente; tudo é simples e primitivo, as mulheres conservaram o gracioso traje italiano e não adotaram, como em outras cidades, a *moda parisiense*. Enfim, Loreto encantou-me! Que direi da casa abençoada?... Ah! Minha emoção foi profunda ao me ver sob o mesmo teto que a Sagrada Família, a contemplar os muros nos quais Jesus fixara seus divinos olhos, pisando a terra que São José molhou com seus suores, onde Maria carregara Jesus em seus braços depois de tê-lo carregado no seu seio virginal... Vi o quartinho onde o anjo desceu para perto da Santíssima Virgem... Coloquei meu terço na tigelinha do Menino Jesus... Como essas recordações são maravilhosas!...

Nosso maior consolo foi receber *Jesus em sua própria casa* e ser seu templo vivo no lugar que ele honrou com sua presença. Segundo um costume da Itália, o santo cibório só se conserva, em cada igreja, sobre um altar, e somente aí se pode receber a santa comunhão. Esse altar encontra-se na própria basílica onde está a casa abençoada, guardada como um diamante precioso em um estojo de mármore branco. Isso não nos agradou, pois queríamos comungar no próprio *diamante*, não no *estojo*... Com sua cordialidade habitual, papai fez como todos os outros, mas Celina e eu fomos encontrar um sacerdote que nos acompanhava em todo lugar e que, naquele momento e por um privilégio especial, se preparava para celebrar missa na casa abençoada. Pediu *duas pequenas hóstias* que colocou na patena junto à grande e compreendeis, Madre querida, com que êxtase comungamos, as duas, nessa casa abençoada!... Era uma felicidade toda celeste que as palavras não podem expressar. Como será então quando recebermos a santa comunhão na eterna morada do Rei dos Céus?... Não mais veremos terminar a nossa felicidade, não haverá mais a tristeza da partida e, para levar uma lembrança, não será mais necessário *raspar furtivamente* as paredes santificadas pela presença divina, sendo que *a casa dele* será nossa para a eternidade... Não quer nos dar a da terra, contenta-se em mostrá-la a nós para nos fazer amar a pobreza e a vida oculta. A morada que ele nos reserva é seu palácio de glória onde não mais o veremos oculto, sob a aparência de uma criança ou de uma hóstia branca, mas tal como é, no seu esplendor infinito!!!...

É de Roma, agora, que me resta falar, Roma, meta da nossa viagem, lá onde acreditava encontrar o consolo, mas onde encontrei a cruz!... À nossa chegada, era noite e dormíamos. Fomos acordados pelos funcionários da estação que gritavam: "Roma, Roma". Não era um sonho, estava em Roma!...

O primeiro dia passou-se fora dos muros e foi, talvez, o mais agradável, pois todos os monumentos conservaram sua marca de antiguidade, enquanto no centro poder-se-ia acreditar estar em Paris ao ver a magnificência dos hotéis e das lojas. Esse passeio na campanha romana deixou em mim uma doce recordação. Não falarei dos lugares que visitamos, são muitos os livros que os descrevem nos pormenores, falarei apenas das *principais* impressões que tive. Uma das mais agradáveis foi a que me fez estremecer à vista do *Coliseu*. Estava vendo, enfim, essa arena onde tantos mártires tinham derramado o sangue por Jesus. Já ia apressar-me a beijar a terra que santificaram, mas que decepção! O centro não passa de um montão de entulho que os romeiros têm de se contentar em olhar, pois uma barreira impede a entrada. Aliás, ninguém fica interessado em penetrar naquelas ruínas... Seria possível ir a Roma sem visitar o Coliseu?... Não queria admitir, não escutava mais as explicações do guia, só um pensamento me atormentava: descer à arena... Vendo um operário que passava com uma escada, estive prestes a pedir-lhe, felizmente não pus meu plano em execução, porque me teriam considerado louca... Diz-se no Evangelho que Madalena tinha ficado junto ao sepulcro e que, inclinando-se por *diversas vezes* para ver dentro, acabou vendo dois anjos. Como ela, depois de constatar a impossibilidade de realizar meus desejos, continuei me inclinando sobre as ruínas onde queria descer; no fim, não vi anjo nenhum, mas sim *o que eu procurava*. Soltei um grito de alegria e disse a Celina: "Venha depressa, vamos poder passar!...". Logo atravessamos a barreira de entulhos e eis-nos escalando as ruínas que caíam sob nossos passos.

Papai olhava-nos espantado com nossa audácia. Logo nos disse para voltar, mas as duas fugitivas não ouviam mais nada. Assim como os guerreiros sentem a coragem aumentar no meio do perigo, nossa alegria crescia na proporção da dificuldade que tínhamos para alcançar o objeto dos nossos desejos. Mais precavida que eu, Celina tinha escutado o guia e lembrou-se de que falara de uma certa lajinha cruzada como sendo o lugar onde combatiam os mártires e pôs-se a procurá-la. Achou-a e, ao ajoelhar-nos sobre essa terra sagrada, nossas almas confundiram-se em uma mesma oração... Meu coração batia fortemente quando meus lábios se aproximaram do pó tingido do sangue dos primeiros cristãos. Pedi a eles a graça de ser também mártir para Jesus e senti no fundo do meu coração que minha oração seria atendida!... Tudo isso foi feito em muito pouco tempo. Depois de pegar algumas pedras, voltamos em direção aos muros em ruína a fim de refazer em sentido inverso a nossa perigosa trajetória. Vendo-nos tão felizes, papai não pôde chamar a nossa atenção e vi que estava feliz pela nossa coragem... Deus protegeu-nos visivelmente, pois os romeiros não tomaram conhecimento da nossa escapada, estando afastados de nós, ocupados a olhar as magníficas arcadas onde o guia fazia observar "as pequenas *cornijas* e os *cupidos* fixados em cima". Portanto, nem ele nem "os senhores padres" conheceram a alegria que enchia nossos corações...

As catacumbas deixaram também em mim uma suave impressão: são exatamente como eu as imaginava ao ler sua descrição na vida dos mártires. Depois de ter passado parte da tarde ali, parecia-me ter entrado poucos minutos antes, tão perfumada me parecia a atmosfera que se respira... Era preciso levar algumas recordações das catacumbas. Deixando a procissão se afastar um pouco, *Celina e Teresa* penetraram juntas até o fundo do antigo túmulo de Santa Cecília e pegaram terra santificada pela sua presença. Antes da minha viagem a Roma, eu não tinha por essa santa devoção especial, mas, ao visitar sua casa transformada em igreja, o lugar do seu martírio, informada que fora proclamada rainha da harmonia, não por causa da sua bela voz nem do seu talento musical, mas em memória do *canto virginal* que fez ouvir a seu Esposo Celeste escondido no fundo do seu coração, senti por ela mais do que devoção: uma verdadeira *ternura de amiga*... Passou a ser minha santa predileta, minha confidente íntima... Tudo nela me extasia, sobretudo seu *desprendimento*, sua *confiança* ilimitada que a tornou capaz de virginizar almas que nunca desejaram outras alegrias que as da vida presente...

Santa Cecília é parecida com a esposa dos cânticos. Nela, vejo "um coro em um campo de exército...". Sua vida não foi senão um canto melodioso em meio às maiores provações, e isso não me é estranho, sendo que "o Evangelho sagrado *repousava sobre seu coração!*" e *que em seu coração repousava* o Esposo das Virgens!...

A visita à igreja Santa Inês foi também muito doce para mim. Era uma *amiga de infância* que ia visitar na própria casa. Falei-lhe muito tempo de quem leva tão bem o nome e fiz tudo o que pude para obter uma relíquia da angélica padroeira da minha Madre querida a fim de lhe trazer, mas foi-nos impossível conseguir senão uma pedrinha vermelha que se desprendeu de um rico mosaico cuja origem remonta ao tempo de Santa Inês e que ela deve ter olhado muitas vezes. Não era delicado por parte da santa dar-nos, ela própria, o que procurávamos e que nos era proibido pegar?... Sempre considerei o fato como uma delicadeza e uma prova do amor com que a doce Santa Inês olha e protege minha querida Madre!...

Seis dias se foram em visitas às principais maravilhas de Roma e, no *sétimo*, vi a maior de todas: "Leão XIII...". Desejava e temia esse dia, dele dependia minha vocação, pois a resposta que eu devia receber de Sua Excelência não tinha chegado e soubera por uma carta vossa, *Madre*, que ele não estava mais muito bem disposto a meu favor. Portanto, minha única tábua de salvação era o Santo Padre... Mas para obter a permissão era preciso pedi-la, era preciso, na frente de todos, *ousar falar "ao Papa"*. Essa ideia fazia-me tremer. Como sofri antes da audiência, só Deus e minha *querida Celina* o sabem. Nunca me esquecerei da parte que ela tomou em minhas provações. Minha vocação parecia ser dela. (Nosso amor mútuo era notado pelos padres da romaria: uma noite, em uma reunião tão numerosa que faltavam lugares, Celina fez-me sentar no seu colo e olhávamo-nos tão gentilmente que um padre exclamou: "Como se amam, ah! Nunca essas duas irmãs poderão separar-se!". Sim, amávamo-nos, mas nosso afeto era tão *puro* e tão forte que a ideia da separação não nos perturbava, pois sentíamos que nada, nem o oceano, poderia afastar uma da outra... Celina via com calma o meu barquinho acostar à margem do Carmelo; resignava-se a ficar o tempo que Deus quisesse no mar turbulento do mundo, certa de chegar um dia à margem desejada...)

Domingo, 20 de novembro, depois de nos vestir segundo o cerimonial do Vaticano (isto é, de preto, com uma mantilha de renda na cabeça), e ter-nos enfeitado com uma grande medalha de Leão XIII amarrada com fita azul e branca, fizemos nossa entrada no Vaticano, na capela do Soberano Pontífice. Às 8 horas, nossa emoção foi profunda ao vê-lo entrar para celebrar a Santa Missa... Depois de dar a bênção aos numerosos romeiros reunidos ao seu redor, subiu os degraus do santo altar e mostrou-nos, pela sua piedade digna do Vigário de Jesus, que era verdadeiramente "O *Santo Padre*". Meu coração batia muito forte e minhas orações eram muito fervorosas, quando Jesus descia nas mãos do seu Pontífice, e eu estava muito confiante. O Evangelho desse dia continha essas palavras animadoras: "Não tenhais receio, pequeno rebanho, porque foi do agrado de vosso Pai dar-vos o seu reino". Eu não receava, esperava que o reino do Carmelo fosse meu em breve. Não pensava então nessas outras palavras de Jesus: "Preparo para vós, como o Pai preparou para mim um reino". Isto é, reservo para vós cruzes e provações; assim é que sereis dignos de possuir esse reino pelo qual ansiais. Por ter sido necessário o Cristo sofrer para entrar na sua glória, se desejais ter lugar ao lado dele, bebei do cálice que ele bebeu!... Esse cálice foi-me apresentado pelo Santo Padre e minhas lágrimas misturaram-se à bebida que me era oferecida. Depois da missa de ação de graças que se seguiu à de Sua Santidade, a audiência começou. Leão XIII estava sentado em uma grande poltrona, vestido simplesmente da batina branca, camalha da mesma cor e solidéu. Ao redor dele estavam cardeais, arcebispos, bispos, mas só os vi vagamente, estando ocupada com o Santo Padre. Desfilávamos diante dele, cada romeiro se ajoelhava, beijava o pé e a mão de Leão XIII, recebia sua bênção e dois guardas o tocavam para indicar-lhe que se levantasse (o romeiro, pois explico-me tão mal que se poderia pensar que fosse o Papa). Antes de subir ao apartamento pontifício, eu estava muito resolvida a *falar*, mas senti minha coragem falhar vendo à direita do Santo Padre "o padre *Révérony*!...". Quase no mesmo instante, disseram-nos, da *parte dele*, que *proibia falar* com Leão XIII, pois a audiência estava se prolongando demais... Virei para minha querida Celina a fim de consultá-la: "Fala", disse-me ela. Um instante depois, eu estava aos pés do Santo Padre. Tendo eu beijado sua sandália, ele me apresentou a mão. Em vez de beijá-la, pus as minhas e, levantando para o rosto dele meus olhos banhados em lágrimas, exclamei: "Santíssimo Padre, tenho um grande favor para pedir-vos!...". Então, o Soberano Pontífice inclinou a cabeça de maneira que meu rosto quase se encostou no dele e vi seus *olhos pretos e profundos* fixarem-se sobre mim e parecer penetrar-me até o fundo da alma. "Santíssimo Padre", disse, "em honra do vosso jubileu, permiti que eu entre no Carmelo aos 15 anos!..."

Sem dúvida, a emoção fez tremer a minha voz e, virando-se para o padre Révérony, que me olhava surpreso e descontente, o Santo Padre disse: "Não compreendo muito bem". Se Deus tivesse permitido, teria sido fácil para o padre Révérony obter para mim o que eu desejava, mas era a cruz e não a consolação que ele queria me dar. "Santíssimo Padre", respondeu o vigário-geral, "é *uma criança* que deseja ingressar no Carmelo aos 15 anos, mas os superiores examinam a questão neste momento." "Então, minha filha", respondeu o Santo Padre, olhando-me com bondade, "fazei o que os superiores vos disserem." Apoiando minhas mãos sobre seus joelhos tentei um último esforço e disse com voz suplicante: "Oh! Santíssimo Padre, se disséseis sim, todos estariam a favor!...". Ele olhou-me fixamente e pronunciou as seguintes palavras, destacando cada sílaba: "Vamos... Vamos... *Entrareis se Deus quiser...*". Sua acentuação tinha alguma coisa de tão penetrante e de tão convincente que tenho impressão de ouvi-lo ainda. A bondade do Santo Padre me animava e eu queria falar mais, mas os dois guardas *tocaram-me polidamente* para fazer-me levantar. Vendo que isso não era suficiente, seguraram-me pelos braços e o padre Révérony os ajudou a levantar-me, pois ainda estava com as mãos juntas, apoiadas nos joelhos de Leão XIII, e foi *pela força* que me arrancaram dos seus pés... No momento em que estava sendo *retirada*, o Santo Padre colocou sua mão nos meus lábios e levantou-a para me benzer. Então, meus olhos encheram-se de lágrimas e o padre Révérony pôde contemplar, pelo menos, tantos *diamantes* como tinha visto em Bayeux... Os dois guardas carregaram-me, pode-se dizer, até a porta e um terceiro me deu uma medalha de Leão XIII. Celina, que me seguia e havia sido testemunha da cena que acabava de acontecer, quase tão emocionada quanto eu, ainda teve a coragem de pedir ao Santo Padre uma bênção para o Carmelo. O padre Révérony, com voz descontente, respondeu: "O Carmelo já foi abençoado". O bondoso Santo Padre confirmou com doçura: "Oh, sim! Já foi abençoado". Antes de nós, papai viera aos pés de Leão XIII, com os homens. O padre Révérony foi gentil com ele, apresentando-o como *pai de duas Carmelitas*. Como sinal de benevolência, o Soberano Pontífice pôs a mão sobre a cabeça venerável do meu Rei querido, parecendo marcá-la com um *selo misterioso*, em nome daquele de quem é o verdadeiro representante... Ah! Agora que esse *Pai de quatro Carmelitas* está no Céu, não é mais a mão do pontífice que repousa sobre sua fronte, profetizando-lhe o martírio... É a mão do Esposo das Virgens, do Rei de Glória, que faz resplandecer a cabeça de seu Fiel Servo. E, mais do que nunca, essa mão adorada não deixará de repousar na fronte que tem glorificado...

Meu papai querido ficou muito triste ao me encontrar chorando à saída da audiência, e fez tudo o que pôde para me consolar. Mas foi inútil... No fundo do coração, sentia grande paz, pois tinha feito tudo o que me era possível fazer para responder ao que Deus queria de mim; mas essa *paz* estava no *fundo* e a amargura *enchia* minha alma, pois Jesus ficava calado. Parecia-me ausente, nada revelava a presença dele... Ainda naquele dia, o sol não brilhou e o belo céu azul da Itália, carregado de nuvens escuras, não parou de chorar comigo... Ah! Para mim, a viagem tinha acabado. Não comportava mais encantos, pois a finalidade não fora alcançada. Todavia, as últimas palavras do Santo Padre deveriam ter-me consolado: não eram, de fato, verdadeira profecia? Apesar de todos os obstáculos, o que *Deus quis* cumpriu-se. Não permitiu que as criaturas fizessem o que queriam, mas a *vontade dele*... Havia algum tempo oferecera-me ao Menino Jesus para ser seu *brinquedinho*. Tinha-lhe dito para não me usar como brinquedo caro que as crianças só podem olhar sem ousar tocar, mas como uma bola sem valor que podia jogar no chão, dar pontapés, *furar*, largar em um cantinho ou apertar contra seu coração conforme achasse melhor; em uma palavra, queria *divertir* o *Menino Jesus*, agradar-lhe, queria entregar-me a suas *manhas de criança*... Ele aceitou minha oferta...

Em Roma, Jesus *furou* seu brinquedinho. Queria ver o que havia dentro e, depois de ver, contente com sua descoberta, deixou cair sua pequena bola e adormeceu... Que fez durante o sono e que foi feito da bola deixada de lado?... Jesus sonhou que continuava *brincando* com sua bola, deixando-a e retomando-a, e que, depois de deixá-la rolar muito longe, a apertou no seu coração, não permitindo mais que se afastasse de sua mãozinha...

Compreendeis, querida Madre, quanto a pequena bola ficou triste ao ver-se *largada*... Mas eu não deixava de esperar contra toda a esperança. Alguns dias após a audiência com o Santo Padre, papai foi visitar o bom irmão Simião e lá encontrou o padre Révérony, que se mostrou muito amável. Papai censurou-o, brincando, por não me ter ajudado no meu *difícil empreendimento* e contou a história da sua *Rainha* ao irmão Simião. O venerável ancião escutou o relato com muito interesse, tomou notas até, e disse com emoção: "Isso não se vê na Itália!". Creio que essa entrevista causou muito boa impressão no padre Révérony. A partir dela, não deixou mais de me provar estar *finalmente* convicto da minha vocação.

No dia seguinte ao dia memorável, tivemos de partir cedo para Nápoles e Pompeia. Em nossa honra, o Vesúvio fez-se barulhento o dia todo, trovejando e deixando escapar uma coluna de grossa fumaça. Os vestígios que deixou sobre as ruínas de Pompeia são apavorantes, mostram o poder de Deus: "Ele que com um olhar faz tremer a terra, e a seu toque os montes fumegam...". Teria gostado de andar sozinha no meio das ruínas, sonhar com a fragilidade das coisas humanas, mas o número de visitantes tirava grande parte do encanto melancólico da cidade destruída... Em Nápoles, foi o contrário. O *grande número* de carros de dois cavalos tornou magnífico nosso passeio ao mosteiro San Martino, situado em uma alta colina que domina a cidade. Infelizmente, os cavalos que nos levavam tomavam o freio nos dentes e, mais de uma vez, pensei ver chegar minha última hora. Embora o cocheiro repetisse constantemente a palavra mágica dos condutores italianos: "Appipau, appipau...", os cavalos queriam derrubar o carro. Enfim, graças à ajuda dos nossos anjos da guarda, chegamos ao nosso hotel. Durante toda a viagem fomos alojados em hotéis principescos, nunca tinha estado cercada de tanto luxo; vem ao caso dizer que a riqueza não traz a felicidade. Pois teria sido mais feliz em uma choupana, com a esperança do Carmelo, do que no meio de lambris dourados, escadas de mármore branco, tapetes de seda, e com amargura no coração... Ah! Senti-o muito bem: a felicidade não está nos objetos que nos cercam, está no mais íntimo da alma. Pode ser gozada tanto em uma prisão como num palácio; a prova é que sou mais feliz no Carmelo, mesmo no meio de provações interiores e exteriores, do que no mundo, cercada pelas comodidades da vida e, *sobretudo*, pelas doçuras do lar paterno!...

Minha alma estava mergulhada na tristeza, mas, por fora, permanecia a mesma, pois pensava que não se sabia do pedido que eu tinha feito ao Santo Padre. Logo, porém, constatei o contrário. Tendo ficado no vagão, a sós com Celina (os outros romeiros tinham descido para um lanche durante os poucos minutos de parada), vi o padre Legoux, vigário-geral de Coutances, abrir a portinhola e, olhando-me sorridente, dizer: "Como vai nossa pequena carmelita?...". Soube então que todas as pessoas da romaria sabiam do meu segredo. Felizmente, ninguém comentou comigo, mas vi, pela maneira simpática de me olhar, que meu pedido não tinha produzido má impressão, pelo contrário... Na pequena cidade de Assis, tive oportunidade de subir no mesmo carro que o padre Révérony, favor que não foi concedido a *nenhuma senhora* durante a viagem toda. Eis como obtive esse privilégio.

Após ter visitado os lugares perfumados pelas virtudes de São Francisco e de Santa Clara, terminamos pelo mosteiro de Santa Inês, irmã de Santa Clara. Tinha contemplado à vontade a cabeça da santa quando, uma das últimas pessoas a se retirar, percebi ter perdido meu cinto. *Procurei-o* no meio do povo; um padre teve pena de mim e me ajudou. Mas, depois de tê-lo achado, vi-o afastar-se e fiquei sozinha *procurando*, pois embora tivesse encontrado o cinto não podia colocá-lo, porque faltava a fivela... Enfim, vi-a brilhar em um canto; não demorei em ajustá-la à fita. Mas o trabalho anterior havia demorado mais e percebi estar sozinha ao lado da igreja, todos os carros tinham ido embora, exceto o do padre Révérony. Que fazer? Devia correr atrás dos carros que não via mais, arriscar-me a perder o trem e colocar meu papai querido na inquietação, ou pedir carona na caleche do padre Révérony?... Optei pela última solução. Com a cara mais graciosa e menos *constrangida* possível, apesar do meu extremo *embaraço*, expus-lhe minha situação crítica e o coloquei, por sua vez, *em situação difícil*, pois seu carro estava lotado com os mais distintos *senhores* da romaria, sendo impossível encontrar um lugar; porém um cavalheiro apressou-se em descer, fez-me subir no seu lugar e colocou-se modestamente perto do cocheiro. Parecia um esquilinho pego em uma armadilha e estava longe de me sentir à vontade, cercada por todos esses personagens e, sobretudo, do mais *temível*, diante do qual me assentei... Todavia, ele foi muito amável comigo, interrompendo, de vez em quando, sua conversação com os senhores para falar-me do *Carmelo*. Antes de chegar à estação, todos os *grandes personagens* sacaram suas *grandes* carteiras a fim de dar dinheiro ao cocheiro (já pago). Fiz como eles e tirei minha *diminuta* carteira, mas o padre Révérony não me deixou pegar bonitas *moedinhas*, preferiu dar uma *grande* por nós dois.

Em outra ocasião, encontrei-me ao lado dele, em um ônibus. Foi ainda mais amável e prometeu fazer tudo o que pudesse para meu ingresso no Carmelo... Mesmo com esse bálsamo todo sobre minhas feridas, esses pequenos encontros não impediram que a volta fosse menos agradável que a ida, pois não tinha mais a esperança "do Santo Padre". Não encontrava ajuda nenhuma na terra, que me parecia ser um deserto árido e sem água. Toda a minha esperança estava *unicamente* em Deus... Acabava de experimentar que é melhor recorrer a ele que a seus santos...

A tristeza da minha alma não me impedia de sentir grande interesse pelos santos lugares que visitávamos. Em Florença, fiquei feliz em contemplar Santa Madalena de Pazzi no meio do coro das Carmelitas, que abriram a grande grade para nós. Como não sabíamos que teríamos esse privilégio, muitas pessoas desejavam encostar seus terços no túmulo da santa. Só eu conseguia passar a mão pela grade que nos separava dele, portanto, todos me traziam seus terços e eu estava muito contente com meu ofício... Eu precisava sempre encontrar o meio de *mexer em tudo*. Assim também na igreja de Santa Cruz de Jerusalém (em Roma), onde pudemos venerar diversos pedaços da verdadeira Cruz, dois espinhos e um dos cravos sagrados mantidos em um magnífico relicário em ouro lavrado, mas *sem vidro*; foi-me possível, ao venerar a preciosa relíquia, enfiar meu *dedinho* em um dos orifícios do relicário e *tocar* o cravo que fora banhado com o sangue de Jesus... Francamente, era audaciosa demais!... Felizmente, Deus, que vê o fundo dos corações, sabe que minha intenção era pura e que por nada neste mundo teria querido desagradar-lhe. Comportava-me com ele como uma *criança* que acredita que tudo lhe é permitido e olha os tesouros de seu pai como sendo dela. Ainda não consegui entender por que as mulheres são tão facilmente excomungadas na Itália. A cada instante, diziam-nos: "Não entrem aqui... Não entrem aí, seriam excomungadas!...". Ah! Pobres mulheres, como são desprezadas!... Todavia, são muito mais numerosas em amar a Deus e, durante a Paixão de Nosso Senhor, as mulheres tiveram mais coragem que os apóstolos, pois enfrentaram os insultos dos soldados e atreveram-se a enxugar a Face adorável de Jesus... É sem dúvida por isso que ele permite que o desprezo seja a herança delas na terra, sendo que ele o escolheu para si mesmo... No Céu, saberá mostrar que as ideias dele não se confundem com as dos homens, pois então as *últimas* serão as *primeiras*... Mais de uma vez, durante a viagem, não tive a paciência de esperar pelo Céu para ser a primeira... Em um dia em que visitávamos um mosteiro de padres Carmelitas, não estando satisfeita em acompanhar os romeiros nos corredores *exteriores*, adentrei os claustros *internos*... De repente, vi um bom velho carmelita que me fazia sinal, de longe, para me afastar. Em vez de voltar, aproximei-me dele mostrando os quadros do claustro e dizendo, por sinal, que eram bonitos. Ele percebeu, sem dúvida pelos meus cabelos soltos e meu ar jovem, que eu não passava de uma criança; sorriu-me com bondade e se afastou, ciente de que não tinha enfrentado uma inimiga. Se eu soubesse falar italiano, ter-lhe-ia dito ser uma futura carmelita, mas por causa dos construtores da torre de Babel isso não foi possível.

Depois de ter visitado Pisa e Gênova, voltamos à França. No percurso, a vista era magnífica. Às vezes, íamos pela beira-mar e a ferrovia passava tão perto que dava a impressão de que as ondas iam nos alcançar. Esse espetáculo foi causado por uma tempestade. Era noite, o que tornava a cena ainda mais imponente. Outras vezes, planícies cobertas de laranjais com frutas maduras, verdes oliveiras com folhagem leve, palmeiras graciosas... no fim da tarde, víamos numerosos pequenos portos marítimos iluminar-se com milhares de luzes, enquanto no Céu brilhavam as primeiras *estrelas*... Ah! Que poesia enchia minha alma vendo todas essas coisas pela primeira e última vez na minha vida!... Era sem pena que as via esvair-se, meu coração aspirava a outras maravilhas. Ele tinha contemplado suficientemente *as belezas da terra, as do Céu* eram objeto dos seus desejos e para dá-las às *almas* queria tornar-me *prisioneira*!... Antes de ver abrir-se diante de mim as portas da prisão abençoada com a qual sonhava, precisava lutar e sofrer ainda mais... sentia-o ao voltar à França. Todavia, minha confiança era tão grande que não cessava de esperar que me seria permitido ingressar em 25 de dezembro... (HA 151-185).

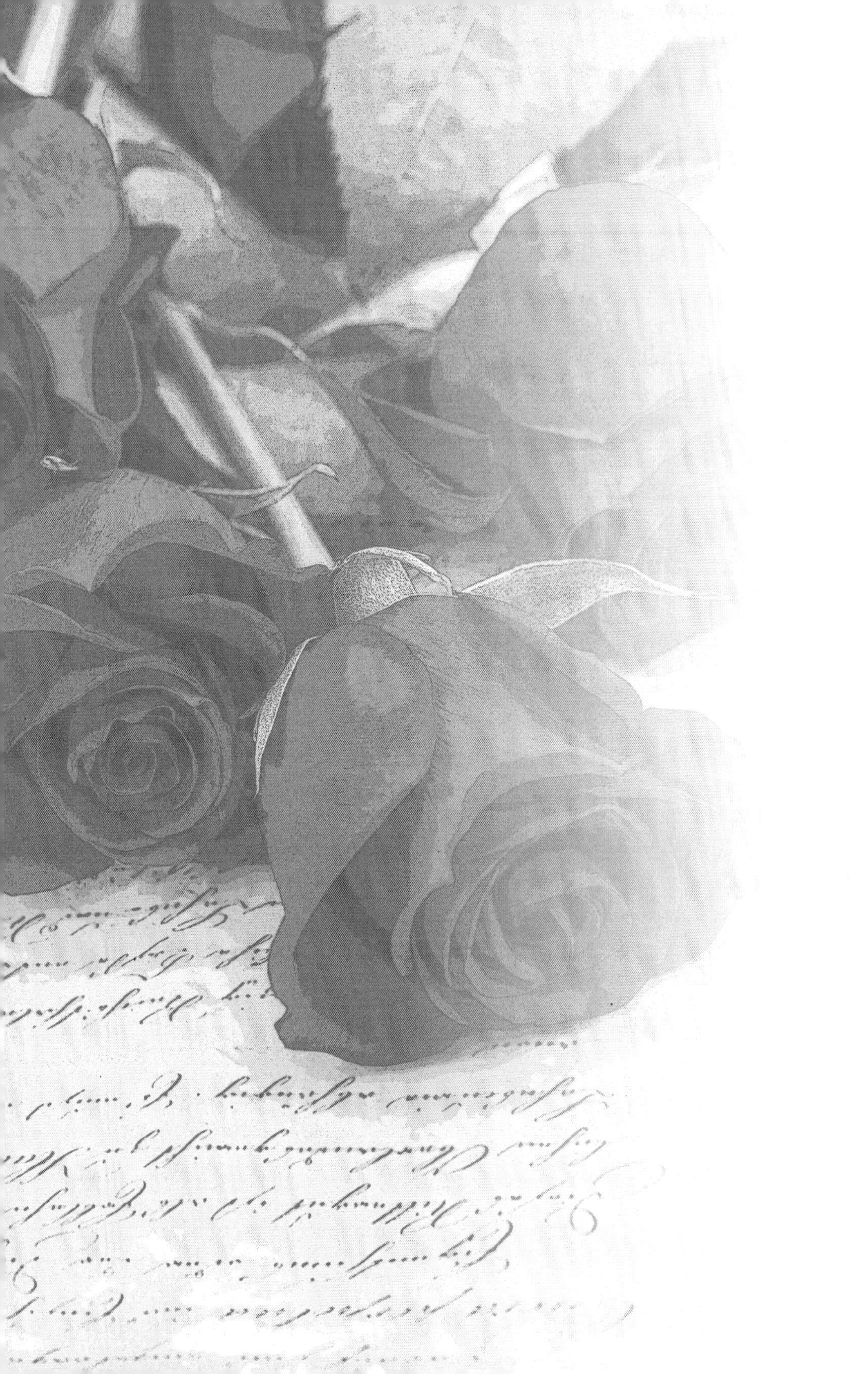

5
UM LONGO TEMPO DE ESPERA

Teresa voltou feliz da longa viagem por várias cidades da Itália. Tinha visto muitas coisas, mas o seu coração já estava preso a outro lugar, o Carmelo, e possuía um único desejo, entrar ali o quanto antes. Mas havia ainda várias dificuldades para vencer, que apareciam a cada momento, e a entrada era adiada. Esses adiamentos deixavam triste a jovem Teresa, mas não a desanimavam. Foi nesse tempo que ela escreveu uma longa poesia, misto de saudade, de ternura, de amor e de sofrimento, por ver mais uma vez o seu desejo de ser carmelita adiado. Teresa praticava, sem saber, a espiritualidade e a filosofia de vida da madre Teresa d'Ávila: a paciência tudo alcança...

> Nada te perturbe,
> Nada te espante,
> Tudo passa.
> Deus não muda.
> A paciência tudo alcança.
> Quem a Deus tem, nada lhe falta.
> Só Deus basta!

No mês de janeiro de 1888, antes de entrar no Carmelo, na família Martin se celebra a festa do velho pai da família, Luís, sempre cheio de atenção e de amor. Mesmo assim, o tempo parece não passar para Teresa, mas no seu coração ela está segura de que entrará no Carmelo dali a uns meses. O pai tenta amenizar esse tempo de espera com presentes, como quando lhe dá um cordeirinho para que ela possa brincar, ou quando lhe oferece a possibilidade de pequenos passeios para distraí-la e fazê-la feliz. Ele tinha um grande desejo de conhecer Jerusalém, e oferece a Teresa essa possibilidade, mas ela prefere não aceitar, sempre esperando que poderia entrar no Carmelo a qualquer momento.

Os meses de janeiro a abril, quando finalmente Teresa entraria no Carmelo, passam muito depressa na casa dos Buissonnets: o pai se prepara para aceitar a separação da sua "princesinha" e ficar sozinho com Celina e Leônia, que voltara da sua experiência com as Irmãs Visitandinas. Celina também se ressente de separar-se de sua amiga e irmã de jogos, de sonhos, de aventuras. Para Teresa, contudo, que espera ansiosamente por isso, o tempo passa muito devagar, assim como para outra irmã dela, Paulina, que do Carmelo escreve a sua "pequena Teresa", dizendo: "Jesus a quer santa", e que na vida carmelita "não faltarão cruzes e dificuldades, mas tudo se supera quando se ama a Jesus".

Teresa é delicada e escreve uma das suas últimas cartas antes de entrar no Carmelo a mons. Hugonin, o bispo de Bayeux e Lisieux, que, visitando o Carmelo no dia 21 de fevereiro de 1888, pergunta referindo-se a Teresa: "Onde está a minha pequena noviça?".

Para Dom Hugonin.

27 de março de 1888

Excelência,

Permito-me vir reclamar uma bênção às vésperas do meu ingresso no Carmelo. Não me esqueço de que sou a filhinha de Vossa Excelência e sei o que devo a vossa bondade paterna. Agora, vossa pequena (Carta 44).

6
O DIA DE SORRISOS E CHOROS

Finalmente chegou o grande dia da entrada de Teresa Martin no Carmelo de Lisieux. A véspera desse dia foi de grande festa e choro; de alegria para Teresa, que via coroado o seu sonho, e de saudade para o pai e para Celina, que deviam separar-se da amada princesa. A senhora Papinau, uma amiga e uma presença na casa dos Martin, nos traça o perfil do último dia da jovem Teresa, que passeava sozinha à beira da estrada, enquanto o pai entrara em uma casa de comércio para comprar alguma coisa: "Teresa parece um pouco agitada, traz um vestido verde, cabelos bem arrumados, preso com um laço azul. Essa imagem gravou-se na minha memória".

Leônia, a irmã que tinha feito até ali várias experiências entre as Clarissas e as Visitandinas, alerta Teresa que a vida do claustro não é como pensamos, que tem cruzes, incompreensões. Atua como "advogada do diabo", quase para convencê-la de pensar bem antes de entrar no Carmelo. Mais tarde, a própria Leônia, já monja no mosteiro das Visitandinas, diria: "Teresa, percebi pelo seu rosto, que não gostou muito dos meus conselhos, e deu a entender que estava pronta para aceitar todos os sacrifícios que a vida consagrada carmelitana comporta".

A própria Teresinha conta como passou a tarde anterior à sua entrada no Carmelo. Foi convidado também tio Isidoro com toda a família. Na última noite com Celina foi quase tudo passado a limpo: elas conversaram de tudo, e Teresa especialmente recomendou que ela tivesse muita atenção com o pai, o amasse muito, e ainda lhe disse que a esperava no Carmelo. Com um último abraço cheio de ternura, também o cachorro Tom recebeu de Teresa as últimas carícias. De manhã cedo participou com todos os familiares da missa no Carmelo. Uma celebração para Teresa cheia de alegria, e, para os outros, de saudade e soluços de tristeza por ver aquela "jovem" de apenas quinze anos entrar em uma Ordem de clausura, em uma vida feita de austeridade, silêncio e penitência.

Terminada a missa, Teresa, de mãos dadas com o pai, se aproximou da grande porta de entrada do Carmelo. Então, ela se ajoelhou e pediu ao pai a bênção, antes de separarem-se, e ele, com um gesto espontâneo, cheio de amor e humildade, se ajoelhou também, abençoou a sua rainha e pediu-lhe a bênção...

A grande porta se abriu, e Madre Priora, com todas as Irmãs, com o rosto coberto com um véu preto, como era costume naquele tempo, receberam a jovem, que entrou ali com alegria, quase dançando. Estava presente o próprio capelão e responsável pelo mosteiro, padre Delatroëte, que pronunciou palavras pesadas à comunidade, referindo-se à entrada daquela jovem de quinze anos: "Muito bem, minhas reverendas madres. Podem cantar um *Te Deum*. Como delegado do senhor bispo, apresento-lhes esta menina de quinze anos, de quem vocês têm desejado a entrada. Espero que eu esteja enganado, mas quero lembrar-lhes de que, se a vossa esperança for desiludida, a responsabilidade será somente de vocês".

Diante destas palavras, toda a comunidade ficou estupefata, apavorada; então Teresa, quase voando, entrou na clausura, e a porta se fechou atrás de si. Ela nunca mais saiu do claustro, a não ser para ser levada ao cemitério, no dia 2 de outubro de 1897, acompanhada de um punhado de pessoas, todos amigos, parentes e conhecidos do Carmelo. E, sobre o seu simples túmulo, uma cruz foi colocada com os dizeres: "Irmã Teresa do Menino Jesus e da Santa Face, religiosa carmelita. Farei cair sobre a terra uma chuva de rosas". Era um dia chuvoso do início de outubro... E a chuva de rosas nunca parou até hoje de cair. Aliás, esta cai sempre com mais insistência sobre o mundo inteiro, onde se encontram os seus devotos e todos os que buscam, nela, um refúgio seguro.

7
COMO NASCEU O CARMELO DE LISIEUX

Quando Teresa entrou no Carmelo, fazia cinquenta anos que as primeiras monjas Carmelitas Descalças tinham chegado à silenciosa e friorenta pequena cidade da Normandia. Em razão disso, estavam previstas grande celebrações e uma missa pontifical de ação de graças presidida pelo próprio bispo, mons. Hugonin, amigo da família Martin, e que de certo modo tinha favorecido a entrada de Teresa aos 15 anos. Para fundar um Carmelo, ontem e hoje, é preciso que alguém o solicite e que se tenha, antes de tudo, a aprovação da Igreja.

A história do Carmelo de Lisieux, por sua vez, começou em 15 de agosto, festa da assunção da Virgem Maria, de 1835. Uma monja Carmelita Descalça do Carmelo de Pont-Audemar tinha escrito ao Abade Pierre Nicolas Sauvage, um antigo reitor do seminário de Bayeux, diocese que compreendia também Lisieux, para comunicar-lhe que duas jovens de Lisieux desejavam fundar ali um Carmelo. As jovens se chamavam Athalie e Desire.

Depois de um vaivém de cartas entre as pessoas interessadas nessa fundação, chegou-se a uma conclusão: era necessário buscar mais monjas de outros Carmelos para completar o número necessário para levar adiante, com tranquilidade, a regularidade da vida carmelitana. Após a morte do bispo, incompreensões, certas resistências e preconceitos, o sonho do Carmelo se tornou realidade em Lisieux.

As obras da construção foram interrompidas em vários momentos por falta de dinheiro. É o que normalmente acontece na construção de um Carmelo, mesmo nos nossos dias. Segundo o conceito de Teresa d'Ávila, mãe e fundadora do Carmelo Descalço, para o bom andamento da vida humana e espiritual, as monjas necessitam de um amplo espaço de terreno. Sendo vida de clausura, é preciso, para criar um equilíbrio, um bom espaço para se poder passear no jardim.

O terreno do Carmelo de Lisieux era muito pequeno, mas suficiente para uma vida monástica que exige silêncio, espaço verde, jardins e uma área para cultivar verduras necessárias para a cozinha e, aqui e acolá, algumas árvores frutíferas.

O Carmelo não é como as abadias beneditinas, que são uma cidade dentro da cidade, onde se tenta ser autossuficiente em tudo, e também se pode vender os próprios produtos. Teresa, acostumada aos Buissonnets na casa paterna, sente-se à vontade no Carmelo. Mas como era o Carmelo de Lisieux?

8
UM DIA NO CARMELO

Entremos como que escondidos, sem que as monjas percebam a nossa presença, no Carmelo de Lisieux, no período em que Santa Teresinha entrou ali. A vida religiosa humana corresponde também aos padrões sociais do tempo. Embora quem entre na vida religiosa deixe tudo para trás, não pode deixar o próprio caráter, as tradições, o estilo de vida que está acostumado a levar na família e na sociedade. É verdade que a vida religiosa desde o início se caracteriza por três rupturas, que devem ser feitas relembrando as palavras de Jesus: "Quem quiser vir após mim renuncie a si mesmo, venda tudo o que tem e o dê aos pobres; depois venha e me siga!" (Mt 19,21):

a) A ruptura com os bens, mediante o voto de pobreza, isto é, os religiosos não podem possuir nada como seu, nem dinheiro nem coisa nenhuma. Tudo está a serviço da comunidade. Nem conta no banco nem propriedade. Tudo recebe como dom e tudo deve ser considerado um dom.

b) A ruptura com a própria vontade, com sua capacidade de decidir, com a liberdade de ir e vir. Tudo depende dos superiores, como a escolha do trabalho etc. Uma obediência que não é servidão nem escravidão para quem aceita e ama esse estilo de vida. Uma palavra-chave para compreender isso é: "Eis me aqui para fazer a vontade do Pai!".

c) A ruptura com os próprios afetos, que se realiza por meio do voto de castidade. Para dizer um "sim" mais total ao amor, o religioso escolhe não se casar, não gerar filhos. Não por falta de amor, mas para amar mais livremente a todos. Não é fácil a quem não tem essa vocação compreender isso, e explicar-lhe os votos parece tempo perdido. São decisões que se tomam com base em um amor maior. Jesus dizia uma frase seca, quando os fariseus não o entendiam: "Quem tiver ouvidos, ouça!" (Mc 4,9).

A comunidade de Lisieux, quando Teresa Martin passou a fazer parte do Carmelo, era composta de 26 monjas. Uma característica das Carmelitas Descalças do mundo inteiro, e agradeço a Deus por ter conhecido muitos Carmelos de diferentes países, é a alegria. Todas elas veem ao encontro dos visitantes com um sorriso pascal de orelha a orelha. Mas a vida interna é outra coisa, é uma vida normal, com pequenos problemas diários de comunicação, com suas simpatias e antipatias, e feita de pessoas com seus altos e baixos. Também a comunidade de Lisieux era assim, além de seus problemas de sobrevivência, e por isso para viver ali era preciso realizar pequenos trabalhos, como produzir marmeladas, biscoitos, pequenos objetos artesanais, e contar com um número bom de benfeitores, entre os quais o senhor Luís Martin, que tinha ali três filhas. Era, então, um grande benfeitor, que se preocupava em ajudar o mosteiro e, em contrapartida, as suas amadas filhas.

Em 1888, a priora do Carmelo de Lisieux era a madre Maria de Gonzaga. Ela descendia de uma família nobre e possuía caráter forte. Era severa com os outros, mas nem sempre consigo mesma. Mais que amada, era temida pelas Irmãs. As noviças a tinham apelidado de "Lobo", e seria a própria Teresa, uma vez que era ajudante da mestra das noviças, quem proibiria que a chamassem com esse nome.

Sucedendo a fundadora, madre Genoveva, que morrera com fama de santidade, madre Maria de Gonzaga tinha 54 anos e era um tipo um pouco estranho. Embora fosse uma boa monja, muitas vezes era vítima de depressão, especialmente quando não era reeleita priora do

Carmelo. Exerceria uma grande influência sobre Teresa do Menino Jesus, e lhe confiaria o cargo de vice-mestra do noviciado.

O número de monjas, quando ingressou ali a postulante Teresa, já estava além das normas do Carmelo, que estabelece que não se ultrapasse o número de 21 pessoas, sem a licença dos superiores. A postulante, portanto, entrou no grupo de formandas, composto naquele momento de quatro noviças. A comunidade é o reflexo do ambiente de onde vêm as monjas, e a maioria, então, vinha dos campos, de famílias numerosas, mas pobres, e várias delas não sabia nem ler nem escrever, a não ser assinar o próprio nome... As irmãs Martin tinham uma boa formação intelectual, humanística, e eram consideradas "as intelectuais da comunidade".

O superior do Carmelo, que representava o bispo, era o padre Delatroëte, exigente e desfavorável à entrada da jovem Teresa. Os confessores eram boas pessoas, mas nem sempre com bom discernimento e conhecimento da vida carmelitana. Assim, de vez em quando, especialmente por ocasião dos exercícios espirituais anuais, as monjas tinham a possibilidade de se confessar com outros sacerdotes, pregadores de retiro.

O HORÁRIO DO CARMELO

A vida carmelitana não é fácil. Para termos uma ideia, é só observarmos abaixo os horários das atividades em vigor, quando Teresa entrou no Carmelo de Lisieux. Também em nossos dias isso não mudou muito. O meio do dia, o "tempo livre" citado, não era para descanso, mas sim para oração e participação nos atos comunitários, que constituem o cerne da fraternidade. Fora dos recreios, o silêncio é quase absoluto.

Eis o horário de verão (da Páscoa à Exaltação da Santa Cruz, em 14 de setembro), tal qual o registra a Irmã Genoveva em suas notas:

4h45min	Despertar
5h	Oração
6h	Pequenas Horas do Ofício (Prima, Terça, Sexta, Nona)
7h	Missa de ação de graças (domingo: 8h)

8h	Café da manhã: sopa (nada nos dias de jejum)
	Trabalho
9h50min	Exame de consciência
10h	Refeição
11h	Recreio (lavagem da louça, para as Irmãs designadas: aproximadamente meia hora)
12h	"Silêncio" (sesta, tempo livre)
13h	Trabalho
14h	Vésperas
14h30min	Leitura espiritual (ou reunião das noviças no noviciado)
15h	Trabalho
17h	Oração
18h	Jantar
18h45min	Recreio (lavagem da louça)
19h40min	Completas
20h	"Silêncio" (tempo livre, como ao meio-dia)
21h	Matinas e Laudes (duração: uma hora e quinze, uma hora e quarenta minutos, conforme as festas)
	Exame de consciência (dez minutos)
	Leitura do ponto de oração para o dia seguinte
22h30min/23h	Deitar-se

No dia 14 de setembro, horário de inverno: o despertar é atrasado uma hora, como também todos os exercícios da manhã, inclusive o recreio. A sesta sendo supressa, retoma-se o mesmo horário do verão a partir das 13 horas.

[...]

O tempo está assim dividido em *seis horas e meia para a oração* (das quais duas horas de oração mental e quatro horas e meia para a Missa e o Ofício coral), *uma hora e meia de leitura espiritual*, *cinco horas* aproximadamente para o *trabalho*, *duas horas de recreio* comunitário, *quarenta e cinco* e *trinta minutos* para as *refeições* em comum, em silêncio (acompanhadas de uma leitura em voz alta), *uma hora de tempo livre* ("grande silêncio") antes de Matinas, *seis horas de sono* no verão (completadas por uma sesta facultativa de uma hora), *sete horas* contínuas no inverno (LISIEUX, 2022, 1089, 1090).

Em razão do pouco sono e de uma alimentação nem sempre adequada para uma jovem de quinze anos, já que um corpo em formação precisa de uma atenção particular, Teresinha, embora rapidamente se transforme "na menina do Carmelo, na boneca de quase todas as monjas", ressente-se muito desse regime espartano, duro e exigente. Ali nunca se comia carne, não porque fossem vegetarianas, mas porque era imposto pela Regra. Essa lei, com algumas modificações, é observada até hoje.

O CARMELO HOJE

Os valores do Carmelo, desde a fundação por Santa Teresa e São João da Cruz, continuam os mesmos. Esse conjunto de valores se chama "carisma" e, na definição do apóstolo Paulo na primeira carta aos Coríntios, significa "um dom que Deus dá a alguém para o bem comum" (1Cor 12,6-7).

Mas quais são os elementos constitutivos do carisma do Carmelo? E como o Carmelo Descalço pode servir à Igreja por meio da vivência desses valores? Teresa do Menino Jesus não tinha a possibilidade de um conhecimento teológico, assim como temos hoje, mas possuía força de vontade para viver a vida carmelitana segundo as constituições, que traduziam em atos práticos esses valores.

ELEMENTOS ESSENCIAIS DO CARISMA

IV.A. A vida de oração
Uma experiência de amor
A partir dessa realidade fundamental, que é a relação de amizade com Deus, ganham sentido muitos elementos essenciais da experiência e da proposta teresiana: a atenção à interioridade, a contemplação, a

oração contínua. A oração tem como conteúdo o encontro pessoal com o Deus vivo. No caminho da oração, tudo depende do amor: "Não importa tanto pensar muito, mas amar muito; assim, fazei o que mais vos despertar a amar" (4M 1, 7; cf. V 8, 5.9; CF 21, 1). É uma relação de amizade, uma realidade de vida teologal (fé, esperança, amor) que reconhecemos presente em sua plenitude na pessoa de Maria, modelo de nossa vocação.

Buscar a Deus e não buscar a si mesmo
Na sociedade moderna, é abundante e se difunde a busca da paz interior, da meditação como caminho para a serenidade pessoal, do silêncio e da interioridade, frequentemente sem nenhum conteúdo ou referência de tipo religioso. Embora essa busca seja boa e positiva, se há de sublinhar que a oração carmelitana (e cristã) tem um caráter interpessoal, e é sempre experiência (ou, pelo menos, desejo) de encontro, diálogo e relação. A oração não pode ser limitada a uma busca de paz interior, serenidade ou bem-estar, e muito menos pode ser uma simples obrigação a cumprir.

Amizade com Deus como estado permanente
A relação com Deus não é uma experiência ocasional, mas que deve se converter em um estado permanente, como toda verdadeira relação de amizade ou de amor. Somos chamados à união de amor com Deus, que marca a vida inteira em todas as suas dimensões e em todos os seus momentos. Em nossa tradição, que remete ao profeta Elias, se fala com frequência de "viver na presença de Deus". Essa expressão indica a meta à qual tendemos: que nossa vida inteira se converta em oração, estando constantemente diante do rosto de Deus.

A escuta da Palavra
A escuta constante do hóspede interior se traduz, entre outras coisas, na atenção à Palavra de Deus. A tradição carmelitana ressalta a importância da Palavra de Deus acolhida, meditada e vivida. Basta recordar o convite da Regra a "meditar dia e noite a lei do Senhor"

(*Regra* 10) e o testemunho de todos os santos do Carmelo, que reconhecem a voz do próprio Senhor na Escritura e na oração pessoal.

A comunidade que ora
A relação com o Senhor se vive não só em comunidade, mas também como comunidade, particularmente na celebração da liturgia. Cada um dos membros necessita da companhia dos irmãos para apresentar-se diante do Senhor como a Igreja que diz ao seu Esposo: "Vem!" (Ap 22,17). Expressão privilegiada do encontro comunitário com ele é a eucaristia concelebrada. Também o é celebrar juntos a oração da Igreja na Liturgia das horas e praticar juntos a oração mental.

A oração mental
Para manter a relação pessoal com Deus e ser fiéis ao carisma teresiano, não podemos prescindir da oração mental. Para cada um e para cada comunidade, é essencial dedicar a ela um tempo diário específico, livre de outras ocupações, como também dispor de um lugar próprio para esse tipo de oração. Trata-se de uma exigência fundamental de nossa vocação, que desse modo se reafirma e se renova constantemente, assim como de nossa missão para a Igreja e para o mundo.

A solidão e o silêncio
É imprescindível a exigência da solidão e silêncio da vocação contemplativa, a necessidade de estar "muitas vezes tratando a sós com quem sabemos que nos ama" (V 8, 5). É necessário fazer a experiência do deserto, deixando que um amplo espaço permaneça vazio e que um longo tempo transcorra em silêncio para que a presença de Deus possa ocupá-lo. Na era digital, não é tanto a solidão física o que nos assusta, mas o estar "desconectados", incomunicáveis dessa espécie de *anima mundi* em que se converteu o mundo virtual da Internet e das redes socais. A ausência de conexão (e não da relação) provoca angústia, nos projeta para trás em uma ineludível confrontação conosco mesmos. No silêncio de informações, imagens e contatos se abre o vazio de uma região interior não

explorada, não conhecida e, contudo, absolutamente nossa e, por isso, inquietante.

O desapego
Um dos elementos mais sublinhados em nossa tradição, começando por Teresa de Jesus e João da Cruz, é o desapego, absolutamente necessário para chegar a ser livres e poder encontrar só em Deus a verdadeira riqueza e experimentar que "só Deus basta". O desapego deve ser, sobretudo, interior, mas também exterior. Em uma sociedade orientada para o consumismo, inclusive nós, os religiosos, somos facilmente tentados a possuir ou usar muitas coisas e fazer sempre novas experiências. Sem um desapego radical e sem um estilo de vida sóbrio, não é possível viver a vida contemplativa-comunitária: "Regalo e oração não andam juntos" (CV 4, 2).

Paixão por Deus
A comunhão com o Senhor dá sentido e vigor à nossa vida carismática. É necessário cultivá-la e alimentá-la diariamente, para que não se apague a chama do amor e a vida não se torne turva e rotineira. A acídia é, sem dúvida, um dos perigos de nossa situação atual, muitas vezes encoberta sob formas de ativismo e de interesses múltiplos e volúveis. Apenas uma renovada paixão por Deus pode nos resguardar de tais perigos.

IV.B. A fraternidade
Solidão e fraternidade
Existe um modo de conceber e praticar a vida contemplativa que é especificamente teresiano. A relação de amizade com Deus é pessoal, mas de modo algum individualista; não pode ser vivida de forma solitária. Por isso, o carisma teresiano tem uma forte dimensão comunitária. A fraternidade, com suas alegrias e fadigas, é, na experiência e no ensinamento de Teresa, uma ajuda indispensável para realizar nossa vocação de amigos de Deus.

"Eremitas em comunidade"
Com efeito, se por um lado Teresa se mantém fiel à antiga tradição do Carmelo, reafirmando a importância de algumas dimensões do estilo de vida eremítico (solidão, silêncio, desapego), por outro lado considera também essencial a experiência de viver em comunidade. O equilíbrio entre esses dois aspectos da vida contemplativa é fundamental para o Carmelo Teresiano. Teresa quer que suas filhas levem um estilo de vida "não só de monjas, mas de eremitas" (CV 13, 6), "que a sós quiserem gozar de seu esposo Cristo" (V 36, 29) e que se fixem no modelo da primeira geração de eremitas do Monte Carmelo (cf. F 29, 33; CV 11, 4; 5M 1, 2). Ao mesmo tempo, exclui para suas monjas uma vida puramente eremítica. Seu desejo é que "aqui todas hão de ser amigas" (CV 4, 7) e que inclusive os frades aprendam o "estilo de irmandade" praticado em suas comunidades, especialmente nos momentos de recreação, como demonstra a experiência de Valladolid (F 13, 5).

Amigos dos amigos de Deus
A relação com pessoas amigas é, para Teresa, um meio fundamental para crescer na relação com Deus, como escreve em uma passagem do Caminho, na redação do Escorial: "Logo vos dirão que não é necessário, que basta ter a Deus. Para ter a Deus, bom meio é tratar com seus amigos; sempre se tira muito proveito, eu o sei por experiência" (CE 11, 4). A partir desse ponto de vista, não é possível separar a relação com Deus da relação com os amigos de Deus. Debilitar a prática da relação com o irmão debilita a vida de comunhão com Deus, assim como a perda ou diminuição da dimensão eremítica conduz inevitavelmente a um estilo de relação humana mais mundano que evangélico, mais próprio da carne que do Espírito.

Uma família em torno de Jesus
A experiência mística da proximidade de Jesus e de sua humanidade concreta desperta em Teresa a exigência de dar vida a um novo sujeito comunitário capaz de acolher sua presença, segundo o modelo da família de Nazaré (V 31, 11), da casa de Betânia (CV 17, 5) e do colégio

apostólico (CV 27, 6). Trata-se, na realidade, de construir uma família cujo modo de ser e de viver é transformado pela presença do Senhor no meio dela. Modelos desse projeto de vida são, de modo particular, Maria e José. A novidade dessa intuição exigiu séculos para ser realmente compreendida e assimilada. No centro se encontra tanto a "observância regular" quanto um tecido de relações com Jesus e com os irmãos que transforma as pessoas e as reúne na unidade.

Irmãos de Maria
O nome que nos identifica na Igreja é "Irmãos Descalços de Maria". Somos "irmãos" e, por isso, a fraternidade não é um elemento acessório, mas substancial. A maioria dos religiosos são também sacerdotes, e nosso serviço é em grande parte de tipo ministerial. Isso pode levar inconscientemente a deixar em segundo plano nossa identidade de religiosos e de Carmelitas Descalços ou, inclusive, a considerá-la tão somente uma condição prévia com vistas à ordenação sacerdotal. A possível ordenação deve ser integrada em nossa identidade religiosa. Desse modo, a enriquece, mas não a substitui. Não nos chamamos "padres", isto é, "sacerdotes que vivem em fraternidade", mas Irmãos, e "Irmãos Descalços", ou seja, sem outras riquezas ou recursos para apresentar ao mundo além da fraternidade que nos une a Maria e entre nós. Como a fraternidade, igualmente a relação com Maria não é um aspecto ou uma devoção particular no Carmelo, mas expressa a essência de nossa vocação. Existe uma espécie de reflexo recíproco entre Maria e a comunidade: por um lado, Maria é imagem e modelo da comunidade; por outro, a comunidade é imagem de Maria.

A construção da comunidade
Para a vida religiosa no Carmelo Teresiano, é essencial a construção da comunidade. Se quisermos ser Carmelitas, devemos, antes de mais nada, ser parte de uma mesma família. A construção da comunidade é a condição para que se possa empreender o caminho contemplativo de que fala Teresa (CV 4, 4). Os votos religiosos adquirem no Carmelo todo o seu sentido enquanto predispõem a uma vida

fraterna, fundada na acolhida do outro, na partilha dos bens, no compromisso com um propósito de vida comum. Somos comunidade teresiana quando não estamos juntos para fazer outra coisa senão porque estar juntos por amor a Cristo é, em si mesmo, um valor. Ser uma família não é um meio para alcançar outros fins; é um fim em si mesmo. Isso deveria ser também um importante critério de discernimento da vocação ao Carmelo Teresiano.

Comunidade e individualidade
A comunidade é um conjunto de pessoas diferentes, cada uma com seu modo de ser e sua individualidade, não reservada para si mesmo, mas entregue aos irmãos. A unidade não é uniformidade, não suprime as diferenças, mas as organiza em uma tensão fecunda e enriquecedora. Seria muito arriscado que a comunidade pedisse a cada um que anulasse ou dissimulasse tudo aquilo que o torna único e distinto dos demais. Seria uma comunidade que manter-se-ia unida pela lei, não pelo amor. Em contrapartida, a comunidade teresiana é chamada a ser o lugar onde cada um de seus membros pode experimentar a misericórdia de Deus por meio da acolhida dos irmãos.

A comunidade que ajuda a crescer
A comunidade é o ambiente no qual todos se animam e se corrigem mutuamente para responder melhor ao amor de Deus. Teresa, já antes de fundar suas comunidades, com o pequeno grupo de pessoas com as quais compartilhava suas preocupações, queria "juntar-nos algumas vezes para desenganar-nos uns aos outros, e dizer no que poderíamos nos emendar e contentar mais a Deus" (V 16, 7). Isso requer uma exposição da pessoa às relações fraternas, na qual se manifesta a verdade de sua humanidade, o nível de maturidade e a necessidade de crescer. Trata-se de se abrir ao outro com confiança, de deixar entrar o outro na própria vida e, assim, chegar a ser irmãos. Com a finalidade de que a comunidade se converta, verdadeiramente, em lugar de crescimento pessoal, é necessário viver com humildade, caminhar na verdade: ser transparentes diante dos homens, mostrando-nos como

somos, com as próprias fraquezas e riquezas, e permitir que os outros nos ajudem, com amor paciente e respeitoso, a nos conhecer e a nos reconciliar conosco mesmos.

A comunidade teresiana como resposta ao individualismo
A relação com o próprio eu, feita de recolhimento, escuta e progressivo aprofundamento da consciência, situa-se nas antípodas da atual "obsessão do eu" (*self-obsession*), na qual a uma ignorância da verdade da pessoa corresponde uma preocupação obsessiva com a própria imagem, o próprio bem-estar e a própria presumida autorrealização. Opostos são também os resultados dessas duas diferentes formas de situar-se em relação consigo mesmo: por um lado, o abrir-se à comunidade; por outro, o fechar-se no individualismo.

A comunidade teresiana constitui uma resposta séria ao individualismo desenfreado da sociedade atual, que leva a viver no isolamento e provoca uma insatisfação crescente. Fala-se do "monoteísmo do eu" como marca característica de nosso tempo, no qual cada um se pergunta "quem sou eu"; diante disso, a proposta cristã seria perguntar-se, antes, "para quem sou eu", à qual, a partir de uma perspectiva carmelitana, se pode acrescentar "com quem sou eu".

Eclesiologia de comunhão
A comunidade teresiana é, por outra parte, uma manifestação privilegiada da eclesiologia do Vaticano II, fundada sobre a sinodalidade e a espiritualidade de comunhão. Uma das missões do carisma carmelitano hoje é ser sinal para a Igreja da importância da comunhão, de viver verdadeiramente como corpo de Cristo, todos unidos a ele e aos demais.

Uma comunidade organizada
A escuta da Palavra, feita no Espírito, leva à obediência a Deus, com uma acolhida plena de sua vontade, que se traduz depois na obediência comunitária. A comunidade organizada, com suas normas de vida e as missões atribuídas a cada um, é a forma concreta para sair do próprio egoísmo e viver no cotidiano a disponibilidade diante de Deus.

Na comunidade, realiza-se a busca em comunhão da vontade de Deus, com meios como a obediência aos superiores, os encontros comunitários, as revisões de vida, a correção fraterna e a recreação, que convém recuperar com criatividade de forma adequada à sensibilidade e às condições de nosso tempo.

O papel do superior
A comunidade é formada por irmãos – portanto, pessoas situadas ao mesmo nível. É uma comunidade de iguais, mas não uma comunidade acéfala: precisa de um superior, uma cabeça que tenha como ofício o cuidado da unidade do corpo. A missão do superior não é simplesmente "coordenar" ou "administrar" a vida e as atividades dos membros da comunidade de modo que se desenvolvam ordenadamente. Sua tarefa principal é ser construtor de paz, tecelão de relações, animador da vida fraterna. Por isso, é fundamental que sua relação com todos seja de amor mútuo, no espírito de Teresa, que dizia às prioras: "Procure ser amada, para que seja obedecida" (*Constituições 1567*, 34 [XI, 1]).

Comunidades pequenas, mas não em excesso
Teresa funda pequenas comunidades, em contraste com sua experiência anterior de um grande número de monjas no mosteiro da Encarnação. A finalidade é viver uma verdadeira fraternidade, uma amizade real entre as religiosas: "Aqui todas hão de ser amigas, todas hão de se amar, todas hão de se querer bem, todas hão de se ajudar" (CV 4, 7). Por isso, quis indicar um número máximo de membros para suas comunidades de monjas (que flutuou entre treze e vinte e uma). Na situação atual das comunidades de frades, por outro lado, se manifesta a tendência contrária, isto é, a de um número cada vez mais reduzido de membros: nas províncias antigas, pela diminuição das vocações; e, nas mais jovens, porque o critério prevalente são as necessidades pastorais. Por isso, cada comunidade, tendo um número suficiente de membros, deve encontrar as formas adequadas para expressar a essencial dimensão comunitária do carisma não só juridicamente, mas também de maneira real.

Uma só Ordem com três ramos
O Carmelo Teresiano se expande ao longo da história em formas de vida múltiplas e complementares. Sua expressão mais natural e completa se encontra nos três ramos da Ordem: as monjas, os frades e os seculares. Os três vivem de formas diferentes o mesmo carisma. A realidade multiforme da família carmelitana – formada também por institutos religiosos e laicais agregados – pede que entremos em uma relação estreita entre monjas, frades e leigos, que torne fecunda sua complementaridade. A partilha entre os membros dos três ramos é fonte de enriquecimento mútuo e de nova vitalidade. Por outro lado, a diversidade de formas de vida no interior do Carmelo Teresiano permite distinguir e destacar o modo específico com que cada grupo expressa o carisma da amizade com Deus: as monjas, na oração incessante e na abnegação evangélica a serviço de Cristo e da Igreja; os frades, em uma vida mista de oração e apostolado; e os leigos, no compromisso da vida familiar e do trabalho.

Novas relações
É necessário um novo modo de relacionar-se e ajudar-se mutuamente entre os três grupos da Ordem. Sem sentimentos ou atitudes de superioridade por parte de ninguém, cada um deve pôr à disposição dos demais as riquezas da própria vida e estar disposto a acolher o testemunho e o ensino que vem dos outros, para ajudar-se mutuamente na fidelidade renovada à vocação recebida. Nós nos reconhecemos e nos queremos irmãos uns dos outros, iguais em dignidade e complementares no carisma e na missão.

IV.C. A missão

Chamados para a missão
A uma vocação corresponde sempre uma missão na história da salvação. A missão não pertence ao âmbito das atividades, mas é parte integrante da identidade de quem é chamado. É próprio da missão carmelitana manifestar-se e comunicar-se ao mundo como parte

integrante das numerosas identidades carismáticas que enriquecem a Igreja.

A missão de nossa família religiosa é única e unificadora, e está intimamente ligada ao primado da união com Deus na oração. Dessa fonte mana o trabalho apostólico e social que a Ordem desenvolve em múltiplas formas e em muitas nações do mundo. Entretanto, junto ao labor pastoral a serviço das Igrejas locais, até as periferias do mundo e passando pelas missões mais pobres, somos convidados a um trabalho de aprofundamento de nossa missão em relação às mudanças contínuas que afetam a humanidade.

A missão da Ordem
A missão do Carmelo Teresiano na Igreja é viver e dar testemunho da relação de amizade com Deus. Somos chamados a proclamar o que vimos e ouvimos (cf. 1Jo 1,1-3), acompanhando as pessoas no caminho da vida interior, para que todos possam ter a experiência de sentir-se amados por Deus, que habita em nós e nos chama a responder ao seu amor. Sem essa base de experiência vivida, não pode haver nenhuma missão específica do Carmelo Teresiano.

A dimensão apostólica na experiência teresiana
O carisma carmelitano tem um decidido impulso apostólico, missionário, de serviço. Teresa se deixa comover pela situação dos cristãos na Europa, assim como pelas notícias sobre a população indígena na América, e sente o desejo irrefreável de responder às grandes necessidades da Igreja com todas as suas forças. Experimenta inclusive um forte impulso apostólico: "Clamava a Nosso Senhor, suplicando-lhe que desse meio para que eu pudesse fazer algo para ganhar alguma alma para seu serviço" (F 1, 7).

Contentar o Senhor
O desejo apostólico de Teresa tem sempre uma marca cristológica, quer dizer, com a vontade de "contentar em algo ao Senhor" e ajudar "no que pudéssemos a este Senhor meu" (CV 1, 2). O verdadeiro

amigo busca fazer sempre o que agrada ao amigo, colaborando com ele em um mesmo projeto. Entrar em uma relação de amizade com Deus, e fazê-lo junto com outros para ajudar-se mutuamente, implica, como consequência indispensável, estar de maneira permanente à sua disposição: "Talvez não saibamos o que seja amar, e não me espantarei muito; porque amar não está no maior gosto, senão na maior determinação de desejar contentar em tudo a Deus" (4M 1, 7).

Um compromisso de vida
A missão, para o carmelita, se traduz em primeiro lugar na fidelidade ao próprio compromisso de vida religiosa em comunidade: "Seguir os conselhos evangélicos com toda a perfeição que eu pudesse e procurar que essas pouquinhas que estão aqui fizessem o mesmo" (CV 1, 2). O Carmelo, como toda forma de vida religiosa, não se mede com o critério de sua utilidade ou eficiência. Somos chamados, antes, a ser sinal visível de Cristo e do Evangelho (cf. *Lumen Gentium* 44). Não se trata de fazer muito, mas de dar-se inteiramente, por amor a Cristo. Isso exige passar do ativismo ao serviço, do que agrada a mim àquilo que serve ao outro. Não contam, portanto, os números, senão a qualidade da vida carismática e do testemunho que dela emana.

O valor apostólico da oração
O testemunho de uma vida contemplativa é nosso primeiro e fundamental serviço à Igreja e à humanidade. A oração tem o poder de transformar o mundo e os demais. Esta o faz de modo escondido, sem que sequer caiamos na conta de como aconteceu. Nossa oração diária tem uma intenção apostólica e eclesial, e não somente pessoal ou privada, como nos recordam tantos exemplos da tradição bíblica e da história do Carmelo.

O multiforme trabalho eclesial
A missão se desenvolve através do trabalho concreto do qual Cristo e a Igreja têm necessidade em cada tempo e lugar. Estamos abertos a todos os compromissos nos quais se pode expressar, desenvolver e

comunicar nossa experiência de Deus, em particular os que nos pede a Igreja local na qual estamos inseridos. São muitas e variadas as atividades eclesiais compatíveis com nossa forma de vida, embora nem todo modo de realizá-las é expressão adequada de nosso carisma.

Pastoral da espiritualidade
Em nosso serviço pastoral, ocupa um lugar eminente a vontade de ajudar os demais a fazer uma experiência de relação com Deus. Isso se realiza em primeiro lugar na confissão e no acompanhamento espiritual e mediante atividades específicas de iniciação à oração e de pastoral da espiritualidade, mas também dando uma marca carmelitana a qualquer outro compromisso eclesial que assumimos. Uma forma concreta, nesse sentido, pode ser a acolhida de pessoas em nossas comunidades para compartilhar com elas nossa vida, para falar-lhes com o exemplo e o testemunho, mais que com palavras.

A missão ad gentes
A atividade explicitamente missionária esteve fortemente presente na vida da Ordem ao longo dos séculos. O espírito missionário continua a ser fundamental para nós e não deve minguar. No contexto atual, terá que estender-se às distintas realidades de nosso mundo e deverá incluir a necessária nova evangelização de regiões que, até pouco tempo, eram majoritariamente cristãs e agora já não o são. Por outro lado, sabemos bem que a missão se realiza não tanto por aquilo que fazemos, mas por aquilo que somos: é essencialmente uma questão do ser, mais que do fazer. A missão flui de nosso encontro pessoal com Jesus, que nos chama a estar com ele e a acompanhá-lo em sua missão permanente no mundo.

Atentos ao mundo de hoje
Se Teresa esteve particularmente atenta à realidade de seu tempo, também nós, chamados a viver hoje seu carisma, devemos discernir as necessidades de nossos contemporâneos. Não podemos ser insensíveis às necessidades de todo tipo que a humanidade sofre hoje, e

nos sentimos chamados a colaborar com a ação evangelizadora da Igreja, inclusive nas formas simples e cotidianas que caracterizam nossa vida. Nossa presença como Carmelitas pode ser significativa em âmbitos hoje relevantes, como o diálogo ecumênico, o diálogo inter-religioso, a luta pela justiça e a paz, o diálogo entre a fé e a ciência, os meios de comunicação social, o compromisso ecológico.

O discernimento comunitário sobre a missão
Ante a diversidade de compromissos possíveis e as múltiplas necessidades da Igreja e da humanidade, e inclusive, com frequência, das limitadas forças à nossa disposição, é mais necessário que nunca um bom discernimento comunitário sobre os compromissos que podemos assumir, para que estes estejam verdadeiramente em consonância com o carisma que Deus nos confiou e com o que a Igreja espera de nós. João da Cruz se pergunta: "O que aproveita dar tu a Deus uma coisa se ele te pede outra?" (Avisos 73).

O caráter comunitário do apostolado
Cada um de nós está chamado a participar na missão da Ordem com sua colaboração pessoal. A manifestação normal de nosso serviço a Cristo e à Igreja são os compromissos que a comunidade assume e realiza com a colaboração coordenada de seus membros. Um religioso pode levar a cabo também um compromisso pessoal, sempre com o consentimento da comunidade e desempenhando-o como membro desta. Com efeito, os dons do Espírito que cada um recebe são sempre "para o bem comum" (cf. 1Cor 12,7), sabendo que somos "corpo de Cristo, e seus membros cada um a seu modo" (1Cor 12,27).

O apostolado compartilhado entre frades-monjas-leigos
A dimensão apostólica de nossa vida tem seus primeiros destinatários dentro da mesma família do Carmelo Teresiano. O compromisso apostólico em suas múltiplas formas (oração, testemunho, pregação, acompanhamento espiritual, ensinamento, publicações) se dirige, em primeiro lugar, aos frades, às monjas e aos leigos da Ordem. Por outro

lado, nossa família pode expressar seu testemunho e realizar seu apostolado mais eficazmente mediante a colaboração ativa dos membros dos três ramos, cada um segundo sua própria forma de vida.

IV.D. Unidade de oração-fraternidade-missão
Três aspectos de uma realidade indivisível
Os três elementos fundamentais do carisma teresiano são a oração, a fraternidade e a missão. Contudo, o que o caracteriza realmente é que os três estão intrinsecamente unidos entre si e não têm sentido de maneira independente, mas se necessitam mutuamente.

Três elementos que se alimentam mutuamente
Não se pode viver, com efeito, a relação de amizade com o Senhor sem uma verdadeira relação fraterna em comunidade e sem um compromisso apostólico como resposta à vontade de Deus. Não tem sentido uma vida de comunidade se Cristo não está no centro e se não desemboca em um testemunho e um serviço a ele e à sua Igreja. A atividade apostólica se converte em uma ocupação mundana se não brota da relação de amor com Deus e não é vivida como expressão do compromisso e do discernimento comunitário.

Uma harmonia que deve ser cuidada
Um dos grandes desafios para o presente e o futuro da Ordem é não só fazer crescer e consolidar na vida cotidiana a oração, a fraternidade e o serviço, mas estabelecer na prática uma relação profunda e coerente entre os três elementos (*Declaração sobre o Carisma* IV).

9
UMA VIDA FELIZ

Teresa é uma postulante feliz e sente em seu jovem coração o desejo de viver de amor, de fazer tudo para agradar a Jesus, de ser obediente ao que lhe é pedido, sem discutir. Ela sabe que a vontade de Deus se revela por meio das mediações humanas. Deus não fala a ninguém, nem por telefone, nem envia mensagens ou WhatsApp... Cabe a nós descobrir o que Deus quer para cada um.

No início do seu caminho entre as quatro paredes do Carmelo, Teresinha permanecia extasiada: "Tudo me parecia maravilhoso"; para ela, tudo era belo, cheio de alegria e de paz. A priora e a sua irmã Maria Inês acompanham a recém-chegada à própria cela, um "apartamento de luxo" de 3,10 x 2,0 metros. Havia ali uma pequena cama, um banquinho para sentar-se, uma garrafa de água e... basta. Um pequeno espaço para um grande coração é um palácio de rei. Sob a proteção da mestra, madre Maria dos Anjos, a jovem postulante começa o seu trabalho, que consistia em varrer as escadas, os corredores; e ela, que tinha medo de aranhas, estava sempre atenta para ver se aparecia alguma ali para assustá-la.

Quando você escolhe viver um estilo de vida por uma causa, por um ideal, e faz isso com amor, pode estar no deserto, na pobreza, mas sempre será feliz, mesmo que outros o considerem infeliz.

Teresinha, uma menina que tinha necessidade de amor, passa a considerar a sua mestra como uma mãe, que a ajuda e que a educa nesse novo estilo de vida carmelitano.

O VAZIO DA CASA PATERNA

Depois da entrada de Teresinha no Carmelo, o pai dela, Luís, e Celina voltaram tristes para casa, e os Buissonnets, a pequena vila da família, já não era mais a mesma. Sentia-se no ar um véu de tristeza. Nem o cachorro Tom tinha vontade de brincar.

No dia 10 de abril, portanto, dois dias após a partida da filha, Luís Martin escreve a amigos da família Nodrix, dizendo: "Ontem a minha pequena rainha entrou no Carmelo. Só Deus pode exigir um sacrifício tão grande, e, embora Deus me dê uma força tão grande, mesmo em meio a tantas lágrimas, o meu coração transborda de alegria".

Luís Martin não sofre sozinho pela entrada de Teresa no Carmelo de Lisieux, mas também Celina sente uma enorme solidão, por estar acostumada a viver vinte e quatro horas por dia com ela. Entre ambas havia uma intimidade que ultrapassava o fato de serem irmãs: falavam de Deus, faziam projetos comuns, eram "uma alma só em dois corpos diferentes", como bem definiu Aristóteles, e também os Atos dos Apóstolos: "Os primeiros cristãos eram um só coração e uma só alma" (At 4,32).

Um dia, Celina foi visitar o Carmelo e, na volta, acontece algo inesperado. Um dos seus amigos a encontra e a pede em casamento. Isso representa para ela um relâmpago no céu sereno da Normandia, uma folha caída no coração. Mas quem era esse enamorado solitário?

O jovem que parecia ter saído da neblina da Normandia chamava-se Roberto Quesnel, era pintor amador e tinha dado a Celina alguns conselhos sobre pintura, quando então se estabeleceu entre eles certo relacionamento de amizade. Celina sente-se perturbada com o pedido de matrimônio, e seria necessária a ajuda do padre Pichon, sacerdote amigo da família e confessor de Celina, para tranquilizá-la. Por fim, ela recusa o pedido, e o jovem Quesnel, por sua vez, mais tarde entraria no seminário e, segundo testemunhas, se tornaria um bom sacerdote.

Enquanto isso, Teresa experimentava toda a alegria de viver os primeiros momentos dentro do Carmelo. Acompanhava as festas da comunidade e sentia-se como no Paraíso, vivendo momentos de intensa oração, feita de fé e de bons sentimentos. Na primeira carta que escreveu ao pai, ela relembra a viagem à Itália e assina pela primeira vez como Irmã Teresa do Menino Jesus, seu novo nome como Carmelita Descalça. Nas Ordens religiosas daquele tempo, era costume mudar de nome e colocar outro de um santo como novo sobrenome. Às vezes se mantinha o nome de batismo, mas sempre sob a proteção de um santo. O nome e o santo protetor eram escolhidos pela priora ou pelo superior. Até hoje há esse costume no Carmelo.

A presença do padre Pichon, jesuíta, até a sua partida para o Canadá, era muito importante ali, porque a sua palavra certa servia para dissipar as dúvidas e tranquilizar a todos. Teresa não tivera até então boas experiências com os sacerdotes, que eram ou severos ou, como na viagem à Itália, um pouco relaxados demais. De fato, como ela mesma escreveu, foi na viagem à Itália que descobriu a sua vocação de rezar para os sacerdotes e desejar ser o "o sal do sal da terra".

Quanto a Celina, passados os momentos de incerteza entre escolher o matrimônio ou a vida religiosa, depois do colóquio com o padre Pichon, espera só o tempo oportuno para comunicar ao pai a sua decisão de também entrar no Carmelo.

10
O PAI DE TERESA DESAPARECE

É dia 23 de junho de 1888, um sábado. Tudo parece tranquilo, quando se dão conta de que o pai de Teresa, Luís, não está em casa. Buscam-no por todos os lados. Naquele tempo não existiam os meios de comunicação de hoje, como celular, WhatsApp, telefone. É um momento de medo terrível... Que será que aconteceu? A primeira coisa que se pensa é que ele tinha ido ao Carmelo, mas todas as buscas são inúteis. As preocupações aumentam ainda mais, principalmente quando, no dia 26 de junho, acontece um incêndio na casa perto dos Buissonnets. Depois de dias de pânico, preocupações e choro, chega uma carta de Le Havre, assinada por Luís Martin, onde ele pede dinheiro...

Isidoro, Celina e um sobrinho, Ernesto, viajam às pressas para Le Havre, passando por Trouville. Até que, enfim, o encontram, com a barba feita, tranquilo, sereno. Que teria feito naqueles quatro dias? Parece que estava projetando ir ao Canadá encontrar-se com o padre Pichon, para ter uma vida de solidão, longe de tudo e de todos. Trouville era muito familiar para Luís, porque era para lá que ia continuamente pescar.

Esses acontecimentos afetam, sem dúvida, a vida das filhas dele no Carmelo, especialmente a jovem Teresa, que faz de tudo para adaptar-se à nova vida, e, mesmo com o coração cheio de amor e de alegria por estar ali, não deixa de pensar com regularidade e muito amor no pai, a quem ela ama. Amor de Deus e amor aos pais não são contraditórios, mas se complementam reciprocamente. Afinal, o quarto mandamento de Deus diz: "Honra teu pai e tua mãe, a fim de que tenhas vida longa" (Ex 20,12). E, mesmo que os seus pais percam o juízo, não deixe de amá-los.

TUDO É NOVIDADE

A vida no Carmelo, embora pareça dura aos olhos de quem vive fora dali, é uma existência feita de amor, de renúncia, de penitência e de oração. Teresa é aberta às novidades e encontra em tudo ocasião para agradecer e louvar ao Senhor. Há no Carmelo uma tradição muito importante, que é a celebração do dia da priora, da superiora da comunidade, que envolve e ocupa por muito tempo todas as Irmãs. Cada uma delas procura fazer alguma coisa original para, no dia da festa, ser exposta na sala da comunidade e presentear a priora, que, se for o caso, também presenteará amigos, benfeitores e parentes das Irmãs.

É dia 21 de junho, festa de Luiz Gonzaga, jovem jesuíta que teve uma breve existência – de fato, morreu com 23 anos –, e por isso a priora se chama Maria Gonzaga, para celebrar o seu "santo" protetor. É um momento de alegria que interrompe a austeridade do silêncio; à mesa, alguns pequenos doces, e, quando recebem um bom peixe, o comem com apetite.

No tempo de Teresa, havia uma ideia, errada aos nossos olhos, de que a priora e a mestra deviam colocar à prova a vocação da postulante e das noviças com penitências, repreensões, o que hoje em dia consideramos sem sentido. Como, por exemplo, quando alguém se esquecia de tocar o sino na hora certa, colocava-se o despertador no pescoço dessa pessoa, que tinha de passar no meio do refeitório; ou quando uma Irmã falava muito e era obrigada a usar uma mordaça, como um pequeno sinal para não falar fora de hora.

Eu, que entrei no Carmelo em 1965, encontrei tudo isso, e ainda mais, como ter de beijar o chão quando se errava na recitação do ofício ou quando éramos repreendidos por alguma falta. O educador sabia bem colocar à prova a humildade dos candidatos ao Carmelo.

Voltando aos dias de festa, ali se organizavam também peças teatrais, escritas pelas próprias monjas, e tempos depois Teresa passou a ser a escritora de peças teatrais por excelência, que seriam representadas no Carmelo de Lisieux e em outros Carmelos.

O postulantado de Teresa, que é o tempo antes de começar o noviciado, duraria meses, uma vez que a tomada do hábito carmelitano atrasa-se. Por que o pai doente não poderia participar? Por que o bispo não podia estar presente? É um porquê que não tem resposta. E não só madre Gonzaga tenta consolá-la, como também, do Canadá, o padre Pichon. A pequena Teresa se sente como um "brinquedo nas mãos de Jesus" e aceita com coragem tudo isso.

PRIMEIRO NATAL NO CARMELO

O Natal de 1888 de Teresa não seria nos Buissonnets, ao redor da chama de fogo, do presépio familiar, do afeto do pai e das irmãs, mas sim no clima frio e austero do Carmelo. Ela se lembrava de que, dois anos antes, tinha acontecido a sua conversão na noite de Natal. E naquele ano, revestida "extraoficialmente" do hábito carmelitano, ela cantaria, longe da família, a leitura do ofício divino com sua voz de menina.

É uma noite santa, cheia de lembranças, de momentos felizes, e também de momentos repletos de ansiedade, porque faltavam poucos dias para celebrar, de forma totalmente diferente, os seus dezesseis anos. Levando em consideração a sua jovem idade, é permitido a Teresa usar uma espécie de sapatos para não ficar com os pés desnudos, enfrentando o frio.

Todavia, fora dali, na família Guerin e Martin, também se alternavam situações difíceis. Tio Isidoro, tendo percebido que não havia mais possibilidade, pela crise econômica, de levar adiante sua farmácia, a vendera. E o pai de Teresa perdera, com a falência do banco Panamá, cinquenta mil francos, uma quantia notável. Ela, porém, mesmo sabendo da situação econômica da família, não se preocupa, pois, apesar disso, o pai ajuda com dez mil francos a construção do altar-mor da igreja principal de Lisieux. Luís pede segredo sobre essa oferta, embora a família e o próprio padre Pichon o soubessem.

Luís Martin não fazia as coisas para chamar a atenção nem para se mostrar melhor que os outros, mas só pela alegria de fazer o bem. A única pessoa que não concorda com essa generosidade de Luís é o cunhado Isidoro, que era o responsável pelos bens da família. Mas é difícil frear a generosidade de Luís. Ele não era apegado ao dinheiro, e as filhas, que se tornariam todas religiosas, não tinham nenhum interesse em herança, em dinheiro. Amavam mais a herança do amor e da generosidade.

No dia 2 de janeiro de 1889, Teresinha celebra o seu 16º aniversário. Uma festa familiar sem ela, uma festa austera no Carmelo por esse acontecimento. A alegria dela, contudo, vem de uma atitude da Madre Priora, que fixa a data de 9 de janeiro para ela revestir o hábito carmelitano. Teresa exulta com a notícia, já que a tomada do hábito carmelitano é para a jovem um acontecimento muito importante. É verdade que o hábito não faz o monge, mas ajuda, e para as almas generosas é uma mudança não só exterior, mas também interior; é um novo jeito de pensar e de agir.

Teresa se prepara para essa data com três dias de exercícios espirituais, dias de silêncio, de reflexão e de amor. Mas para ela serão os primeiros dias também de solidão, de aridez, em que lhe parece que Jesus silenciou-se, em que tudo é penoso. São momentos árduos. Todos temos passado e passamos momentos difíceis na vida. Dizem que todas as vésperas dos grandes acontecimentos são momentos de dúvidas, de medo. Teresa encontra consolação nas palavras de algumas Irmãs, e assim chega o dia do seu matrimônio com Jesus. Mais uma vez, porém, por causa da indisponibilidade do bispo, a data é adiada para um dia depois. A festa seria no dia 10 de janeiro.

MAS COMO ERA O RITUAL DA TOMADA DO HÁBITO?

A tomada de hábito, uma cerimônia exclusivamente religiosa, tinha um aspecto importante e um significado do "abandono para sempre do mundo", e, por isso, se caracterizava por um último adeus. No caso de Teresa, a jovem vestida como esposa, com hábito branco, longo, sai do claustro para participar da Santa Missa. Canta-se o *Te Deum*, e ela abraça os parentes, detendo-se bastante no abraço do pai, que, sereno, enxugando algumas lágrimas, se despede da filha amada que entra na clausura. Escutemos Teresa:

> A espera havia sido longa, mas que bela festa!... Nada faltava, nada, nem a *neve*... Não sei se já vos falei do meu amor pela neve... Quando pequenina, sua brancura me encantava; um dos meus maiores prazeres consistia em andar sob os flocos de neve caindo. De onde me vinha esse gosto pela neve?... Talvez por ser uma *florzinha de inverno*, o primeiro adorno da natureza que meus olhos de criança viram tenha sido seu manto branco... Enfim, sempre sonhara com que no dia da minha tomada de hábito a natureza se vestisse como eu, de branco. Na véspera desse belo dia, olhava tristemente o céu cinzento de onde caía de tempo em tempo uma chuva fina, e a temperatura era tão alta que não esperava neve. Na manhã seguinte, o céu não havia mudado, mas a festa foi encantadora e a flor mais bela, a mais encantadora, era meu Rei querido, que nunca estivera tão bonito, mais *digno*... Foi admirado por todos. Esse dia foi seu *triunfo*, sua última festa na terra. Havia dado *todas* as suas filhas a Deus, pois quando Celina lhe comunicou sua vocação *chorou de alegria* e foi com ela agradecer Àquele que "lhe dava a honra de tomar todas as suas filhas".
>
> No final da cerimônia, Sua Excelência entoou o *Te Deum*. Um sacerdote tentou lembrar-lhe de que esse cântico só se canta nas profissões, mas a partida fora dada e o hino de *ação de graças* prosseguiu até o final. Não devia a festa *ser completa*, pois reunia todas as outras?... Depois de ter beijado uma última vez meu Rei querido, voltei para a clausura. A primeira coisa que vi foi "meu pequeno Jesus cor-de-rosa" sorrindo-me no meio das flores e das luzes e logo vi os *flocos de neve*... o pátio estava branco como eu. Que delicadeza de Jesus! Antecipando-se aos desejos da sua noiva, mandava-lhe neve... Neve! Que mortal, por mais poderoso que seja, é capaz de fazer cair neve do céu para encantar sua amada?... Talvez as pessoas do mundo se perguntem isso, mas

o certo é que a neve da minha tomada de hábito pareceu ser um pequeno milagre e toda a cidade ficou surpresa. Achou-se que eu tinha um gosto esquisito, gostar da neve... Tanto melhor, isso acentuou ainda mais a *incompreensível condescendência* do Esposo das virgens... Daquele que gosta dos *Lírios brancos* como a neve!... Sua Excelência entrou depois da cerimônia, e foi de uma bondade muito paterna para comigo. Creio que ele estava satisfeito em ver que eu tinha conseguido; dizia a todos que eu era *"sua* filhinha". Todas as vezes que voltou, depois, foi sempre muito bom comigo; recordo-me especialmente de sua visita por ocasião do centenário de N. P. São João da Cruz. Pegou minha cabeça em suas mãos, fez-me mil carícias de todas as espécies, nunca eu tinha sido tão honrada! Enquanto isso, Deus fazia-me pensar nas carícias que me prodigalizará diante dos anjos e dos santos e das quais me dava uma fraca imagem desde então; por isso, a consolação que senti foi muito grande.

Como acabo de dizer, 10 de janeiro foi o triunfo para meu Rei. Comparo esse dia ao da entrada de Jesus em Jerusalém no dia dos Ramos. Como a do Nosso Divino Mestre, a glória dele foi de *um dia* e seguida por uma paixão dolorosa. Mas essa paixão não foi só dele; assim como as dores de Jesus traspassaram como um punhal o coração da sua divina Mãe, também os nossos corações sentiram os sofrimentos daquele a quem queríamos com a maior ternura nesta terra... Recordo que no mês de junho de 1888, quando das primeiras provações, eu dizia: "Sofro muito, mas sinto que posso suportar provações ainda maiores". Não pensava então naquelas que me estavam reservadas... Não sabia que em 12 de fevereiro, um mês depois da minha tomada de hábito, nosso Pai querido beberia na mais *amarga* e mais *humilhante* de todas as taças...

Ah! Naquele dia eu não disse que podia sofrer ainda mais!!!... As palavras não conseguem expressar nossas angústias, por isso não vou procurar descrevê-las. Um dia, no Céu, gostaremos de nos recordar das nossas *gloriosas* provações. Não estamos felizes, no presente momento, por tê-las sofrido?... Sim, os três anos do martírio de papai parecem-me os mais amáveis, os mais rendosos de toda a nossa vida;

não os doaria em troca de todos os êxtases e revelações dos santos. Meu coração transborda de gratidão ao pensar nesse *tesouro* inestimável que deve causar santa inveja aos anjos da Corte celeste...

Meu desejo de sofrimento estava repleto, mas minha atração por ele não diminuía, por isso minha alma compartilhou logo do sofrimento do meu coração. A aridez passou a ser meu pão de cada dia; privada de qualquer consolação, não deixava de ser a mais feliz das criaturas, sendo que todos os meus desejos estavam satisfeitos...

Oh Madre querida! Como foi doce a nossa grande provação, sendo que do coração de todas nós só saíram suspiros de amor e de gratidão!... Não mais andávamos nas sendas da perfeição, voávamos, as cinco. As duas pobres pequenas exiladas de Caen, embora estivessem ainda no mundo, não eram mais do mundo... Ah! Que maravilhas a provação operou na alma da minha Celina querida!... Todas as cartas que escreveu na época têm o selo da resignação e do amor... E quem poderia relatar as conversações que tínhamos?... Ah! Longe de nos separar, as grades do Carmelo uniam mais fortemente nossas almas, tínhamos os mesmos pensamentos, os mesmos desejos, o mesmo *amor de Jesus* e das *almas*... Quando Celina e Teresa falavam uma com a outra, nunca uma palavra das coisas da terra entrava na conversação, que já era do Céu. Como outrora no mirante, elas sonhavam com as coisas da *eternidade*, e para gozar logo dessa felicidade sem fim escolhiam, na terra, por única partilha "o sofrimento e o desprezo" (HA 203-207).

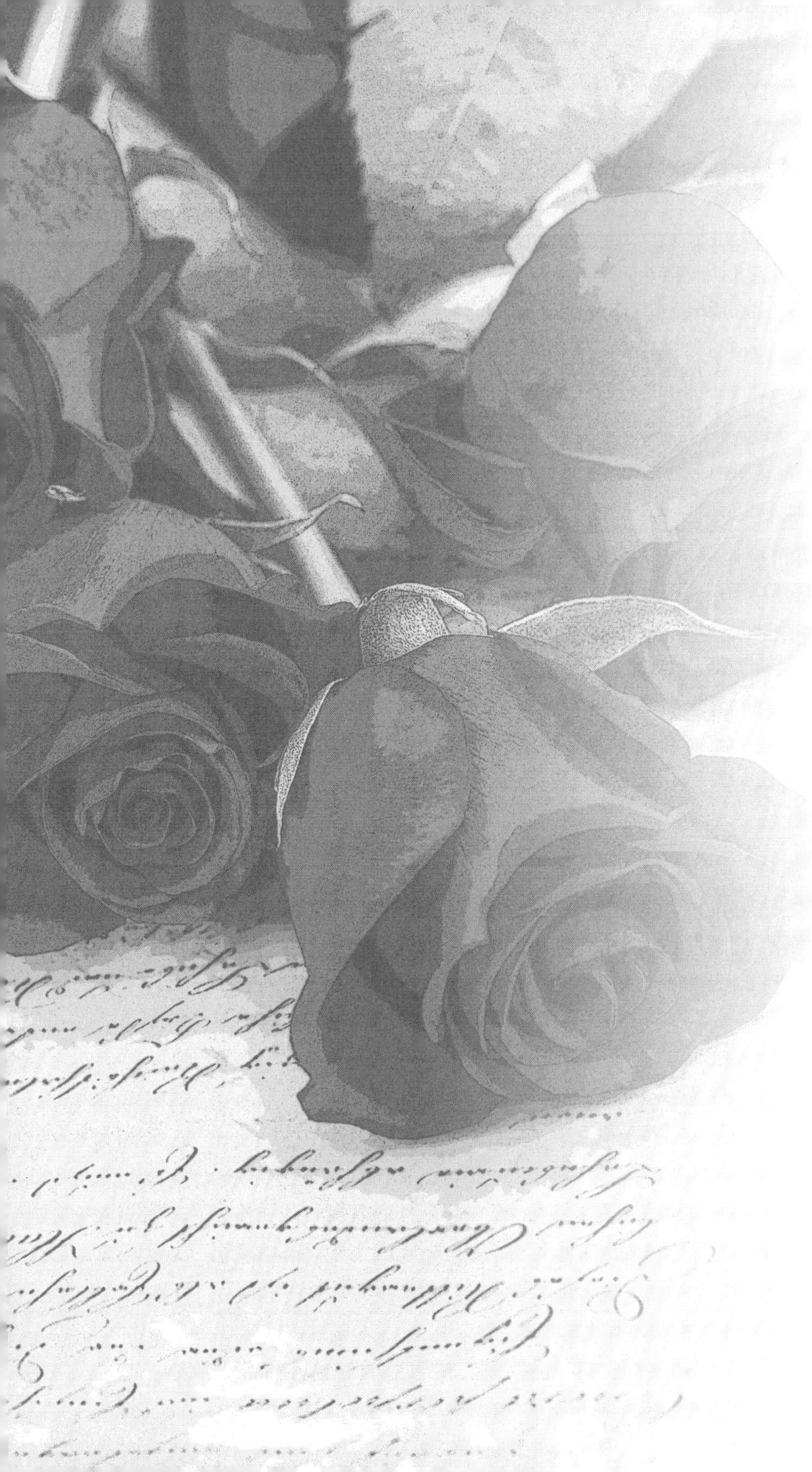

11
NÚMERO 1449

Este número não é dos campos de concentração nazistas, nem um número de rua, nem um número de bilhete de trem, mas sim o número que o senhor Luís Martin recebeu quando foi internado no hospital de São Salvador, como louco. A doença não respeita ninguém, nem riqueza, nem santidade, nem juventude nem velhice; ela vem a cavalo e vai embora a pé. Quando vai embora...

A festa da entrada definitiva no Carmelo da "perolazinha", como ele chamava a sua última filha, Francisca Teresa, e agora simplesmente Teresa do Menino Jesus, pode ser que precipitou o estado emocional do velho patriarca da família Martin.

É o dia 12 de fevereiro de 1889. Na casa dos Buissonnets há uma grande preocupação. No momento em que Luís está superagitado, estão presentes somente três mulheres: Celina, Leônia e a empregada doméstica Maria Cosseron. Que fazer para acalmá-lo? Mas o efeito é contrário. Com fortes alucinações, pega o seu revólver e grita contra pessoas imaginárias, que diz que querem fazer mal às suas filhas. Isidoro está viajando nesse momento, então chamam Augusto Benoit, que não encontra outra solução senão internar Luís Martin no hospital de "loucos" de San Salvador, em Caen.

É uma fase difícil para o senhor Martin, que, passado o momento de exaltação, se dá conta de que se encontra no hospital psiquiátrico. Ele pede explicação, e dá um grande trabalho fazê-lo compreender que tem necessidade de cura, que não está louco, mas que deverá ficar um pouco de tempo ali, antes de voltar para sua casa. A notícia corre veloz para o Carmelo, e podemos imaginar a dor das três filhas, mas muito mais da pequena Teresa.

Leônia e Celina, para ficar mais perto do pai, permanecem em Caen, e quase todos os dias escrevem uma carta para as três irmãs monjas no Carmelo de Lisieux, a fim de informar-lhes da evolução da doença. Naquele tempo, as cartas eram o único meio de comunicação. Hoje em dia, os meios rápidos de comunicação não nos permitem assimilar a história, ler e reler os sentimentos que estão escondidos atrás de cada palavra.

As nuvens não apagam a alegria do coração de Teresa. Ela se abandona ainda mais nas mãos de Deus, e lhe oferece o seu sofrimento. É nesse tempo que descobre a devoção e o amor pela Santa Face de Jesus, durante a paixão e o caminho para o Calvário. Uma face ensanguentada e marcada pela dor e pela íntima alegria de que só assim pode salvar a humanidade, que sofre debaixo do peso do pecado.

No entanto, no hospital de San Salvador, o pai, Luís, passa momentos de tranquilidade e de alucinações, de depressão e de despertar nele uma série de fantasmas, quando então grita: "As minhas filhas me abandonaram!". É o subconsciente que fala forte, mas imediatamente Luís diz que ama suas filhas e que ele aceita com amor essa situação. Quando a saúde o permite, ele é apóstolo no meio dos doentes, os consola e conforta, e, quando pode, participa da Santa Missa e recebe a Eucaristia. Na oração, encontra paz e serenidade, e se torna um modelo, amado por todos.

12

TERESA SOFRE, AMA, SILENCIA

Quando o coração sofre, o que podemos fazer? Quando amamos e sabemos que a pessoa que amamos está sofrendo, o que podemos fazer? Teresa dá uma resposta que nos enche o coração de paz: "Pensar em uma pessoa que amamos é rezar por ela". Teresa, imagino eu, pensava no pai, no seu rei, no seu imperador, não alguns minutos por dia, mas em cada instante. Mas esse pensamento não lhe impede de realizar as suas obrigações como religiosa. Uma santa carmelita italiana, Teresa Margarida Redi, escreveu uma máxima importante para a vida: "Aquele que ama, vê, sofre e ama".

A profissão religiosa de Irmã Teresa do Menino Jesus e da Santa Face está prevista para o dia 10 de janeiro, mas a priora, madre Maria de Gonzaga, estava com medo da reação do capelão, padre Delatroëte, que não tinha aprovado a entrada da jovem no Carmelo aos quinze anos e pensava que era imatura para dizer "sim" definitivamente aos votos de pobreza, castidade e obediência à Ordem.

Os votos constituem a essência da vida consagrada. Eu não gosto de vê-los como uma renúncia, mas sim como uma generosa oferta de si mesmo. Sem coisas materiais se pode viver, ser obediente aos outros também, bem como sem o amor matrimonial. É Deus que chama a essas três ofertas de si mesmo, que encontram uma explicação somente no amor. Quando amamos, contentamo-nos com o estritamente necessário, ou por amor a Jesus renunciamos à nossa capacidade de ir e vir, e no amor se oferece a capacidade de renunciar a uma família por uma família ainda maior, a espiritual.

O padre Delatroëte, contudo, diz por fim à própria Teresa: "Sois demasiadamente jovem para emitir os votos de maneira irrevogável. Não encontro razões, porém, para opor-me. Aceito a determinação do bispo!".

E é Teresa quem nos relata melhor esse momento:

Assim decorreu o tempo do meu noivado... Foi muito demorado para a pobre Teresinha! No final do meu ano, nossa Madre disse-me para não sonhar com a profissão, que certamente o padre superior recusaria meu pedido. Fui obrigada a esperar mais oito meses... Naquele momento, foi-me muito difícil aceitar esse grande sacrifício, mas logo se fez luz em minha alma. Meditava então "os fundamentos da vida espiritual" do padre Surin. Um dia, durante a oração, compreendi que meu tão vivo desejo de fazer profissão estava mesclado de um grande amor-próprio; sendo que me *dera* a Jesus para agradar a ele, consolá-lo, não devia obrigá-lo a fazer *minha vontade* de preferência à dele; compreendi também que uma noiva devia estar preparada para o dia do enlace, e eu nada tinha feito para isso... Disse então a Jesus: "Oh, meu Deus! Não peço para fazer os santos votos, *esperarei o tempo que vós quiserdes*, só não quero que, por culpa minha, nossa união seja adiada, mas vou fazer o maior esforço para confeccionar para mim um vestido bonito, enriquecido de pedras. Quando vós o achardes bastante bonito, estou certa de que nenhuma criatura vos impedirá de descerdes a mim, a fim de me unir para sempre a vós, ó meu amado!...".

Desde minha tomada de hábito, eu recebera luz abundante a respeito da perfeição religiosa, principalmente do voto de pobreza. Durante meu postulado, gostava de possuir coisas boas para meu uso e de encontrar à mão tudo o que me era necessário. "Meu *Diretor*" tolerava isso com paciência, pois ele não gosta de revelar tudo ao mesmo tempo às almas. Geralmente, dá sua luz pouco a pouco. No início da minha vida espiritual, pelos 13 ou 14 anos, perguntava a mim mesma o que eu aprenderia mais tarde, pois parecia-me impossível entender melhor a perfeição. Não demorei em compreender que, quanto mais se avança nesse caminho, mais se acredita estar afastado da meta; agora, resigno-me em ser sempre imperfeita e fico contente... Volto às lições que "meu *Diretor*" me deu. Uma noite, depois das Completas, procurei em vão nossa lampadinha sobre as tábuas reservadas para esse uso, era silêncio total, impossível perguntar... Entendi que uma irmã, acreditando ter pegado sua lâmpada, pegou a nossa, da qual eu estava muito necessitada; em vez de desgostar-me, fiquei feliz, sentindo que a pobreza consiste em se ver privado não só das coisas agradáveis, mas ainda das indispensáveis. Portanto, no meio das *trevas exteriores*, fui iluminada interiormente... Naquela época, empolguei-me pelos mais feios e mais desajeitados objetos e foi com alegria que vi terem tirado a *moringa bonitinha* da nossa cela, substituindo-a por uma *grande, toda desbicada*... Fazia também muitos esforços para não me desculpar, sobretudo com a nossa Mestra, a quem não queria ocultar coisa alguma; eis minha primeira vitória. Não é grande, mas custou-me muito. Um pequeno vaso colocado atrás de uma janela foi encontrado quebrado. Pensando que fosse eu quem o largara ali, mostrou-o para mim dizendo que eu deveria ter mais cuidado. Sem dizer uma só palavra, beijei a terra e prometi ter mais ordem no futuro. Devido à minha falta de virtude, essas pequenas práticas custavam-me muito e precisava pensar que, no juízo final, tudo seria conhecido, pois pensava: quando se cumpre com sua obrigação, sem se desculpar nunca, ninguém toma conhecimento; pelo contrário, as imperfeições aparecem logo...

Cultivava sobretudo a prática das pequenas virtudes, não tendo facilidade para praticar as grandes; gostava de dobrar os mantos esquecidos pelas irmãs e prestar-lhes todos os pequenos serviços que podia.

Foi-me dado também o amor pela mortificação; foi grande na medida em que nada me era permitido para satisfazê-lo... A única pequena mortificação que eu fazia no mundo, a de não me encostar quando sentada, foi-me proibida devido à minha tendência a ficar curvada. Aliás, meu entusiasmo não teria durado muito se me fosse permitido praticar muitas mortificações... Aquelas que me eram concedidas, sem eu pedir, tinham por finalidade mortificar meu amor-próprio, o que me causava um bem maior do que as penitências corporais... (HA 208-211).

Estas palavras da *História de uma alma* revelam toda a maturidade espiritual da jovem Teresa. Ela sabe da seriedade dos votos, sente-se impulsionada pelo amor a fazê-lo e a praticá-lo com toda perfeição. Ela não tem medo. Quem ama vence todos os medos.

O ano de 1890 é difícil para a família Martin. Por causa da doença do pai, sempre se vive ali com medo de que possa acontecer algo inesperado, como um novo surto de loucura. Leônia e Celina visitam toda semana, religiosamente, o pai Luís, internado no hospital em Caen, e depois as irmãs monjas Carmelitas em Lisieux, prestando-lhes conta do estado de saúde dele, das despesas e do parecer dos médicos.

Esse mesmo ano será lembrado também por causa de uma febre maligna pela qual morreram mais de 70 mil pessoas na França. Nas várias dioceses se fizeram peregrinações e orações para que essa "peste" acabasse. Mesmo algumas pessoas da família Guerin foram contagiadas, e pode ser que a própria Teresa também tenha sido. Quando a febre atingiu o Carmelo, várias monjas ficaram doentes.

Celina e Leônia, junto com alguns da família Guerin, vão a Lourdes em peregrinação, para suplicar à Virgem Maria que acabasse com a pandemia da gripe e pela saúde do pai.

13

LUZES E TREVAS

A vida não é linear, mas sim uma estrada de altos e baixos, de buracos e trechos planos e em subida. Precisamos estar preparados para ver com olhos novos a nossa vida e a dos outros. Mesmo na vida de Santa Teresinha não houve somente pétalas de rosas espalhadas no caminho como um tapete, para que os pés não se ferissem. Existiram sofrimentos pelas incompreensões de várias monjas que viam a "menina" ser poupada de todos os trabalhos pesados e tratada como uma princesa dentro do mosteiro. Elas recebiam trabalhos pesados, e à Irmã Teresa eram reservados os mais fáceis, e às vezes nem esses. Ela era a "douta" da comunidade, que passava tempo escrevendo poemas para as Irmãs e para as festas da comunidade.

Teresa desejava fazer a sua profissão, mas todas as vezes acontecia algo que adiava esse momento tão importante. Mas ela estava disposta a acolher tudo com alegria, sabendo que esse dia chegaria. Deus prova as pessoas que ama, e a espera do amor é dura e ao mesmo tempo doce. Contudo, nos meses em que Teresa se preparava para a sua profissão, segundo ela, Jesus "dormia". A oração tornou-se árida e o seu coração não conseguia formular palavras de amor, ação de graças e de louvor a Deus. Nunca existem, porém, trevas para sempre nem tempestade eterna; sempre depois da tempestade, o sol volta a brilhar.

Para Teresa, portanto, a profissão seria um sol, embora com as nuvens da doença do pai e com os problemas na própria comunidade. Era costume no Carmelo que a noviças que se preparavam para a profissão passar a noite precedente em oração. E é nessa noite que se desencadeia no coração de Teresa a luta contra o mal, o medo de não ser capaz de ser fiel até o fim. Eis como descreve Teresa essa situação interior:

ESTOU LONGE DE SER SANTA

Antes de falar-vos dessa provação, Madre querida, deveria ter-vos falado do retiro que antecedeu minha profissão; não me trouxe consolações, mas a mais absoluta aridez, quase o abandono. Jesus dormia como sempre no meu barquinho; ah! Vejo que raramente as almas o deixam dormir sossegado nelas. Jesus fica tão cansado de sempre dar os primeiros passos e pagar as contas que se apressa em aproveitar o descanso que eu lhe propicio. Provavelmente não acordará antes do meu grande retiro de eternidade, mas, em vez de causar-me tristeza, isso me alegra extremamente...

Verdadeiramente, estou longe de ser santa, só isso o prova bem; em vez de me regozijar com a minha aridez, deveria atribuí-la a minha falta de fervor e de fidelidade, deveria ficar aflita por dormir (há sete anos) durante minhas orações e minhas *ações de graças*, mas não, não me aflijo... penso que as *criancinhas* agradam tanto seus pais quando dormem como quando estão acordadas, penso que para fazer cirurgias os médicos adormecem seus pacientes. Enfim, penso que: "O Senhor vê nossa fragilidade, que ele não perde de vista que só somos pó".

Meu retiro de profissão foi, portanto, igual a todos os que fiz depois, um retiro de grande aridez. Mas Deus mostrava-me, claramente, sem eu o perceber, o meio de lhe agradar e de praticar as mais sublimes virtudes. Notei muitas vezes que Deus não quer dar-me *provisões*, alimenta-me a cada momento com alimento novo, encontro-o em mim, sem saber como chegou... Creio simplesmente que é o próprio Jesus, oculto no fundo do meu coraçãozinho, que me faz a graça de agir em mim e me leva a pensar em tudo o que ele quer que eu faça no presente momento.

Alguns dias antes da minha profissão, tive a felicidade de obter a bênção do Soberano Pontífice; tinha-a solicitado por intermédio do bom irmão Simião para *Papai* e para mim. Foi um grande consolo poder propiciar a meu Paizinho querido a graça que ele me tinha dado levando-me a Roma (HA 215-216).

Com estas palavras, Teresa manifesta que está pronta para que se realize o matrimônio entre ela e o seu Esposo Divino, Jesus. Aliás, sempre cheia de fantasias, ela prepara o convite para esse momento tão solene. Todos estão convidados a participar. Não é fantasia, é realidade para quem ama.

14

OITO DE SETEMBRO DE 1890 – CASAMENTO ENTRE TERESA E JESUS

Deixemos que a própria Teresa narre esse grande acontecimento de sua vida, de forma delicada, mas cheia de ternura e de amor:

> Enfim, chegou o *belo dia* das minhas núpcias. Foi sem nuvem, mas na véspera levantou-se em minha alma uma tempestade como nunca tinha visto... Nenhuma dúvida quanto à minha vocação tinha surgido antes, precisava passar por essa provação. De noite, ao fazer minha via-sacra após as matinas, minha vocação apareceu-me como um *sonho*, uma quimera... achava a vida do Carmelo muito bonita, mas o demônio me *assegurava* que não era para mim, que eu enganaria meus superiores prosseguindo em um caminho que não era para mim... Minhas trevas eram tão grandes que não via e só compreendia uma coisa: não tinha essa *vocação*!... Ah! Como descrever a angústia da minha alma?... Tinha impressão (coisa absurda que mostra bem que essa tentação vinha do demônio) de que se falasse dos meus temores para minha mestra ela me impediria de fazer meus santos votos; mas eu queria fazer a vontade de Deus e voltar para o mundo de preferência a ficar no Carmelo fazendo a minha. Fiz minha mestra sair e, *cheia de confusão*, contei-lhe o estado da minha alma... Felizmente, ela enxergou melhor que eu e me tranquilizou completamente. Aliás, o ato de humildade que eu tinha feito acabava de afugentar o demônio, que talvez pensasse que eu não ia ousar confessar

a minha tentação; logo que acabei de falar, minhas dúvidas se foram. Mas, para tornar meu ato de humildade mais completo, quis confiar minha estranha tentação à nossa Madre, que se contentou em rir de mim.

Na manhã de 8 de setembro senti-me *inundada* por um rio de *paz* e foi nessa paz, "ultrapassando qualquer sentimento", que pronunciei meus santos votos... Minha união com Jesus fez-se, não em meio a trovões e relâmpagos, isto é, a graças extraordinárias, mas no meio de uma *leve brisa* parecida àquela que nosso Pai Santo Elias ouviu na montanha... Quantas graças pedi naquele dia!... Sentia-me verdadeiramente Rainha, e aproveitei do meu título para liberar cativos, obter favores do meu *Rei* para com seus súditos ingratos, enfim, queria libertar todas as almas do purgatório e converter os pecadores... Rezei muito por minha *Madre*, minhas irmãs queridas... pela família toda, mas sobretudo por meu paizinho tão provado e tão santo... Ofereci-me a Jesus, a fim de que cumprisse perfeitamente em mim a sua *vontade* sem que nunca as criaturas impusessem obstáculos...

Esse belo dia, à semelhança dos mais tristes, passou, sendo que os mais radiantes também têm o dia seguinte. Mas foi sem tristeza que depositei minha coroa aos pés de Nossa Senhora; sentia que o tempo não levaria embora a minha felicidade... Que festa bonita foi a da Natividade de *Maria* para vir a ser a esposa de Jesus! Era a *pequena* Santíssima Virgem que apresentava sua *pequena* flor ao *menino* Jesus... Naquele dia, tudo era pequeno, fora as graças e a paz que recebi, fora a alegria *calma* que senti de noite ao olhar as estrelas brilharem no firmamento, pensando que *em breve* o belo Céu iria se abrir para meus olhos maravilhados e poderia unir-me a meu Esposo no seio de uma alegria eterna...

No dia 24, houve a cerimônia da minha tomada de *véu*. Foi inteiramente *coberta* de lágrimas... Papai não estava para abençoar sua rainha... O padre estava no Canadá... Sua Excelência, que devia vir e almoçar na casa do meu tio, ficou doente e não veio, enfim, tudo foi tristeza e amargura... Porém a *paz*, sempre a *paz*, encontrava-se no fundo do cálice... Naquele dia, Jesus permitiu que eu não pudesse segurar as lágrimas, que não foram compreendidas... De fato, eu tinha suportado sem chorar provações muito maiores, mas então era ajudada por uma graça poderosa. No dia 24, pelo contrário, Jesus deixou-me entregue às minhas próprias forças e mostrei como eram pequenas.

Oito dias depois da minha tomada de véu, houve o casamento de Joana. Dizer-vos, querida Madre, como seu exemplo me instruiu a respeito das delicadezas que uma esposa deve prodigalizar ao esposo ser-me-ia impossível. Escutava ávida tudo o que eu podia aprender, pois não podia fazer menos por meu Jesus amado do que Joana por Francis, criatura sem dúvida muito perfeita, mas *criatura*!...

Brinquei de compor um convite para compará-lo ao dela. Eis como era:

Convite para o casamento de
Irmã Teresa do Menino Jesus e da Sagrada Face

O Deus Todo-Poderoso, Criador do Céu e da Terra, Soberano Dominador do Mundo, e a Gloriosíssima Virgem Maria, Rainha da Corte celeste, querem vos anunciar o casamento do seu Augusto Filho Jesus, Rei dos Reis e Senhor dos Senhores, com a Senhorita Teresa Martin, agora Senhora Princesa dos reinos trazidos em dote pelo seu divino Esposo, a saber: a Infância de Jesus e sua Paixão, sendo seus títulos: do Menino Jesus e da Sagrada Face.

Não podendo ter-vos convidado para a bênção nupcial que lhe foi dada sobre a montanha do Carmelo, em 8 de setembro de 1890 (só a corte celeste foi admitida), estais convidados, porém, a participar da festa que será dada amanhã, Dia da Eternidade, dia em que Jesus, Filho de Deus, virá sobre as nuvens do Céu no esplendor da sua Majestade, a fim de julgar os vivos e os mortos.

Devido à incerteza da hora, sois convidados a permanecer de prontidão e aguardar (HA 217-220).

15

COMO CONHECI SANTA TERESINHA

Eu conheci Santa Teresinha pouco a pouco, até que entre ela e eu se instaurou um relacionamento de amizade, de amor, que dura até hoje, e falo com ela tudo o que se passa na minha cabeça. Ela me compreende e, como uma irmã experiente, me dá conselhos que me ajudam a viver o meu caminho humano, religioso, missionário e carmelitano. Quando entrei no Carmelo, em 1963, no convento de São Torpè, em Pisa, Itália, no dia 10 de outubro, nem sabia da sua existência, pois tudo para mim era novo. E fazia uma confusão danada entre tantas teresas, a de Ávila, chamada "a nossa Santa Madre", a de Florença, Teresa Margarida Redi, e a Teresa de Lisieux, chamada "Teresa do Menino Jesus".

No noviciado, o mestre nos deu alguma ideia positiva sobre Teresa do Menino Jesus, mas não me apaixonei por ela, aliás, por ser sempre do contra; de partida, sou do contra... E então fui também do contra com Santa Teresinha. Ia dizendo besteiras, que era uma santa dulcificada, uma santa sem espinha dorsal, coisas desse tipo. São juízos que se dão para fazer notar que somos importantes. Durante os anos de filosofia, mudei, e o mestre me deu para ler a *História de uma alma*; confesso que não gostei, mas li.

O AMOR CRESCEU COMIGO

Lentamente o meu amor por Santa Teresa do Menino Jesus foi crescendo comigo e foi se purificando. Tentei colocar em prática os seus conselhos e descobri que somente uma pessoa forte, corajosa, com um caráter férreo pode viver o que ela viveu, sempre com um sorriso no rosto. A doutrina de Teresinha é moldada no silêncio, na oração e no fogo do sacrifício. Comecei a ler tudo o que encontrava sobre ela, mas nada era tão belo, doce e forte como aquilo que saiu do seu coração, e que era um rio nascido no coração de Cristo.

Santa Teresinha, com seus vinte e quatro anos, um punhado de dias passados sobre a terra, soube marcar a Igreja, a humanidade. Tem escritos que ultrapassam o religioso e se tornam, sem querer, *best-sellers* da humanidade. Não se pode lê-los sem ficar maravilhado e ao mesmo tempo perturbado pelas palavras simples, fortes, que exigem uma resposta que necessariamente pede rupturas com nosso modo de viver. Isso não somente em livros escritos por religiosos, mas também naqueles escritos por autores profanos. Como ler um Dostoievski sem ficar maravilhado e perturbado, ou um Kierkegaard, ou mesmo Nietzsche? E como, até para uma pessoa sem fé, se lê São João da Cruz, Santa Teresa d'Ávila, Santo Agostinho, sem o nosso humano e psicológico, o nosso DNA religioso, ficar perturbado? Teresinha pertence àquele grupo de gênios, obra do Espírito Santo, que surgem de vez em quando.

Por que Santa Teresa do Menino Jesus me conquistou e por que a amo tanto?

1. *Simplicidade*: vivemos em uma sociedade cada vez mais complicada. Não temos a simplicidade de dizer, em poucas palavras, os sentimentos mais belos ou os conceitos da vida que todos possam compreender. Tenho uma aversão natural às coisas complicadas. Fique claro, isso depende da minha pouca capacidade de refletir; amo as coisas no seu "estado natural". Por isso que, com Teresinha, compartilho o amor pelo Evangelho, onde tudo é narrado com simplicidade.

2. *Não a um Deus justiça, sim a Deus amor*: Teresa foi educada dentro de uma estrutura religiosa, onde Deus é distante, justiceiro, que procura ansiosamente almas vítimas em que ele possa satisfazer a sua sede de justiça pelos pecados humanos. Uma visão

"terrível de Deus". Teresa recusa essa visão de Deus e nos oferece um Deus amor, ternura, que procura, sim, vítimas, mas à misericórdia, ao amor. Jesus é a prova de um Deus misericordioso. Essa descoberta é para Teresa um caminho novo de santidade, oração, vida comunitária. Ela, assim, se torna missionária de amor na própria Igreja.
3. *Uma santa criativa*: Teresa faz uma afirmação belíssima que abre caminhos novos para a própria Igreja: "Deus não coloca no coração do ser humano desejos que sejam irrealizáveis". Portanto, se sinto o desejo de ser santo, de ser missionário, de ser profeta, sacerdote, doutor, quer dizer que posso realizar tudo isso. Vivemos em uma realidade em que os jovens estão sem ideais e se deixam empurrar por desejos passageiros e sem encanto. Teresa faz renascer em nós desejos grandes, como quando diz que, mesmo se "não temos asas de águias para voar até o sol divino, temos olhos de águia para contemplar o sol divino".

O meu conhecimento atual de Teresa é pobre, incompleto, mas dou aos outros o que eu posso. Por isso nas minhas pregações, nos meus livros, não deixo de falar dela. É um pacto entre mim e Teresa: eu falo dela para que todos a amem e cheguem a Jesus, e ela me dá força, capacidade e ideias para realizar isso. Uma aliança belíssima e cheia de futuro. Ela não me envia rosas... Envia-me toda uma floricultura de rosas de todas as cores e belezas. Estou convencido de que, quanto mais conhecermos Teresa do Menino Jesus, mais o mundo irá mudar: a violência desaparecerá, e o egoísmo e todos os pecados humanos que dividem serão superados pelo amor.

É claro que Teresa não é Deus, nem Jesus, nem o Espírito Santo, mas ela é uma palavra de Deus caída do céu, como cada um de nós, e que em vinte e quatro anos conseguiu iniciar a sua missão aqui na terra... Todavia, visto que ela mesma diz que no céu não descansará, continua a sua missão no céu, fazendo cair sobre a terra uma chuva de rosas.

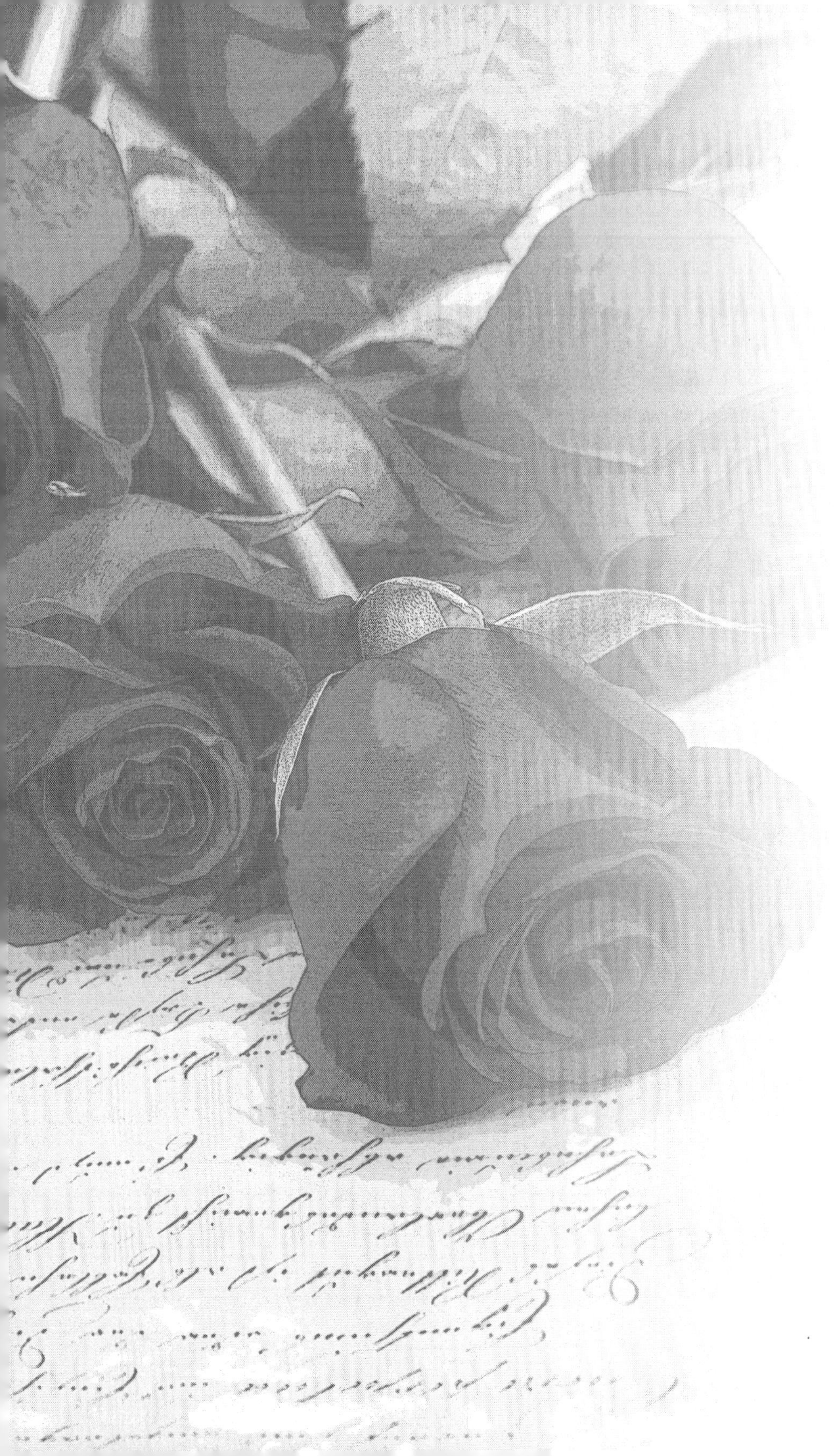

16
UM GÊNIO DA ESPIRITUALIDADE

A Wikipedia define um gênio com estas palavras: "Uma força natural produtiva, capaz de produzir obras importantes de relevância social, artística, poética, moral...", e acrescento "espiritual". Com Santa Teresa do Menino Jesus, encontramo-nos diante de uma pessoa que, apesar do ambiente em que viveu, da sociedade do seu tempo, da sua cultura de menina de quinze anos e dos anos que passou no Carmelo, em um ambiente fechado, sem possibilidade de recorrer nem a estudos particulares nem a livros – poucos, na verdade, que havia na biblioteca –, ela viveu genialmente. Naquele tempo as monjas não tinham nem acesso à Bíblia completa nem às obras de São João da Cruz e de Santa Teresa d'Ávila. Existiam somente edições de alguns pensamentos, e a causa disso era porque as monjas, "frágeis de cabeça", segundo alguns, poderiam se exaltar e até perder a vocação.

A meu ver, estou convencido de que não se pode explicar tamanha profundidade de sabedoria, de inteligência teológico-mística em uma jovem como Teresa sem uma graça extraordinária. Poderíamos parafrasear as palavras que o povo, os escutadores de Jesus, diziam dele: "De onde lhe vem tamanha sabedoria? Nós conhecemos quem é ele, filho de José, o carpinteiro!" (Mt 13,54-55).

Uma pessoa que reza e que ama comunicar-se com Deus, assumindo uma atitude de discipulado, vai crescendo em "idade e sabedoria". Na vida carmelitana, há duas horas por dia de oração silenciosa diante do Senhor. Eu costumo dizer para mim mesmo que são duas horas por dia de aulas, cujo Mestre é a própria Santíssima Trindade, o Pai, o Filho e o Espírito Santo. É nesse tempo de silêncio que Deus fala ao coração e à inteligência, fortalecendo-nos pelos dons do Espírito Santo, mesmo que Teresa diga que as "melhores intuições do Espírito Santo não lhe vieram durante a oração, mas sim nos trabalhos diários. É viver sempre a presença de Deus". Ela até mesmo diz que não se recorda de ter passado mais de três minutos sem se lembrar de Deus. Ao escrever *História de uma alma*, falando sobre a oração, ela lembra um princípio de Arquimedes, que tinha estudado em história:

> Todos os santos compreenderam isso e, mais particularmente, talvez, os que iluminaram o universo com a doutrina evangélica. Não foi na oração que os santos Paulo, Agostinho, João da Cruz, Tomás de Aquino, Francisco, Domingos e tantos outros ilustres amigos de Deus foram encontrar essa ciência divina que encanta os maiores gênios? Um cientista disse: "Deem-me uma alavanca, um ponto de apoio, e levantarei o mundo". O que Arquimedes não conseguiu obter, porque seu pedido não foi feito a Deus e era feito só do ponto de vista material, os santos o obtiveram em toda a sua plenitude. O Todo-Poderoso deu-lhes como ponto de apoio: *ele próprio e só ele*. Como alavanca: a oração que abrasa pelo fogo do amor. Foi com isso que ergueram o mundo. É com isso que os santos que ainda militam o erguem. Até o final dos séculos, será com isso também que os santos que vierem haverão de erguê-lo (HA 338).

17

A FORÇA DA ESPIRITUALIDADE

Nem sempre se dá importância à força da espiritualidade na vida do ser humano e da sociedade. Hoje em dia a palavra "espiritualidade" é uma das mais abusadas, em que cada um tenta "puxar a brasa para a própria sardinha". E por isso todas as ideologias buscam desfrutar da palavra "espiritualidade", e vai se formando uma fina neblina que impede de ver a verdade. Uma neblina que, em certos momentos, se faz espessa. Fala-se de espiritualidade marxista, espiritualidade filosófica, política, de gênero, espiritualidade materialista ou espiritualidade ateia, que, pior ainda, é na verdade uma contradição. No entanto, a palavra "espiritualidade" por definição é a maneira de expressão de uma religião, um pouco livre da escravidão dos ritos. A espiritualidade é a manifestação do nosso modo de agir, sem palavras e sem ação particular.

É importante insistir como nenhum ser humano pode deixar de levantar os olhos para o céu e tentar, com os olhos do coração e do espírito, penetrar nas nuvens para contemplar além do finito o Algo/Alguém que o espera, a quem chamamos Deus e que outros sem a nossa fé ou a fé de Teresa do Menino Jesus chama com outros nomes. Os gregos, romanos, o chamavam de *Ede*, os judeus de *sheol*, os cristãos de paraíso ou inferno, os budistas de nirvana... Ainda não se encontrou um povo sem "religião", uma vez que, mesmo os ateus, têm fundado igrejas dos ateus ou dos gnósticos.

Teresa do Menino Jesus, educada na fé católica, bebeu na família os princípios de uma religião sólida, firme, sobre as bases das convicções teológicas do seu tempo. Sentiu bem cedo o desejo de seguir Jesus, apaixonou-se pela vida religiosa e, com quinze anos, como havia escolhido, entrou no Carmelo. Bem cedo sentiu o peso de uma espiritualidade negativista e pessimista, da imagem de um Deus irado pelos pecados da humanidade que exige, para se acalmar, o sacrifício de almas generosas, que se ofereçam como vítimas à justiça divina...

Teresa não se sente bem dentro desse hábito de tristeza e de punição. Ela mesma vai percebendo o desejo de ser santa, de amar a Deus e aos irmãos, de viver a felicidade da oferta da própria vida, e vai por isso escolhendo um caminho novo, que será o caminho da confiança, do abandono à misericórdia infinita de um Deus amor. A misericórdia de Deus não é uma verdade descoberta hoje, mas esteve sempre presente em toda a Bíblia, desde o início do diálogo de Deus com o ser humano. Deus é misericórdia que encontra a sua alegria não em punir o ser humano, mas em amá-lo e perdoá-lo, abraça-lo em seu infinito amor.

Teresa foi assimilando tudo isso lentamente, seja sublimando o amor paterno, seja por meio da palavra de Deus. Ela gostaria de "sentar-se à mesa com os pecadores" para poder partilhar não o pecado, mas o pão da misericórdia. O nosso mundo tem avançado maravilhosamente na tecnologia, mas tem também regredido na misericórdia e no amor. Somos frios, gélidos nos nossos relacionamentos. Somos classicistas, pensamos ser lucrativo enganar e esquecemos que, no amor, ama mais quem perde; ganhando, assim, mais amor.

No dia 5 de junho de 1895, festa da Santíssima Trindade, Teresa escreve uma oração que é uma síntese de diálogo com Deus, de amor e de misericórdia.

OFERTA AO AMOR MISERICORDIOSO

Ó meu Deus! Trindade Bem-aventurada, desejo amar-vos e fazer com que vos amem, trabalhar para a glorificação da Santa Igreja, salvando as almas que estão sobre a terra e libertando as que sofrem no purgatório. Desejo cumprir perfeitamente vossa vontade e chegar ao grau de glória que me preparastes em vosso reino; em uma palavra, desejo ser santa, mas sinto minha impotência e vos peço – ó meu Deus! – que sejais vós mesmo minha santidade.

Como vós me amastes a ponto de me dar vosso Filho único para ser meu Salvador e meu Esposo, os tesouros infinitos de seus méritos são meus; feliz, vo-los ofereço, suplicando-vos que me olheis somente através da Face de Jesus e em seu Coração ardente de Amor.

Ofereço-vos ainda todos os méritos dos Santos (que estão no Céu e na Terra), seus atos de Amor e os dos Santos Anjos; enfim vos ofereço – ó Bem-aventurada Trindade! – o Amor e os méritos da Santa Virgem, minha Mãe querida; é a ela que faço minha oferenda, rogando que a apresente a vós. Seu divino Filho, meu Esposo Bem-Amado, nos dias de sua vida mortal, nos disse: "Tudo o que pedirdes a meu Pai, em meu nome, ele vo-lo dará!". Tenho certeza de que realizareis meus desejos; eu sei, ó meu Deus! (Quanto mais quereis dar, mais fazeis desejar). Sinto em meu coração desejos imensos, e é confiante que vos peço que tomeis posse de minha alma. Ah! Não posso receber a Santa Comunhão com a frequência que desejo, mas, Senhor, não sois Todo-Poderoso?... Permanecei em mim, como no tabernáculo, não vos afasteis jamais de vossa pequena hóstia...

Eu gostaria de vos consolar da ingratidão dos maus e vos suplico que retireis de mim a liberdade de vos desagradar; se por fraqueza caio às vezes, que imediatamente vosso Divino Olhar purifique a minha alma, consumindo todas as minhas imperfeições, como o fogo que transforma todas as coisas nele mesmo...

Eu vos agradeço – ó meu Deus! – por todas as graças que me concedestes, em particular por me terdes feito passar pelo crisol do sofrimento. É com alegria que vos contemplarei no último dia, levando o cetro da Cruz; como vos dignastes partilhar comigo essa Cruz tão preciosa, espero ser semelhante a vós, no Céu, e ver brilhar em meu corpo glorificado os sagrados estigmas de vossa Paixão...

Depois do exílio da terra, espero ir comprazer-me de vós na Pátria, mas não quero acumular méritos para o Céu; quero trabalhar somente por vosso Amor, com o único objetivo de vos dar prazer, consolar vosso Sagrado Coração e salvar almas que vos amarão eternamente.

No ocaso desta vida, comparecerei diante de vós com as mãos vazias, pois não vos peço, Senhor, que conteis minhas obras. Todas as nossas justiças têm manchas a vossos olhos. Quero, pois, revestir-me de vossa própria Justiça e receber de vosso Amor a eterna posse de vós mesmo. Não quero nenhum outro trono nem coroa senão vós, ó meu Bem-Amado!...

A vossos olhos o tempo não é nada; um só dia é como mil anos. Podeis em um instante, pois, preparar-me para comparecer diante de vós...

A fim de viver em um ato de perfeito Amor, ofereço-me como vítima de holocausto a vosso Amor misericordioso, suplicando-vos que me consumais incessantemente, deixando transbordar em minha alma as ondas de infinita ternura que estão encerradas em vós e que assim eu me torne Mártir de vosso Amor, ó meu Deus!...

Que esse martírio, depois de me ter preparado para comparecer diante de vós, me faça enfim morrer e que minha alma se atire sem demora no eterno enlace de vosso Misericordioso Amor...

Quero, ó meu Bem-Amado, a cada batida de meu coração renovar esta oferenda um número infinito de vezes, até que, uma vez dissipadas as sombras, eu possa redizer o meu Amor em um face a face eterno!...
(CAMINHANDO COM SANTA TERESINHA, 2012).

Nesta oração encontramos em síntese toda a espiritualidade de Teresa: um caminho de alegria, de libertação, onde as coisas não devem dominar-nos, mas só libertar-nos das escravidões, pequenas ou grandes. O grande místico e reformador do Carmelo, São João da Cruz, diz "que um passarinho, quer esteja amarrado com um fio ou com uma corda, não pode voar"; portanto, é necessário desamarrar tudo o que nos prende. Todas as coisas servem e de todas podemos nos desapegar.

Recordo uma vez que, quando foi inaugurado o grande Shopping Pátio Higienópolis, em São Paulo, uma tarde fui visitá-lo. Queria dar uma olhada, e encontrei muitas pessoas da Paróquia de Santa Teresinha, da rua Maranhão; todas elas, com gentileza, faziam uma expressão maravilhada em ver-me ali e me perguntavam: "Frei, também o senhor aqui? Precisa de alguma coisa, em que posso ajudá-lo?". Incomodado por tantas pessoas conhecidas, e também porque não fui para comprar nada, respondi: "Não preciso de nada, eu vim aqui para ver de quantas coisas não preciso para ser feliz". As coisas não podem nos fazer felizes, são passageiras, e voam. Como diz o velho sábio Jó: "Nus entramos neste mundo..." (Jó 1,21). Ainda não se sabe de ninguém que nasceu vestido, e, embora os mortos morram vestidos, "nada trouxemos a este mundo e nada levaremos conosco na tumba".

Santa Teresinha amava demais a natureza, as pequenas coisas que recebia e que lembravam sua infância, mas o coração dela voava livre e podia cantar a alegria de viver. A pedra fundamental sobre a qual se ergue o seu edifício humano-espiritual é o amor. Os quatro pilares que sustentam todo o edifício da infância espiritual são: a primeira, é a coluna da pequena via, revestida de amor e confiança; a segunda, é o amor à missão na Igreja, que é o amor que ilumina e consola a todos; a terceira coluna é a oração, a qual, como uma alavanca, levanta o mundo; e, a última, é o amor a Maria, mãe de Jesus e nossa. Trata-se de uma espiritualidade simples, mas que exige o despojamento de todo egocentrismo e autorreferencialidade. Somos simplesmente meios, e não centros; somos cooperadores da Verdade, que é o próprio Deus.

18

UM RIO DE PAZ

O dia 8 de setembro de 1890 é o grande dia do matrimônio da pequena Teresa com Jesus, o Rei dos céus e dos corações enamorados. Destaco a seguir o trecho já citado:

> Na manhã de 8 de setembro senti-me *inundada* por um rio de *paz*, e foi nessa paz, "ultrapassando qualquer sentimento", que pronunciei meus santos votos... Minha união com Jesus fez-se, não em meio a trovões e relâmpagos, isto é, a graças extraordinárias, mas no meio de uma *leve brisa* parecida àquela que nosso Pai Santo Elias ouviu na montanha... Quantas graças pedi naquele dia!... Sentia-me verdadeiramente Rainha, e aproveitei do meu título para liberar cativos, obter favores do meu *Rei* para com seus súditos ingratos, enfim, queria libertar todas as almas do purgatório e converter os pecadores... Rezei muito por minha *Madre*, minhas irmãs queridas... pela família toda, mas sobretudo por meu paizinho tão provado e tão santo... Ofereci-me a Jesus, a fim de que cumprisse perfeitamente em mim a sua *vontade* sem que nunca as criaturas impusessem obstáculos... (HA 218).

Como de costume no Carmelo, a priora, madre Maria de Gonzaga, reúne a comunidade no capítulo e faz um pequeno discurso, em que recorda como deve ser vivida a vida carmelitana e a importância da oração, dos atos comunitários, da penitência e do amor à Igreja. Depois, Madre Priora pergunta à noviça o que ela quer, e esta responde, com voz bem alta, mas sempre emocionada: "A misericórdia de Deus, a pobreza da Ordem e a companhia das Irmãs...". E, tendo as suas mãos nas mãos da priora, proclama a fórmula da profissão, que naquele tempo era a seguinte:

> Eu, Irmã Maria Francisca Teresa do Menino Jesus e da Santa Face, faço a minha profissão, prometo Castidade, Pobreza e Obediência a Deus nosso Senhor e à Bem-aventurada Virgem Maria, sob a obediência, a vigilância e a direção de nossos Reverendos Padres visitadores e superior, segundo o que está estabelecido para nossa Ordem pelas bulas e os breves de nossos Santos Padres os Papas. E faço esta profissão segundo a Regra Primitiva da Ordem chamada do Monte Carmelo, sem mitigação, até a morte.

Depois disso, Irmã Teresa se prostra com os braços em cruz enquanto a comunidade canta o *Te Deum*, que é o hino mais belo de ação de graças, por todos os benefícios recebidos. Enquanto Teresa está prostrada, coberta com a sua capa branca, o pensamento vai ao pai, que não pode estar presente, porque está doente. Pensa na carta que recebeu do amigo da família, o Irmão Simeão. Reza por Celina, por Leônia e pelo mundo inteiro. O seu coração se amplia e é capaz de receber toda a humanidade.

Uma celebração com grande alegria, que Teresa descreve em *História de uma alma*. Escutemo-la:

> Esse belo dia, à semelhança dos mais tristes, passou, sendo que os mais radiantes também têm o dia seguinte. Mas foi sem tristeza que depositei minha coroa aos pés de Nossa Senhora; sentia que o tempo não levaria embora a minha felicidade... Que festa bonita foi a da Natividade de *Maria* para vir a ser a esposa de Jesus! Era a *pequena* Santíssima Virgem que apresentava sua *pequena* flor ao *menino* Jesus... Naquele dia, tudo era pequeno, fora as graças e a paz que recebi, fora a alegria *calma* que senti de noite ao olhar as estrelas brilharem no firmamento, pensando que *em breve* o belo Céu iria se

abrir para meus olhos maravilhados e poderia unir-me a meu Esposo no seio de uma alegria eterna... (HA 218).

No dia 24 de setembro, ela recebe o véu negro. Essa cerimônia, que hoje não existe mais, é sinal permanente de uma comunhão mais íntima com Cristo Jesus. No locutório estavam as irmãs Martin, menos Leônia. Teresa sente falta do pai, uma alegria velada da tristeza, mas tudo é oferecido a Deus. Ele, o Senhor, merece todo o nosso amor: de um lado nos consola e, do outro, nos dá a cruz. Deus é o único que sabe bem dosar alegrias e tristezas.

No ano de 1890, portanto, Teresa se encontra inundada em um oceano de paz, de alegria, por ter dito o seu "sim" definitivo a Jesus. Naquele tempo não havia, como hoje, a profissão por um ou por três anos; a consagração, como o matrimônio, tinha um valor de "para sempre, eternidade". Estas eram palavras, aliás, que Teresa d'Ávila repetia com alegria, assim como outra santa carmelita, Santa Míriam de Jesus Crucificado.

Parece-me uma visão certa essa totalidade e não provisoriedade. Se alguém lhe oferecesse amizade por um ano, você aceitaria? Penso que não, ou, pelo menos, eu não. A amizade e o amor são ofertas que, apesar da nossa fragilidade, pedem não algo passageiro, mas eterno... "para sempre".

19

A MONOTONIA DA VIDA

Depois dos dias de alegria, que duram, como diz o salmista, um sopro passageiro, retorna-se à vida cotidiana, à monotonia da cotidianidade, onde, com amor, estamos tecendo o nosso presente e futuro. Deus nos doa a vida gratuitamente, mas a nós cabe a responsabilidade de construí-la e de sermos cooperadores da verdade. Ele faz o desenho como sábio arquiteto e somos os pedreiros que devemos saber colocar as pedras no lugar certo. O apóstolo Pedro fala que somos pedras vivas no edifício da Igreja, corpo de Cristo.

Nesse período, para Teresa, há alegrias e tristezas. Ela continua como noviça, mas madre Gonzaga já vê nela uma pessoa que poderia ajudá-la no noviciado. É verdade que Teresa é jovem, mas tem maturidade humana e espiritual, sabendo compreender e corrigir. No dia a dia, embora o seu coração esteja fixo em Deus, não pode todos os dias voar nas asas do amor e da oração, nem fazer uma visita ao pai, Luís, ao seu "imperador" que se acha internado e vive altos e baixos de humor.

Celina não está bem de saúde, e Irmã Teresa se preocupa. São fortes as emoções, mas tudo ela consegue manter sob controle. Aparentemente, as Irmãs não suspeitam de nada, mas o coração dela sofre. A pedagogia de Deus não combina com a pedagogia nem com a psicologia humanas. Deus quer que saibamos aceitar tudo sem revolta, mas com calma e amor. Há uma frase de Santa Teresa do Menino Jesus que nos surpreende e que revela um pouco toda sua espiritualidade: "Tudo é graça". "Tudo" é uma palavra muito presente nos escritos e na vida de Teresa; uma palavra que não admite exclusões ou escolhas, mas que deve abrir os braços e o coração para aceitar tudo: vida, morte, alegria, tristezas, desafios, compreensões e incompreensões...

Depois das doçuras espirituais, aparecem no horizonte de Teresa nuvens que ameaçam tempestades. Ela entra como que em um deserto de fé, vendo tudo obscuro pelo silêncio de notícias, mesmo do amigo padre Pichon. Só depois de cinco meses chega uma carta dele do longínquo Canadá, onde se encontra. Também tem atritos com algumas companheiras de noviciado, que não compreendem a sua simplicidade e sentem um pouco de inveja por ver que a *"petit* Thérèse" é amada pela priora e pelas Irmãs, e privilegiada; inveja também por ver que ela, por ser jovem, é muitas vezes poupada dos trabalhos mais duros e difíceis da comunidade.

Além disso, Teresa sofre muito por causa do frio. Naquele ano, em Lisieux, o termômetro desceu abaixo de 14 graus, e não havia calefação. Ela aceita tudo sem queixar-se e oferece tudo por amor e pela salvação das almas.

É um deserto, mas ela se lembra do que disse o profeta Isaías: "O deserto florescerá, e será transformado em um jardim" (Is 35,1). Ao mesmo tempo, recorda-se do profeta Oseias, quando diz: "Tomar-te-ei pela mão, levar-te-ei ao deserto, porque quero falar ao teu coração" (Os 2,14). No deserto do Calvário, sempre a voz de Deus se faz mais forte.

JACINTO LOYSON

As notícias boas e ruins também filtram o ar no Carmelo de Lisieux. Chega a triste notícia de que o padre Jacinto Loyson, um nome conhecido dali, tinha abandonado a Ordem do Carmelo. Teresa nunca vira de perto esse Carmelita Descalço, mas sempre cultivara grande amor por ele. Então, quando soube que esse Irmão de Ordem tinha criado um cisma, toma consciência da sua vocação carmelitana. Ela havia escrito e dito "que tinha entrado no Carmelo para rezar pelos pecadores", como Henri Pranzini, e pelos sacerdotes, e Jacinto Loyson lhe oferece essa oportunidade de realizar a sua vocação. Dentro do Carmelo, abraça, no manto da oração e do sacrifício, quem mais precisa. Mas quem foi Jacinto Loyson?

Charles Jean Marie Loyson (10 de março de 1827 – 9 de fevereiro de 1912), mais conhecido por seu nome religioso Pére Hyacinthe, foi um famoso pregador e teólogo francês. Ele era um padre católico romano que havia sido sulpiciano e noviço dominicano antes de se tornar Carmelita Descalço e provincial de sua ordem, mas deixou a Igreja Católica Romana, em 1869, depois que uma grande excomunhão foi pronunciada contra ele. Ele era conhecido especialmente por seus sermões eloquentes em Notre Dame de Paris e procurou conciliar o catolicismo com as ideias modernas.

Loyson nasceu em Orléans, França, em 10 de março de 1827. Ele foi batizado Charles Jean Marie, em homenagem ao poeta Charles Loyson, seu tio. Ele foi educado em Pau, Pyrénées-Atlantiques, por professores particulares, onde seu pai era reitor da Universidade. Sua mãe era da nobre família Burnier-Fontonel do Chateau de Reiquier, Savoy. Um irmão, Jules Theodore Loyson, tornou-se padre e professor no Collége de Sorbonne em Paris, e uma irmã tornou-se freira.

Em 1845, entrou no seminário de Saint-Sulpice, Paris, e foi ordenado quatro anos depois. Ele sucessivamente ensinou filosofia no seminário de Avignon e teologia no seminário de Nantes e oficiou em sua capacidade eclesiástica em Saint-Sulpice. Acabou por renunciar ao cargo para assumir os votos de frade da Ordem dos Carmelitas, assumindo o nome religioso de Jacinto. Ele então passou dois anos no convento carmelita em Lyon e atraiu muita atenção por sua pregação no Lycée, em Lyon.

Como pregador em Lyon e Bordeaux, Loyson adquiriu sua reputação como o orador de púlpito mais eficaz de sua época; e seu sucesso logo depois o induziu a buscar o público mais crítico de Paris, onde Loyson estabeleceu ainda mais sua fama na Église de la Madeleine e na Notre Dame de Paris. Mullinger escreveu que a "voz ressonante e a retórica apaixonada de Loyson possuem, especialmente para seus compatriotas, um charme poderoso". Sua eloquência atraiu toda a Paris para seus sermões do Advento em Notre Dame de Paris entre 1865 e 1869, mas sua ortodoxia caiu sob suspeita. Em 1868, ele foi convocado a Roma e recebeu a ordem de parar de pregar sobre qualquer assunto controverso e limitar-se exclusivamente àqueles assuntos sobre os quais todos os católicos romanos estavam unidos na crença.

Em junho de 1869, Loyson fez um discurso perante a Ligue internationale de la paix, fundada por Frédéric Passy, no qual falou da religião judaica, da religião católica e da religião protestante, como sendo as três grandes religiões dos povos civilizados; esta expressão suscitou severas censuras da imprensa católica. Em 1869, ele protestou contra a forma como o Concílio Vaticano I foi convocado.

Foi-lhe ordenado que se retratasse, mas recusou e rompeu com a ordem em carta aberta de 20 de setembro de 1869, dirigida ao General dos Carmelitas Descalços, mas evidentemente destinada aos poderes governantes da Igreja. Nela, ele protestou contra a "perversão sacrílega do Evangelho" e continuou dizendo: "Tenho profunda convicção de que, se a França em particular e as raças latinas em geral se entregam à anarquia social, moral e religiosa, a causa principal não é o catolicismo em si, mas a maneira como o catolicismo foi por muito tempo entendido e praticado". Seu manifesto contra os supostos abusos na Igreja criou intensa comoção, não apenas na França, mas em todo o mundo civilizado, e o jovem monge foi aclamado como um poderoso aliado por todos os oponentes declarados do papado.

Ele foi excomungado e retomou seu nome como Charles Loyson. Logo depois, ele deixou a França para a América, desembarcando na cidade de Nova York em 18 de outubro de 1869. Ele foi calorosamente recebido pelos principais membros das várias seitas protestantes nos Estados Unidos e, embora tenha confraternizado com eles até certo ponto, ele declarava constantemente que não tinha intenção de abandonar a fé católica. Em 1870, ele se associou ao protesto de Ignaz von Döllinger contra o dogma da infalibilidade papal.

Em 3 de setembro de 1872, ele se casou em Londres, no Marylebone Registry Office, com Emilie Jane Buterfield Meriman, filha de

Amory Buterfield e viúva de Edwin Ruthven Meriman, dos Estados Unidos; o Reitor de Westminster, Arthur Stanley, e Lady Augusta Stanley, sua esposa, estavam presentes. Ele afirmou que em 1872, antes de se casar publicamente na Inglaterra, teve seu casamento abençoado em particular em Roma pelo arcebispo Luigi Puecher Passavalli.

Foi promulgada uma lei que restringia a jurisdição episcopal e paroquial no cantão, a menos que sancionada pelo governo; e que, para o futuro, todos os párocos sejam eleitos pelos habitantes católicos e destituídos, se houver justa causa, pelo Estado. O cantão foi dividido em vinte e três paróquias, três das quais em Genebra; e no mês de março seguinte, Loyson foi convidado pelos Velhos Católicos para fazer uma palestra em Genebra. Em uma série de discursos, ele defendeu com ousadia um sistema completo de reforma da Igreja, a ser realizado em conjunto com o Partido dos Velhos Católicos.

Ele pediu que cada nação estabeleça uma Igreja Cristã nacional e as diferentes Igrejas estabelecidas se tornem uma confederação internacional. Seus pontos de vista e talentos foram considerados favoravelmente. Loyson foi eleito, pelos católicos liberais, no mês de outubro seguinte, em 1873, juntamente com Hurtault e Chavard, para as três paróquias vagas em Genebra. Era impossível para o bispo retaliar sob a lei suíça. Em 1874, ele introduziu reformas no culto e logo teve que renunciar. Identificado com um dos Velhos Católicos, Loyson continuou a escrever e pregar, e finalmente se estabeleceu em Paris em 1877 e estabeleceu como uma igreja separada a Église gallicane, que se baseou na longa tradição francesa do galicanismo.

Morreu em fevereiro de 1912, em Paris, no apartamento de seu filho dramaturgo, Paul Hyacinthe Loyson, e foi sepultado no Cemitério Pére Lachaise (Disponível em: https://en.wikipedia.org/wiki/Hyacinthe_Loyson. Acesso em: maio 2024).

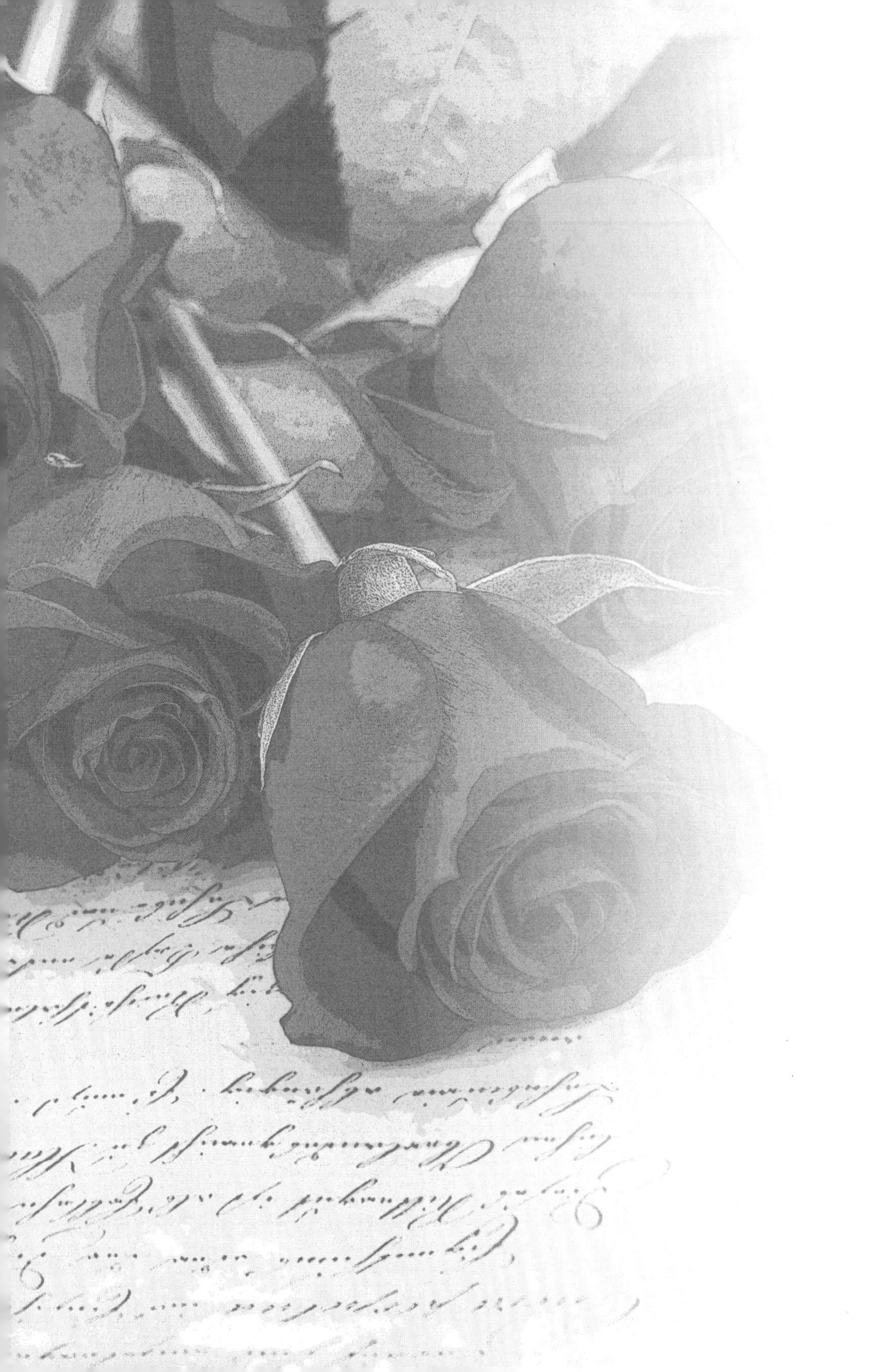

20

COMPREENDI O QUE É O AMOR

Irmã Teresa do Menino Jesus possui uma inteligência simples e uma alma ainda mais simples, e por isso a ela podemos aplicar com segurança as palavras de Jesus no Evangelho, que a própria Igreja coloca na sua festa: "Te louvo e agradeço, ó Pai...".

Naquela ocasião, Jesus pronunciou estas palavras: "Eu te louvo, Pai, Senhor do céu e da terra, porque escondeste estas coisas aos sábios e entendidos e as revelaste aos pequeninos. Sim, Pai, assim foi do teu agrado. Tudo me foi entregue por meu Pai, e ninguém conhece o Filho, senão o Pai, e ninguém conhece o Pai, senão o Filho e aquele a quem o Filho o quiser revelar. Vinde a mim, todos vós que estais cansados e carregados de fardos, e eu vos darei descanso" (Mt 11,25-28).

Os santos sabem compreender o que nós não conseguimos, porque a nossa inteligência é dura e o nosso coração, insensível diante dos sofrimentos dos outros. Teresa nos diz que compreendeu o que é a caridade e como deve amar as suas Irmãs:

Este ano, Madre querida, Deus deu-me a graça de compreender o que é a caridade. Compreendia antes, mas de maneira imperfeita, não tinha aprofundado esta palavra de Jesus: "O segundo [mandamento] é *semelhante* a este: 'Ama o teu próximo como a ti mesmo'". Dedicava-me, sobretudo, a amar a Deus e foi amando-o que compreendi que não devia deixar que meu amor se traduzisse apenas em palavras, pois: "Nem todo o que me diz: 'Senhor, Senhor', entrará no reino dos céus, mas o que faz a vontade de meu Pai que está nos céus". Essa vontade, Jesus a deu a conhecer muitas vezes, devia dizer quase a cada página do seu Evangelho; mas na última ceia, quando sabe que o coração dos seus discípulos arde de maior amor por ele que acaba de dar-se a eles no inefável mistério da sua Eucaristia, esse doce Salvador quer dar-lhes um novo mandamento. Diz-lhes com indizível ternura: "Dou-vos um mandamento novo: que vos ameis uns aos outros; que, *assim como eu vos amei, vós também vos ameis uns aos outros*. E nisto precisamente todos reconhecerão que sois meus discípulos: se tiverdes amor uns pelos outros".

De que maneira Jesus amou seus discípulos e por que os amou? Ah! Não eram suas qualidades naturais que podiam atraí-lo, havia entre eles e ele uma distância infinita. Ele era a ciência, a Sabedoria Eterna; eles eram pobres pescadores ignorantes e cheios de pensamentos terrenos. Contudo, Jesus os chama de amigos, de irmãos, quer vê-los reinar com ele no reino do seu Pai e, para abrir-lhes esse reino, quer morrer em uma cruz, pois disse: "Não há amor maior que dar a vida por quem se ama".

Madre querida, ao meditar essas palavras de Jesus, compreendi como era imperfeito o meu amor para com minhas irmãs, pois não as amava como Deus as ama. Ah! Compreendo agora que a caridade perfeita consiste em suportar os defeitos dos outros, não se surpreender com suas fraquezas, edificar-se com os menores atos de virtude que os vemos praticar. Compreendi, sobretudo, que a caridade não deve ficar presa no fundo do coração. Ninguém, disse Jesus, acende uma candeia para colocá-la debaixo do alqueire, mas sobre o candelabro, e assim alumia a quantos estão em casa. Parece-me que essa candeia representa a caridade que deve alumiar, alegrar, não só os que me são mais caros, mas *todos* os que estão em casa, sem excetuar ninguém (HA 288-289).

A verdadeira felicidade está no amor. O amor é sair de si mesmo, romper as barreiras do egoísmo, abraçar a todos e ter olhos de fé para descobrir na vida dos outros sempre os lados positivos, belos. A palavra mais bela que eu conheço para compreender o amor é o perdão. A maneira para perdoar, Jesus nos ensinou, quando do alto da cruz, em suas últimas palavras, reza: "Ó Pai, perdoa-lhes porque não sabem o que fazem!". Quando ofendemos alguém, fechamos o coração à caridade, à compreensão. "Não sabem o que fazem." Somos movidos não pelo amor, mas pelo egoísmo. O nosso mundo é capaz de se comover por um instante diante das catástrofes, das guerras, por um momento, e é capaz de ajudar por um dia... Mas depois esquece. Isso acontece comigo mesmo. A indiferença entra lentamente no coração e nos afasta de saber ver nos pobres a imagem de Deus. Os pobres não são quem vive longe de nós, mas quem vive ao nosso lado. Sempre digo a mim mesmo e também aos outros: é fácil fazer um ato de caridade um dia, nas festividades de Páscoa ou do Natal, ajudar um pobre nessas circunstâncias; porém, o pobre come todos os 365 dias do ano, e a doença não tem dia. Sempre devemos amar e fazer o bem. Aprendamos, com Teresinha, a saber amar e a descobrir o que é o amor.

21

"NÃO TEMO UMA VIDA LONGA"

Estamos em 1892. O pai de Teresa, o "amado rei" e "imperador", continua internado em Caen, no hospital São Salvador. Tem algumas melhoras, mas muito leves e passageiras. A doença avança e, de modo especial, Celina envia cartas e mais cartas para as irmãs Carmelitas. Leônia é mais reservada e, em razão da sua ideia de tentar novamente ser Visitandina, e também pela sua incapacidade, nem sempre se dá conta do que acontece ao seu redor. Celina está esgotada, mas sempre atenta a tudo, e a única forma de encontrar um pouco de conforto é comunicar-se com as duas irmãs no Carmelo, que a acompanham com a oração.

Pode ser que a frase de Santa Teresa do Menino Jesus "não temo uma vida longa" seja fruto da meditação e das conversas com suas irmãs diante da enfermidade do pai, que estava com setenta anos. Para aquele tempo, era uma idade avançada. Ao mesmo tempo surge uma pergunta, que pode estar escondida nestas palavras, quando uma pessoa doente de Alzheimer perde a memória e não reconhece nem os filhos: será que vale a pena viver? E, diante dessa situação, Teresa, com uma forte confiança em Deus, pode fazer a sua profissão na beleza da fé: "Não temo uma longa vida"!

É nesse tempo também que Celina, a amada irmã e amiga, enfrenta várias dificuldades, seja no campo afetivo, com o pai doente, seja com uma luta interior em que ela se pergunta com certa angústia: "Que quer de mim, Senhor?". Ela planeja ir ao Canadá, onde está o seu diretor espiritual, padre Pichon. Pensa em casar-se, mas que fazer da sua vida depois da morte do pai? Em Teresa, encontra a irmã que a apoia e que quase a obriga a pensar que sua vocação será seguir as três irmãs no Carmelo.

Nesse tempo, a comunidade de Lisieux inicia os exercícios espirituais anuais. Para isso, madre Gonzaga tinha convidado um franciscano, padre Benigno, que era famoso no Carmelo pela sua capacidade de orientar nos retiros. Mas no último momento ele, por compromisso, não pôde comparecer e enviou um discípulo seu, o padre Alexis Prou. Teresa se entristece, porque sabe que padre Benigno é famoso por pregar sobre a confiança em Deus e o abandono. Contudo, apesar de, nas Irmãs em geral, as pregações do padre Alexis não suscitarem grande interesse, para Teresa, será um retiro fundamental para o seu caminho espiritual na confiança e no abandono. É assim: o que toca um, aos outros pode deixar indiferente. Quantas vezes fazemos essa experiência quando partilhamos a palavra de Deus juntos. São os mistérios de Deus.

Outro fato que deixa Irmã Teresa feliz é saber como tio Isidoro, livre das preocupações e dos trabalhos da farmácia, estava, desde 17 de outubro de 1891, dedicado a defender a fé católica, com os seus artigos no jornal da cidade de Lisieux, *Le Normand*, onde defendia o papa, a Igreja e, especialmente, a encíclica *Rerum Novarum*, de Leão XIII, que protegia os direitos dos trabalhadores. Foi também quem festejou com alegria o II Centenário da morte de São João da Cruz, o carmelita espanhol que cooperou com Teresa d'Ávila na reforma do Carmelo. A comunidade se preparou para esse acontecimento por meio de um tríduo pregado pelo padre Blasly, franciscano recoleto. Nessa ocasião, visita o Carmelo o próprio bispo, mons. Hugonin, que, encontrando na clausura a pequena Teresa já monja, abraça-a carinhosamente e fica feliz por vê-la realizada na sua vocação.

Muito duro foi o inverno de 1891. Houve no Carmelo uma terrível epidemia, uma gripe que levou à morte várias monjas. Ficaram isentas do contágio somente três jovens monjas, entre as quais Santa Teresinha, que se desdobrou em servir às enfermas com ternura e delicadeza.

Ela, naquele tempo, era também sacristã e devia preparar a igreja para a celebração da Eucaristia e para vários funerais, que foram acontecendo. Essa epidemia obriga as Irmãs a aceitar a decisão do bispo de comerem carne enquanto durasse a epidemia, já que, pela Regra, eram obrigadas à abstinência perpétua da carne. Para Teresa era uma vida difícil, mas cheia de amor e de doação mais íntima e profunda ao Senhor.

A VOLTA DO PAI

O pai de Teresa, o "rei e imperador", há três anos está internado no hospital São Salvador, em Caen. É um doente modelo, silencioso, respeitoso, mas às vezes tem ataques, levanta-se e se põe a procurar um revólver para defender as filhas. São alucinações passageiras. Pensa-se, então, que seria bom para sua saúde levá-lo de novo para passar uma temporada em Lisieux. É uma esperança que todos alimentam dentro de si. Ao redor de Luís Martin, está a filha Celina, à beira de uma depressão. Estão também os parentes. A família Guerin está sempre presente, e Isidoro nunca abandona a situação. Afinal, ele é o responsável pelos bens e pela educação das filhas de Luís, e leva a sério essa missão. As três irmãs Carmelitas esperam que, voltando a Lisieux, possam rever o pai e estar com ele. Sabem que a situação física, psicológica e emocional dele não é das melhores. Grande é o desejo de Teresa de poder ver o pai, mesmo que seja enfermo. Em Lisieux, alugam uma casa bem perto da família Guerin, para que Leônia e Celina estejam perto dele. O antigo amigo e fiel enfermeiro Desireé se dispõe de boa vontade a acudir o seu velho patrão e amigo. No dia 10 de maio, Isidoro vai buscá-lo em Caen. Luís se despede de todos.

No dia 12 de maio, já em Lisieux, ele vai ao Carmelo para saudar as suas três filhas, Maria, Paulina e Teresinha. Na hora de deixar o locutório, o velho pai aponta com o dedo para o céu e diz: "Ao céu!", mas ainda não é o momento de partir para o Paraíso. Teresa sofre, sentindo a enfermidade do pai como um dom de Deus que o purifica para o céu. Um pai tão santo, que celebra a sua Eucaristia diária no altar da cruz.

Teresa acompanha tudo. É nesse período que escreve uma carta a Celina, onde manifesta todo o seu coração, cheio de amor pelas almas.

DESCER DA ÁRVORE

J.M.J.T.

Jesus†   No Carmelo, 19 de outubro de 1892

Minha querida Celina,

Outrora, nos dias da nossa infância, nos regozijávamos por causa dos presentinhos que trocávamos mutuamente. O menor objeto tomava valor desmedido aos nossos olhos... Bem depressa, a cena mudou, tendo crescido asas no mais novo dos passarinhos voou para longe do ninho suave da sua infância. Então, todas as ilusões se desvaneceram! O verão sucederá à primavera; aos sonhos da juventude, a realidade da vida...

Celina, não foi neste momento decisivo que os laços que encadeavam nossos corações se apertaram? Sim, a separação uniu-nos de uma maneira que a linguagem não pode exprimir. Nossa ternura de criança transformou-se em união de sentimentos, unidade de almas e de pensamentos. Quem pôde ter realizado esta maravilha?... Ah! Foi aquele que tinha conquistado os nossos corações. "Este Bemamado escolhido entre mil, basta só o odor dos seus perfumes para arrastar atrás de si. Seguindo seus passos, as donzelas percorrem ligeiras o caminho".

Jesus nos atraiu juntas, embora por caminhos diferentes. Elevou-nos acima de todas as coisas frágeis deste mundo cujo cenário passa; Ele pôs, por assim dizer, *todas as coisas* sob nossos pés. Como Zaqueu, subimos em uma árvore para ver Jesus... Podíamos, então, dizer com São João da Cruz: "Tudo é meu, tudo é para mim, a terra é minha, os céus são meus, Deus é meu e a Mãe do meu Deus é minha". A propósito da Santíssima Virgem, preciso contar-te uma das minhas simplicidades para com ela. Às vezes, surpreendo-me dizendo-lhe: "Mas, minha boa Santíssima Virgem, acho-me mais feliz do que vós, pois vos tenho por Mãe e vós não tendes *Virgem Santíssima para amar...* É verdade que sois a Mãe de Jesus, mas este Jesus vós no-lo destes inteiro... e ele, na cruz, vos deu a nós para Mãe. Dessa forma, somos mais ricos que vós, sendo que nós possuímos Jesus e que vós sois nossa também. Outrora, na vossa humildade, desejáveis ser, um dia, a servazinha da feliz Virgem que teria a honra de ser a Mãe de Deus, e eis que eu, pobre criaturinha, não sou vossa serva, mas vossa filha, vós sois a Mãe de Jesus e sois a minha Mãe". Sem dúvida, a Santíssima Virgem deve rir da minha ingenuidade, mas, contudo, o que lhe digo é bem pura verdade!... Celina, que mistério é a da nossa grandeza em Jesus... Eis tudo o que Jesus nos mostrou fazendo-nos subir na árvore simbólica de que falava ainda há bem pouco! E agora, que ciência ele vai nos ensinar? Não nos ensinou ele tudo?... Escutemos o que ele nos diz: "Apressai-vos em descer, devo ficar na vossa casa hoje". O quê! Jesus nos diz para descer... Aonde é que devemos então descer? Celina, tu o sabes melhor do que eu, mas deixe-me dizer-te para onde devemos agora seguir a Jesus. Outrora, os judeus perguntavam ao nosso divino Salvador: "Mestre, onde habitas?", e ele lhes respondeu: "As raposas têm covas e as aves do céu ninhos, mas o Filho do homem não tem onde reclinar a cabeça". Eis aqui aonde devemos descer para poder servir de morada a Jesus. Ser tão pobre que não tenhamos onde repousar a cabeça. Eis, minha Celina querida, o que Jesus operou na minha alma durante meu retiro... Entende que se trata do interior. Aliás, o exterior não foi, já, reduzido a nada pela provação de Caen?... Em nosso pai querido, Jesus atingiu-nos na parte exterior mais sensível do nosso coração, agora, deixemo-lo agir, ele saberá concluir sua obra em nossas almas... O que Jesus deseja é ser recebido em nossos corações, sem dúvida já estão vazios das criaturas, mas ai! Sinto que o meu não está totalmente vazio de mim mesma e é por isso que Jesus me diz para descer... Ele, o Rei dos reis, humilhou-se de tal maneira que sua face estava escondida e ninguém o reconhecia...

e eu também quero esconder o meu rosto, quero que só o meu Bem-amado possa vê-lo, que ele seja o único a contar minhas lágrimas... que pelo menos em meu coração possa descansar sua cabeça querida e sinta que aí ele é conhecido e compreendido!...

Celina, não consigo dizer-te o que eu gostaria, minha alma é incapaz... Ah! Se eu pudesse!... Mas não, isso não está em meu poder... porque lastimar, não pensas tu sempre o que eu penso?... Assim, tudo o que não te digo, tu o adivinhas. Jesus fá-lo sentir ao teu coração. Aliás, não estabeleceu nele a sua morada para consolar-se dos crimes dos pecadores? Sim, é no retiro íntimo da alma que ele nos instrui a ambas, e um dia, ele nos mostrará o dia que não terá mais ocaso...

Boa festa! Como será agradável, um dia, para a tua Teresa, festejar-te no Céu!... (Carta 137).

22

A VERDADE DÓI, MAS LIBERTA

Na vida de Santa Teresinha, há um fato muito importante que revela o seu caráter. Muitas vezes passa despercebido às pessoas o caráter forte, decidido, corajoso, dela. Ela não admitia ver alguém que amasse correr o risco de depender das pessoas, que as pessoas fossem colocadas no centro da vida, e Deus colocado à margem.

Também no Carmelo, sendo uma comunidade sem muito contato com o exterior, era quase normal que as monjas, por simpatia, sentissem uma atração normal por outras Irmãs, especialmente pela superiora. E havia ali uma companheira de noviciado de Teresa, chamada Irmã Marta, que não pertencia à vida completa da comunidade, provavelmente tinha pouca cultura e dedicava-se aos trabalhos mais humildes e pesados. Aos olhos de Teresa, porém, essa Irmã era demasiadamente dependente da priora, madre Gonzaga, que por natureza era possessiva e dominadora.

Teresa não tinha ciúme porque Irmã Marta amava a priora. Ela só queria colocar Irmã Marta em uma atitude de atenção, uma vez que nenhum apego, como ensina São João da Cruz, deve habitar no coração de quem busca o Senhor. Nós somos "pequenos pincéis" nas mãos do artista que é Deus, e o pincel não pode gloriar-se da pintura, mas também o artista sem o pincel adequado não poderia pintar as suas obras.

Teresa, portanto, estava convencida de que em todas as coisas e pessoas, se olharmos com atenção, sempre descobriremos a assinatura de Deus; no entanto, confessa que nem sempre, mesmo no Carmelo, é possível contentar todas as Irmãs em tudo o que pedem. Mas, segundo ela, mesmo quando somos obrigados a dizer "não", que o nosso "não" seja agradável como se fosse um "sim". É a arte da doçura e do amor que habita nos corações. Que fazer, então? Como ajudar Irmã Marta? Como dizer-lhe isso? Deixemos que Teresa mesma nos conte:

> A primeira vez que Jesus se serviu do seu pincelzinho foi por volta de 8 de dezembro de 1892. Lembrar-me-ei sempre dessa época como de um tempo de graças. Vou, querida Madre, confiar-vos essas doces recordações.
>
> Aos 15 anos, quando tive a felicidade de ingressar no Carmelo, encontrei uma companheira de noviciado que me tinha precedido alguns meses. Era oito anos mais velha que eu, mas seu caráter infantil fazia esquecer a diferença dos anos; por isso, tivestes, Madre, a alegria de ver vossas duas pequenas postulantes entenderem-se maravilhosamente e tornarem-se inseparáveis. A fim de favorecer essa afeição nascente, que vos parecia promissora de bons frutos, permitistes que tivéssemos, de tempos em tempos, breves conversas espirituais. Minha querida companheirinha encantava-me com sua inocência, seu caráter expansivo, mas eu estranhava ao constatar que o afeto que tinha por vós era diferente do meu. Havia muitas outras coisas em seu comportamento com as irmãs que eu desejava que ela mudasse... Desde aquele tempo, Deus fez-me compreender haver almas que sua misericórdia espera sem cansar, às quais dá sua luz aos poucos. Por isso, eu tinha o cuidado de não apressar sua hora e esperava pacientemente que Jesus a fizesse chegar.
>
> Refletindo sobre a permissão concedida para nos entreter, de acordo com as nossas santas constituições, *para nos inflamar mais no amor por nosso Esposo*, pensei com pesar que nossas conversas não alcançavam a meta desejada. Deus fez-me sentir, então, que chegara o momento em que eu devia falar ou encerrar essas conversações que mais se pareciam com as das amigas do mundo. Era um sábado. No dia seguinte, durante minha ação de graças, pedi a Deus para que pusesse em minha boca palavras suaves e convincentes, ou melhor, que ele

mesmo falasse por meu intermédio. Jesus atendeu ao meu pedido e permitiu que o resultado correspondesse inteiramente à minha expectativa, pois: "Olhai para ele e sereis esclarecidos" e "brilha para os retos, qual farol nas trevas, o Benigno, o Misericordioso e o Justo". A primeira citação dirige-se a mim e a segunda à minha companheira que, na verdade, tinha o coração reto...

Na hora em que tínhamos combinado ficar juntas, ao olhar para mim, a pobre irmãzinha percebeu logo que eu não era a mesma. Sentou-se ao meu lado enrubescendo e eu, apoiando sua cabeça no meu coração, disse-lhe com lágrimas na voz *tudo o que pensava dela*, mas com expressões de muita ternura, manifestando-lhe tão grande afeto que logo as lágrimas dela misturaram-se às minhas. Admitiu com muita humildade que tudo o que eu lhe dizia era verdade, prometeu iniciar vida nova e pediu como um favor avisá-la sempre das suas faltas. Enfim, no momento de nos separar, nosso afeto passara a ser totalmente espiritual, nada de humano subsistia. Realizava-se em nós esta passagem da Escritura: "O irmão ajudado pelo seu irmão é mais do que uma cidade fortificada".

O que Jesus fez com seu pincelzinho teria sido logo apagado se não tivesse agido por meio de vós, Madre, para realizar sua obra na alma que ele queria inteiramente para si. A provação pareceu muito amarga à minha pobre companheira, mas vossa firmeza triunfou e pude então, tentando consolá-la, explicar àquela que me destes por irmã entre todas em que consiste o verdadeiro amor. Mostrei-lhe que era a ela própria que amava e não a vós; disse-lhe como eu vos amava e que sacrifícios fui obrigada a fazer, no início da minha vida religiosa, para não me apegar a vós de maneira totalmente material, como o cachorro se apega a seu dono. O amor alimenta-se de sacrifícios, mais a alma recusa para si satisfações naturais, mais sua ternura se torna forte e desinteressada.

Lembro-me de que, quando postulante, tinha tentações tão violentas de ir vos encontrar para minha satisfação, para achar algumas gotas de alegria, que tinha de passar rapidamente diante do depósito e agarrar-me ao corrimão da escada. Chegava à minha mente uma porção de permissões a pedir; enfim, Madre querida, encontrava mil motivos para satisfazer a minha natureza... Como estou feliz agora por me ter privado, logo no início da minha vida religiosa. Já usufruo da recompensa prometida aos que combatem corajosamente. Não sinto mais necessidade de me recusar todas as consolações do coração, pois minha alma está consolidada pelo Único que eu queria amar. Vejo com satisfação que, amando-o, o coração se dilata e pode dar incomparavelmente mais ternura aos que lhe são caros, do que se tivesse ficado concentrado em um amor egoísta e infrutífero.

Madre querida, relatei o primeiro trabalho que Jesus e vós vos dignastes realizar por mim; era apenas o prelúdio dos que me deviam ser encomendados. Quando me foi dado penetrar no santuário das almas, vi logo que a tarefa ultrapassava as minhas capacidades. Lancei-me, então, nos braços de Deus e, como uma criancinha, escondendo o rosto nos cabelos dele, disse-lhe: Senhor, sou pequena demais para alimentar vossas filhas, se quiserdes dar-lhes, por mim, o que convém a cada uma, enchei minha mãozinha e, sem deixar vosso colo, sem desviar a cabeça, darei vossos tesouros à alma que vier pedir alimento. Se ela gostar, saberei que não é de mim, mas de vós que a recebe; se reclamar, não ficarei perturbada, procurarei persuadi-la de que esse alimento vem de vós e evitarei procurar outro para ela (HA 306-310).

Neste texto, Teresa conta como ela mesma teve a tentação de apegar o seu coração à priora, que era sua irmã de carne e sangue, madre Inês, e que se libertou desse apego ganhando a liberdade. Além disso, ao não dizer o nome de Irmã Marta, tem um gesto de delicadeza muito grande. Não expõe as faltas dos outros. Assim, devemos nós mesmos aprender esse estilo de delicadeza e de sinceridade. A verdade dói, mas nos liberta e nos consagra à própria verdade. Jesus nos anuncia: "Pai, consagra-os na verdade... e a verdade vos libertará" (Jo 8,32). Quem ama a Deus e a verdade não negocia os valores fundamentais da vida, como a verdade, o amor, a fé.

23

TERESA ERA A PALHAÇA DO MOSTEIRO

Irmã Teresa não era uma monja intimista ou centrada em si mesma, mas amava a vida. Amava pintar, escrever poesias e peças teatrais, tinha dentro de si a alegria de viver e sabia, com uma arte única, conquistar as pessoas. Em uma palavra, sabia amar e sabia fazer-se amar. Uma qualidade que não é fácil encontrar. Não se deixava manipular e não manipulava os sentimentos dos outros. Quando era menina, isto é, até a sua conversão, que acontece quando tinha quinze anos, provavelmente sabia "jogar" com os sentimentos do pai e das irmãs. Amava ser o centro das atenções, e é famosa a frase que disse, quando, tendo sido convidada pelas irmãs a escolher alguns retalhos de tecido para fazer uma boneca, e lhe perguntaram: "O que você escolhe?", respondeu, com um gesto simples, pegando o cesto: "Eu escolho tudo".

A estas palavras, relidas mais tarde, ela daria um sentido espiritual, que sem dúvida não tinha quando ela as pronunciou. Na releitura, Teresa, sim, escolhe "tudo", no sentido da totalidade e do amor a Deus, e renuncia a "tudo", como ensina o seu pai e mestre João da Cruz.

Teresa tinha uma qualidade humana e espiritual muito bela: não interferia na vida dos outros, nem dava o primeiro passo para se fazer notar, mas, quando era para servir e ajudar, mesmo que fosse incompreendida, ela dava o primeiro passo.

Possuía uma particularidade, como boa "atriz" a serviço da comunidade: sabia se adaptar a situações concretas, e nas peças teatrais desempenhava vários papéis sérios, como quando representou a sua preferida e modelo de vida, Joana D'Arc. Mas sabia também entreter a comunidade em momentos recreativos de alegria. As próprias irmãs contam que Teresa as fazia morrer de rir, e tinha a habilidade da pintura, mesmo sem nunca ter frequentado uma escola de arte, mas apenas por ter observado a sua irmã Paulina, quando pintava. Decorou, com seus quadrinhos, vários lugares do mosteiro.

Sabia ser alegre com as pessoas brincalhonas e, ao mesmo tempo, se adaptar ao humor das Irmãs. Os santos não são tristes e com cara de funeral, mas devem ser alegres, com um sorriso no coração e nos lábios. A Igreja, nos processos de canonização dos futuros santos, deveria acrescentar uma pergunta: "Esta pessoa era alegre, sabia sorrir e brincar?". Teresa nos oferece uma santidade de alegria, mesmo na cruz. Vivendo no abandono e na confiança, sempre soube fazer florescer a flor do sorriso e da alegria. Ela mesma diz: "Os sofrimentos deveriam me causar tristeza e, no entanto, me dão alegria".

Teresa era mística, artista e, quando precisava, era "a palhaça da comunidade", com sua maneira de ser. Isso é santidade.

JOGAR NO BANCO DO AMOR

Ficamos maravilhados como Irmã Teresa sabia aproveitar-se de tudo, para tudo levar a Deus. O seu coração, a sua mente, a sua vida estão mergulhados no mistério de Deus, como uma enamorada encontra mil maneiras para manifestar e provar o seu amor por seu amado Jesus. Para conhecer o coração, o caráter, a simplicidade dela, devemos "sair" da *História de uma alma* e percorrer as 263 cartas que ela escreveu, à maioria absoluta para sua irmã Celina, antes de sua entrada no Carmelo. Depois, as cartas vão diminuindo. Na carta 142, Teresa fala para Celina do banco do amor. Em que consiste esse banco e como se joga com ele para não perder, mas só ganhar?

J.M.J.T.

Jesus†   No Carmelo, 6 de julho de 1893

Minha querida Celina,

Tuas duas cartas foram como doce melodia para meu coração... Sinto-me feliz ao constatar a predileção de Jesus para com a minha Celina. Como ele a ama, como a *olha com ternura*!... Agora, estamos, as cinco, no nosso caminho. Que felicidade poder dizer: "Estou certa de fazer a vontade de Deus". Esta vontade santa manifestou-se claramente em relação à minha Celina. Ela foi *escolhida* entre todas para ser a coroa, a recompensa, do santo patriarca que encantou o Céu pela sua fidelidade. Como ousar dizer que foste esquecida, menos amada que as outras; digo que foste escolhida por *privilégio*, tua missão é tanto mais bela quanto, ao ficares o anjo visível do nosso pai querido, és a esposa de Jesus. "Isso é verdade (pense, talvez, minha Celina), mas, enfim, eu faço menos que as outras por Deus, tenho mais consolações e, consequentemente, menos méritos"... "Meus pensamentos não são os vossos pensamentos", diz o Senhor. O mérito não consiste nem em fazer nem em dar muito, mas em receber, em amar muito... Diz-se que é muito mais agradável dar que receber, e é verdade, mas quando Jesus quer *tomar para si a doçura de dar*, não seria delicado recusar. Deixemo-lo tomar e dar tudo o que ele quiser, a perfeição consiste em cumprir a sua vontade, e a alma que se lhe entrega inteiramente é chamada pelo próprio Jesus de "sua mãe, sua irmã" e toda a sua família. E noutra parte: "Se alguém me ama, guardará as minhas palavras (isto é, fará a minha vontade); e meu pai o amará e nós viremos a ele e faremos nele a nossa habitação". Ó Celina! Como é fácil agradar a Jesus, conquistar o seu coração! Não há mais nada a fazer senão amá-lo sem olhar para nós mesmas, sem examinar muito os próprios defeitos... Tua Teresa não se encontra nas alturas, neste momento, mas Jesus ensina-lhe "a tirar proveito de tudo, *do bem e do mal* que encontra em si". Ensina-lhe a jogar à banca do amor, ou melhor, ele joga para ela sem lhe dizer como proceder, pois isso é assunto seu, e não de Teresa; o que compete a ela é abandonar-se, entregar-se sem nada reservar, nem mesmo a satisfação de saber quanto rende a sua banca. Mas, afinal, ela não é o filho pródigo, não vale, pois, a pena que Jesus lhe faça uma festa "pois está sempre com ele". Nosso Senhor quer deixar "as ovelhas fiéis no deserto". Quanto isto significa para mim!... Ele está *seguro delas*; elas não podem desgarrar-se, pois são prisioneiras do amor, por isso, Jesus as priva da sua presença sensível para dar seu consolo aos pecadores, ou se as leva ao Tabor, é por uns instantes, o vale é o lugar mais frequente do seu repouso. "É aí que ele repousa ao meio-dia". A manhã da nossa vida passou, gozamos das brisas perfumadas, da aurora, tudo nos sorria, pois, então, Jesus fazia-nos sentir sua doce presença, mas quando o sol ganhou força, o Bem-amado "levou-nos ao seu jardim, fez-nos colher a mirra" da provação ao nos separar de *tudo* e dele próprio; a colina de mirra fortaleceu-nos com seus perfumes amargos, por isso Jesus nos fez descer e, agora, estamos no vale. Ele conduziu-nos docemente ao longo das águas... Querida Celina, não sei muito bem o que estou a te dizer, mas parece-me que vais compreender, adivinhar o que gostaria de dizer. Ah! Sejamos sempre a *gota* de orvalho de Jesus, aí está a felicidade, a perfeição... Felizmente que falo contigo, pois outras pessoas não saberiam compreender minha linguagem e confesso que ela não é conhecida senão por muito poucas almas. De fato, os diretores fazem avançar na perfeição levando a fazer muitos atos de virtude e têm razão, mas meu diretor que é Jesus não me ensina a contar meus atos; ensina-me a fazer *tudo* por amor, a não lhe recusar nada e a ficar contente quando ele me dá uma ocasião de provar-lhe que o amo, mas isto se faz na paz, no *abandono*; é Jesus quem faz tudo, e eu nada faço.

Sinto-me muito unida à minha Celina, creio que Deus só raramente faz duas almas que se compreendam tão bem, nunca há nota discordante. A mão de Jesus que toca uma das liras faz, ao mesmo tempo, vibrar a outra... Oh! Fiquemos ocultas na nossa divina flor dos campos até que as sombras declinem, deixemos que as gotas de *licor* sejam apreciadas pelas criaturas, sendo que nós agradamos ao *nosso Lírio*, continuemos felizes por ser sua gota, sua *única* gota de orvalho!... E por esta gota que o terá consolado durante o exílio, o que é que ele não nos dará na pátria?... Ele próprio no-lo diz: "Aquele que tem sede venha a mim e beba"; assim Jesus é e será o nosso *oceano*... Como o cervo sedento, suspiremos pela água que nos é prometida; mas nossa consolação é grande por sermos, nós também, o oceano de Jesus, o oceano do Lírio dos vales!

Só teu coração saberá ler esta carta, pois até eu tenho dificuldade para decifrá-la; não tenho mais tinta, fui obrigada a *cuspir* no nosso tinteiro para render mais... Não é para rir?...

Abraço a toda família, mas sobretudo meu rei querido, que receberá um beijo da sua Celina por parte da sua rainha.

Irmã Teresa do Menino Jesus da Sagrada Face

rel. carm. ind. (Carta 142)

Na carta a Celina que acabamos de ler, Teresa, pela primeira vez, fala do abandono, que, para ela, é uma confiança cega. Aliás, há uma poesia que nos dá uma ideia clara do abandono, com uma imagem estranha, se quisermos considerá-la com olhos humanos, e uma imagem realmente divina, se a considerarmos com os olhos da fé. Que é o *abandono*?

31 de maio de 1897

O ABANDONO É O DELICIOSO FRUTO DO AMOR

Existe, aqui nesta terra,
Uma árvore excelente:
Sua raiz – que mistério! –
Se encontra, porém, no céu.

Debaixo de sua sombra,
Nada é capaz de ferir.
Sem medo da tempestade,
Lá se pode repousar.

Amor é o nome que tem
Essa árvore inefável,
E seu fruto delicioso
Leva o nome de abandono.

Já desde aqui, nesta vida,
Seu fruto me dá prazer.
Minh'alma rejubila
Com seu divino perfume.

Este fruto, quando o toco,
Deixa impressão de um tesouro.
Mas é quando à boca o levo
Que sinto maior doçura.
Ele me traz, neste mundo,
Um mar inteiro de paz.
Neste repouso profundo
Encontro descanso eterno.

Só o abandono me leva
A Teus braços, ó Jesus,
Só ele me faz viver
A vida de Teus eleitos.

A ti, pois, eu me abandono,
Ó meu Esposo divino,
E nada mais ambiciono
Que a unção de Teu doce olhar.

Para Ti quero sorrir,
Dormindo em Teu Coração
E sempre Te repetir
Que Te amo muito, Senhor.

Assim como a margarida,
Com seu cálice dourado,
Eu também, *pequena* flor,
Abro as pétalas ao sol.

Meu doce sol da vida,
Amabilíssimo Rei,
É Tua pequena Hóstia,
Tão pequenina como eu...

Os reflexos luminosos
De sua chama celeste
Fazem nascer em minh'alma
Um Abandono perfeito.

As criaturas deste mundo
Poderão me abandonar,
Mas, junto a Ti, sem queixar-me,
Passo muito bem sem elas.

Mas se Tu me abandonares,
Ó meu Tesouro Divino,
Mesmo sem Tuas carícias,
Ainda quero sorrir.

Quero esperar em paz,
Doce Jesus, Tua volta,
Sem jamais interromper
Os meus cânticos de amor.

Não, nada mesmo me inquieta,
Nada pode perturbar-me.
Mais alto que a cotovia,
Minh'alma sabe voar.

Lá, bem acima das nuvens,
O céu fica sempre azul.
E aí se toca a fronteira
Do Reino do nosso Deus.

Espero em paz a glória
Da morada celestial,
Porque encontro na Hóstia
O doce fruto do Amor! (Poesia 52)

Teresa precisa se abandonar com extrema confiança em Deus e ver que tudo o que ele pede é, sem dúvida, para o nosso bem, mesmo quando o nosso coração sangra até à última gota de sangue, como Jesus na cruz. A dor, a morte, o sofrimento nunca tiveram e nunca terão uma explicação; permanecerão também um mistério.

É um período doloroso para a família Martin. Eles esperam, de um dia para outro, que o Senhor chame a si o seu servo fiel Luís Martin, um pai, um santo e um diretor espiritual, especialmente na vida de Teresa.

29 DE JULHO DE 1894: MORTE DE LUÍS

É sábado, 28 de julho de 1894. Dia dedicado à Virgem Maria. O "imperador" de Irmã Teresa do Menino Jesus se encontra em la Mousse. Tio Isidoro está em Lisieux para presidir uma entrega de prêmio. Imediatamente é avisado, e chama o pároco de São Sebastião, o abade Chilart, amigo da família.

No domingo, às cinco da manhã, o enfermeiro Desireé corre para chamar Celina, que se encontra em um quarto próximo. O senhor Luís

Martin está de olhos fechados e não responde ao ser chamado, como de costume. Celina corre e fica ao lado do pai, rezando em voz alta, para que ele possa compreender. Os olhos do pai se encontram com os da filha, e parece que ele quer dizer algo, mas não consegue.

Nessa hora, chegam ali tio Isidoro e sua esposa, que estão presentes no último suspiro do amado cunhado Luís Martin. São 8h14 do dia 29 de julho... Imediatamente enviam uma mensagem às três Carmelitas, que do mosteiro rezam pelo pai, junto com toda a comunidade.

Luís Martin tinha quase setenta e um anos, vividos no amor, com amor. Era todo dedicado a fazer a vontade de Deus, sabendo aceitar os últimos anos com fidelidade e amor, mesmo com a doença, que não lhe permitia estar sempre consciente de si mesmo e dos outros.

No bilhete que Celina escreve às irmãs no Carmelo, temos poucas palavras, não gramáticas, mas cheias de esperança e de amor:

> Queridas irmãzinhas, o pai está no céu. Pude receber o seu último suspiro, fechei os seus olhos. O seu rosto bonito recuperou imediatamente uma expressão de felicidade. De paz profunda. A serenidade estava presente – apagou-se docemente às 8h14. O meu pobre coração se quebrou no supremo momento. E uma torrente de lágrimas banhou a sua cama, mas no fundo do meu coração estava alegre pela sua felicidade, depois do martírio tão terrível que sofreu e que temos partilhado com ele.

A própria Celina, na carta, faz alusão que naquele dia se celebra a memória de Santa Marta, a santa sempre ocupada em ajudar, e a irmã que correu para dizer a Jesus que seu irmão Lázaro tinha morrido e que acreditou na ressurreição.

Imediatamente se espalhou a notícia da morte do "bom Luís Martin". As pessoas participaram das condolências normais, e o próprio jornal *Le Normand* deu espaço a essa notícia. Tio Isidoro agradeceu a todos, e as próprias Irmãs do Carmelo agradeceram quem se fez presente nos funerais.

Leônia, do mosteiro da Visitação de Caen, escreve às irmãs do Carmelo, falando da bondade do pai. Até mesmo padre Pichon, quando recebe a notícia, se apressa em escrever falando do santo patriarca Luís Martin.

Madre Inês se une nesse coro de agradecimento e de louvor pela santidade do pai. A única voz que permanece em silêncio é a de Teresa. Ela silencia, adora, sofre. Não sabemos os seus imediatos sentimentos quando recebe a notícia da morte de seu "rei e imperador". Nem sequer escreve a Celina, esperando que passe um pouco de tempo. Passarão doze dias, antes que Teresa escreva uma carta a ela.

5-10 de agosto de 1894

J.M.J.T.

Jesus†

Minha querida Celina,

Tua carta é *encantadora*, fez-nos derramar lágrimas bem doces!...
Não receies, Jesus não te enganará, se soubesses como tua *docilidade*, tua *candura* de criança o encanta!... Estou com o coração *dilacerado*... sofri tanto por ti que espero não ser um obstáculo à tua vocação; não foi o nosso afeto purificado como o ouro no crisol?... Semeamos chorando as sementes e agora bem depressa voltaremos juntas trazendo feixes nas nossas mãos. Não vou escrever para o padre hoje, creio ser melhor aguardar a sua carta para saber melhor o que dirá... Se preferes que eu escreva para *justificar-te*, diz-mo quando vieres e não ficarei *embaraçada*!... Estou muito magoada!!!...
Mas agradeço a Deus por esta provação que ele *quis*, tenho certeza disso, pois é impossível que Jesus engane uma *criancinha* como *tu*.
Todas três, te amamos mais do que antes, se isso é possível, teu *olhar* disse-nos muito. Se ouvisses Irmã Maria do Sagrado Coração, asseguro-te que te assustarias!... Ela não hesita em dizer que o seu

muito estimado padre se enganou... mas só foi o instrumento dócil de Jesus, por isso a Teresinha não o recrimina!...

Agradece muito minha tia pela sua carta, *se ela souber* que te escrevi, diz-lhe que ficamos profundamente comovidas.

(Madre Maria de Gonzaga chorou muito também ao ler a tua carta, pobre madre, não sabe absolutamente nada... estás vendo como somos discretas!) (Carta 168)

Teresa também escreve um poema autobiográfico, em que recorda toda sua infância e o seu relacionamento com o pai. A data deste poema, escrito como um rio borbulhante da nascente do amor, é de agosto de 1894, mês seguinte ao da morte do pai. Vale a pena meditá-lo nos momentos em que perdermos alguma pessoa querida.

Agosto de 1894

ORAÇÃO DA FILHA DE UM SANTO

Recorda-te de que outrora na terra
Tua felicidade era sempre nos amar.
De tuas filhas escuta agora a prece,
Protege-nos, digna-te ainda nos abençoar.
Encontraste, no céu, nossa Mãe querida
Que já te precedera na Pátria eterna:
Agora nos Céus
Reinais os dois.
Velai por nós!

Lembra-te de Maria, tua bem-amada,
Tua primogênita, a mais cara a teu coração;
Lembra-te de que ela preencheu tua vida
Com seu amor, encanto e felicidade...
Por Deus renunciaste a sua doce presença

E abençoaste a mão que te oferecia o sofrimento...
Ah, sim, do teu diamante,
Cada vez mais brilhante
Recorda-te!...

Recorda-te também de tua bela pérola fina
Que viste como um frágil cordeirinho belo.
Ei-la, hoje, transbordando uma força divina,
Dirigindo o rebanho do Carmelo.
De tuas filhas ela é a Mãe estremecida.
Ó Papai, vem guiar esta filha querida
E, sem deixar o Céu,
Do teu pequeno Carmelo
Recorda-te!...

Recorda-te da ardente prece
Que fizeste por tua terceira filha!
Deus te atendeu, pois ela é na terra
Como suas irmãs, um lírio perfumado.
A Visitação a oculta aos olhos do mundo,
Ela ama Jesus, é sua paz que a inunda.
Dos seus ardentes desejos
E de todos os seus suspiros
Recorda-te!...

Recorda-te de tua querida Celina
Que foi para ti como um anjo dos Céus,
Quando um olhar da Face divina
Te escolheu pra sofrer gloriosas amarguras...
Hoje reinas no céu, tarefa já cumprida,
E agora ao bom Jesus ela oferta sua vida.
Protege tua filha
Que repete e estribilha:
Recorda-te!...

Lembra-te de tua princesinha,
A órfã de Bérésina.
Recorda-te de que, em seus passos de incerteza,
Era tua mão que a toda parte a guiava.
Em sua infância querias ardorosamente
Guardá-la só pra Deus, sempre pura e inocente.
Dos seus cabelos de ouro
Que eram o teu tesouro,
Recorda-te!...

Lembra-te de que no belvedere
Tu a assentavas sempre no teu colo
E, murmurando uma prece,
A embalavas entre riso e canção
E ela via um reflexo do Céu em tua face,
Enquanto teu olhar sondava o azul distante...
E cantavas com voz terna
Do céu a beleza eterna;
Recorda-te!...

Lembra-te do domingo ensolarado
Em que, estreitando-a em teu coração paterno,
Deste-lhe uma florzinha branca,
Permitindo-lhe voar para o Carmelo.
Lembra-te, Pai, de que em suas provações,
Só lhe destes de amor belas demonstrações!
Em Roma e em Bayeux
Tu lhe apontavas os Céus.
Recorda-te!...

Lembra-te de que no Vaticano a mão do Santo Padre
Levemente pousou em tua fronte;
Não compreendeste ali o mistério
Do selo divinal impresso em tua vida...

> Tuas filhas, agora, em orações tão puras,
> Agradecem a cruz das tuas amarguras!...
> Em tua fronte sem véu
> Hoje brilham, no céu,
> Nove lírios em flor!

A órfã de Bérésina (Poesia 8)

A FILHA DE UM SANTO

É uma esplêndida fotografia dos sentimentos de todas as filhas de Luís Martin. Todas dentro do jardim da vida religiosa: uma Visitandina, Leônia; três já no Carmelo, Paulina, Maria, Teresa, e, dali a pouco, Celina... Uma família que se fecha ao mundo, sem deixar descendentes, e se abre ao céu em uma nova fecundidade de amor, que não envelhece.

24

LE PETIT CHEMIN
["O PEQUENO CAMINHO"]

No mês de dezembro de 1894, acontece uma mudança importante na vida da Irmã Teresa do Menino Jesus. Ela se torna "escritora oficial" da comunidade. Escreve poesias, peças teatrais, pequenos bilhetes para as circunstâncias da comunidade. E, assim, essa menina genial, mas frágil de saúde, se poupa um pouco. Especialmente durante o inverno úmido e frio da Normandia, e particularmente de Lisieux. Teresa sofre de dores de garganta, mas não diz nada, tudo oferecendo ao Senhor. Prefere o silêncio. Não se queixa e tudo dá a quem lhe pede, e sempre está com um sorriso doce e delicado. Mas ela continua a desejar o "último lugar, que nunca lhe será tirado". É como uma violeta muito perfumada, mas escondida. As suas poesias e peças teatrais são muito apreciadas, e algumas poesias são envidas a outros Carmelos, como, a Paris, a poesia "Uma rosa desfolhada".

A rosa desfolhada é a imagem verdadeira,
Divino Infante,
De uma vida que quer se imolar toda inteira
A cada instante.
Muita rosa deseja irradiar formosura
Em Teu altar,
Em uma doação total... Busco ambição mais pura:
"Desfolhar-me!..."

Brilho de rosa torna uma festa luzente,
Ó Menino do céu;
Mas, *rosa desfolhada,* esta vai, simplesmente,
Do vento ao léu.
Uma rosa desfolhada entrega-se a seu dono
Para sempre, amém.
É como ela, Senhor, que feliz me abandono
A Ti também (Poesia 51).

Na comunidade, há quem não veja com bons olhos esses privilégios. Vem-me à mente a lembrança de quando eu era menino, pobre, e gostava muito de ler, estudar, e o meu irmão dizia, quando minha mãe Domenica me defendia: "Sandrinho, como eu, precisa de uma boa enxada em lugar de pena e livro!". Assim também com Teresa, havia monjas que a criticavam, seja a Madre Priora, seja as outras Irmãs. Por outro lado, o "clã" dos Martin era grande: três irmãs e, mais tarde, quatro, e a própria comunidade tinha obrigações de gratidão pelos tantos favores e refeições que o pai delas, Luís, tinha oferecido ao Carmelo.

E é no inverno de 1894/1895 que Teresa descobre a pequena via da santidade. Uma descoberta que lhe dilata o coração. Finalmente resolvera as suas dúvidas, o seu temor, e agora, "nas asas do amor, não corre, mas pode voar".

O ELEVADOR

Tudo o que Teresa vê, mesmo antes de entrar no Carmelo, é para ela motivo de "espiritualidade"; não como algo artificial, mas espontaneamente, a sua mente, o seu coração, que estão cheios de Deus, e também os seus olhos, em tudo sabem ver soluções à sua vida interior. Eis como ela descobre um caminho fácil, simples, genial. Ao escrever a *História de sua alma*, que é dedicado à priora do momento, madre Maria de Gonzaga, Teresa abre o seu coração:

Sabeis, Madre, que sempre desejei ser santa, mas ai! Sempre constatei, quando me comparei com os santos, haver entre eles e mim a mesma diferença que existe entre uma montanha cujos cimos se perdem nos céus e o obscuro grão de areia pisado pelos transeuntes. Em vez de desanimar, disse a mim mesma: Deus não poderia inspirar desejos irrealizáveis, portanto, posso, apesar da minha pequenez, aspirar à santidade; não consigo crescer, devo suportar-me como sou, com todas as minhas imperfeições; mas quero encontrar o meio de ir para o Céu por uma via muito direta, muito curta, uma pequena via, totalmente nova. Estamos em um século de invenções. Agora, não é mais preciso subir os degraus de uma escada, nas casas dos ricos, um elevador a substitui com vantagens. Eu também gostaria de encontrar um elevador para elevar-me até Jesus, pois sou pequena demais para subir a íngreme escada da perfeição. Procurei então, na Sagrada Escritura, a indicação do elevador, objeto do meu desejo, e li estas palavras da eterna Sabedoria: Quem for *pequenino*, venha cá; ao que falta entendimento vou falar. Vim, então, adivinhando ter encontrado o que procurava e querendo saber, ó Deus, o que faríeis ao pequenino que respondesse ao vosso chamado.

Continuei minhas pesquisas e eis o que achei: Como alguém que é consolado pela própria mãe, assim eu vos consolarei. Sereis amamentados, levados ao colo, e acariciados sobre os joelhos! Ah! Nunca palavras mais suaves, mais melodiosas, vieram alegrar minha alma. Vossos braços são o elevador que deve elevar-me até o Céu, ó Jesus! Para isso, eu não preciso crescer, pelo contrário, preciso permanecer pequena, que o venha a ser sempre mais. Ó meu Deus, superastes minha expectativa e quero cantar as vossas misericórdias. "Vós me instruístes, ó Deus, desde a minha juventude, e até agora proclamo as vossas maravilhas; e também até a velhice, até à canície continuarei a publicá-las". Qual será para mim essa idade avançada? Parece-me que poderia ser agora, pois dois mil anos não são mais que vinte aos olhos do Senhor... que um dia... Ah! Não creiais, Madre querida, que vossa filha deseja vos deixar... não creiais que considera como graça maior a de morrer na aurora em vez de no crepúsculo. O que aprecia, o que deseja unicamente é *agradar* a Jesus... Agora que ele parece aproximar-se dela, a fim de atraí-la para a sua glória, vossa filha se alegra. Há muito compreendeu que Deus não precisa de ninguém (menos ainda dela que dos outros) para realizar o bem na terra.

Perdoai-me, Madre, se vos entristeço... Ah! Gostaria tanto de vos alegrar... mas credes que se vossas orações não são atendidas na terra, se Jesus separa por *alguns dias* a criança da mãe, essas orações não serão atendidas no Céu?... (HA 271-272).

As palavras de Teresa nos abrem o coração para podermos, também cada um de nós, pensar em ser santos; uma santidade que não necessita de auréola nem de processos de canonização, mas ser os santos da porta do lado, onde pessoas comuns lutam contra todo tipo de injustiça social, política e religiosa, e se esforçam para fazer o bem. Quem muda o mundo não são os documentos, as leis, mas são as pessoas de todos os dias, que percebem a necessidade de viver a palavra de Deus e transformar-se em luz, em fermento. Como vivemos em uma sociedade solidificada e coisificada, precisamos de uma sociedade que seja marcada pela simplicidade e pela solidariedade.

25

VIVER DE AMOR

O tempo corre veloz e, sem nos dar conta, temos experiências tristes e bonitas em nossa vida. Teresa está atenta a tudo o que acontece ao seu redor, e, apesar de a morte do pai Luís ter ferido a sua alma, ela, confiando totalmente em Deus e querendo salvar todas as almas, sabe transformar isso em uma silenciosa oração.

Depois de ter organizado as coisas mais urgentes da família, também Celina entra no Carmelo. Todas as irmãs Martin, menos Leônia, se encontram ali. Uma família unida fora do Carmelo e dentro da vida carmelitana. É algo raro que quatro irmãs sejam religiosas na mesma comunidade. Aliás, é necessário dispensas para isso, e se compreende o porquê. Em uma decisão comunitária em que há vinte e seis Irmãs, quatro votos podem mudar até mesmo o caminho da comunidade.

Agora, tio Isidoro seria o único responsável pelos bens e pela gestão dos negócios da família Martin, e desempenharia essa responsabilidade com competência e amor. Só uma vez se opôs à família, mas perdeu a batalha, quando madre Inês quis publicar *História de uma alma*, depois da morte de Teresa do Menino Jesus, e ele desabafou: "Que vou fazer com todos estes livros?". Fica, porém, estupefato, quando os dois mil exemplares, em pouco mais de um ano, esgotam-se.

É um – por que não – tratado de espiritualidade sobre como se deve viver a nossa vida, orientada pela força do amor. Teresa vai citando ocasiões concretas em que o amor se torna o único ideal de nossa vida.

VIVER DE AMOR

No entardecer do Amor, falando sem figuras,
Assim disse Jesus: "Se alguém me quer amar,
Saiba sempre guardar minha Palavra
Para que o Pai e Eu o venhamos visitar.
Se do seu coração fizer Nossa morada,
Vindo até ele, então, haveremos de amá-lo
E irá, cheio de paz, viver
    Em Nosso Amor!"

Viver de Amor, Senhor, é Te guardar em mim,
Verbo incriado, Palavra de meu Deus.
Ah, divino Jesus, sabes que Te amo sim,
O Espírito de Amor me abrasa em chama ardente;
Somente enquanto Te amo o Pai atraio a mim.
Que Ele, em meu coração, eu guarde a vida inteira,
Tendo a Vós, ó Trindade, como prisioneira
    Do meu Amor!...

Viver de Amor é viver da Tua vida,
Delícia dos eleitos e glorioso Rei;
Vives por mim em uma hóstia escondido,
Escondida também por ti eu viverei!
Os amantes procuram sempre a solidão:
Coração, noite e dia, em outro coração;
Somente Teu olhar me dá felicidade:
    Vivo de Amor!

Viver de amor não é, nesta terra,
A nossa tenda armar nos cumes do Tabor;
É subir o Calvário com Jesus,
Como um tesouro olhar a cruz!
No céu eu viverei de alegrias,

Quando, então, todo sofrimento acabará;
Mas, enquanto exilada, quero, no sofrimento
    Viver de Amor!

Viver de Amor é dar, dar sem medida,
Sem reclamar na vida recompensa.
Eu dou sem calcular, por estar convencida
De que quem ama nunca em pagamento pensa!...
Ao Coração Divino, que é só ternura em jorro,
Eu tudo já entreguei! Leve e ligeira eu corro,
Só tendo esta riqueza tão apetecida:
    Viver de Amor!

Viver de Amor, banir todo o temor
E lembranças das faltas do passado.
Não vejo marca alguma em mim do meu pecado:
Tudo, tudo queimou o Amor em um só segundo...
Chama divina, ó doce fornalha,
Quero, no teu calor, fixar minha morada
E, em teu fogo é que canto o refrão mais profundo:
    "Vivo de Amor!..."

Viver de Amor, guardar dentro do peito
Tesouro que se leva em vaso mortal.
Meu Bem-Amado, minha fraqueza é extrema,
Estou longe de ser um anjo celestial!...
Mas, se venho a cair cada hora que passa,
Em meu socorro vens,
A todo instante me dás tua graça:
    Vivo de Amor!

Viver de Amor é velejar sem descanso,
Semeando nos corações a paz e a alegria.
Timoneiro amado, a caridade me impulsiona,
Pois te vejo nas almas, minhas irmãs.

A caridade é minha única estrela
E, à sua doce luz, navego noite e dia,
Ostentando este lema, impresso em minha vela:
    "Viver de Amor!"

Viver de Amor, enquanto meu Mestre cochila,
Eis o repouso entre as fúrias da vaga.
Oh! Não temas, Senhor, que eu te acorde,
Aguardo em paz a margem dos céus...
Logo a fé irá rasgar seu véu,
Minha esperança é ver-te um dia.
A Caridade infla e empurra minha vela.
    Vivo de Amor!...

Viver de Amor, ó meu Divino Mestre,
É pedir-Te que acendas teus Fogos
Na alma santa e consagrada de teu Padre.
Que ele seja mais puro que um Serafim dos céus!...
Tua Igreja imortal, ó Jesus, glorifica
Sem fechar Teu ouvido a meus suspiros;
Por ela tua filha aqui se sacrifica,
    Vivo de Amor!

Viver de Amor, Jesus, é enxugar Tua Face
E obter de Ti perdão para os pecadores.
Deus de Amor, que eles voltem à Tua graça
E para todo o sempre teu Nome bendigam.
Ressoa em meu peito a blasfêmia;
Para poder apagá-la estou sempre a cantar:
"Teu Nome sagrado hei de amar e adorar;
    Vivo de Amor!..."

Viver de Amor é imitar Maria,
Banhando, com seu pranto e com perfumes raros,

Os pés divinos que beijava embevecida,
Para, depois, com seus cabelos enxugá-los...
Levanta-se, a seguir, quebra o vaso
E Tua Doce Face perfuma...
Mas Tua Face eu só perfumo, bom Senhor,
    Com meu Amor!

"Viver de Amor, estranha loucura",
Vem o mundo e me diz, "para com esta glosa,
Não percas o perfume e a vida que é tão boa,
Aprende a usá-los de maneira prazerosa!"
Amar-Te é, então, Jesus, desperdício fecundo!...
Todos os meus perfumes dou-te para sempre,
E desejo cantar, ao sair deste mundo:
    "Morro de Amor!"

Morrer de Amor é bem doce martírio:
Bem quisera eu sofrer para morrer assim...
Querubins, todos vós, afinai vossa lira,
Sinto que meu exílio está chegando ao fim!
Chama de Amor, vem consumir-me inteira.
Como pesa teu fardo, ó vida passageira!
Divino Jesus, realiza meu sonho:
    Morrer de Amor!...

Morrer de Amor, eis minha esperança!
Quando verei romperem-se todos os meus vínculos,
Só meu Deus há de ser a grande recompensa
E não quero possuir outros bens,
Abrasando-me toda em seu Amor,
A Ele quero unir-me e vê-Lo:
Eis meu destino, eis meu céu:
    Viver de Amor!!!... (Poesia 17)

Não é necessário nenhum comentário. Só os convido a reler e a fazer desta poesia uma meditação da nossa cotidianidade, com palavras simples, mas eficazes.

É uma poesia teológico-existencial, escrita no dia 26 de fevereiro de 1895.

26

"EU ME OFEREÇO AO AMOR MISERICORDIOSO"

A palavra "amor" ocorre quase quatro mil vezes nos escritos de Teresa. Não devemos nos maravilhar com isso, porque o amor orienta toda a sua vida. Ela percebeu que, só quando amamos e nos deixamos amar, encontramos a fonte da felicidade, onde podemos beber à vontade. O amor humano, embora seja necessário, só pode ser autêntico quando não busca a própria satisfação, mas sim a alegria dos outros. Embora Deus amor não necessite do nosso amor, ele se faz, em Jesus de Nazaré, mendigo do nosso amor e nos pede amor, assim como pediu água à samaritana no relato do evangelista João (Jo 4).

Para Teresa, amar significava doar-se com generosidade e sem nada pedir como recompensa. É a pura alegria de amar, servir e fazer os outros felizes. No dia 5 de junho de 1895, em que se celebra a festa da Santíssima Trindade, Teresa medita sobre o amor. Ela não compreendia como Deus, segundo a mentalidade da época, podia precisar de vítimas para descarregar sobre elas a própria ira. Pergunta-se como Deus amor podia ser violento e só ser "aplacado" pelo sofrimento dos outros. Que fazer? Será que a Igreja estava errada? Será que todas as pessoas cheias de coragem se ofereciam como vítimas para a justiça de Deus? Teresa tinha grande estima e veneração pelas pessoas que eram capazes disso. Ela não se sentia capaz de fazer esse voto, essa oferta de vida.

É um pensamento que gera em Teresa conflitos interiores, mas para o qual, depois de pouco tempo, encontra solução: "Devo me oferecer a Deus, não à sua justiça, mas sim ao seu amor misericordioso". É uma saída não de fuga, mas de amor. Como sempre, ela é genial na sua espiritualidade.

Teresa escreve, então, "Oferta ao amor misericordioso", já citada aqui (p. 114-116). Trata-se de uma oração entusiasta, em que, como um profeta, ela anuncia uma mudança na visão da espiritualidade, que se torna mais profunda, com uma mudança de visão de como devemos oferecer-nos a Deus, e não à justiça divina, para espiar os pecados, amando a Deus também no lugar de todos aqueles que não o amam. No início, essa oração não encontrou muita receptividade, mas lentamente se tornou como o poço da Samaria, onde muitas pessoas vão beber a nova água que Jesus doa (Jo 4,1-34):

> Jesus soube que os fariseus ouviram dizer que ele reunia mais discípulos e batizava mais do que João – se bem que Jesus mesmo não batizasse, mas os seus discípulos. Por isso, saiu da Judeia e voltou para a Galileia. Era preciso que ele passasse pela Samaria. Chegou, pois, a uma cidade da Samaria, chamada Sicar, perto da propriedade que Jacó tinha dado a seu filho José. Havia ali a fonte de Jacó. Jesus, cansado da viagem, sentou-se junto à fonte. Era por volta do meio-dia. Veio uma mulher da Samaria buscar água. Jesus lhe disse: "Dá-me de beber!" Os seus discípulos tinham ido à cidade comprar algo para comer. A samaritana disse a Jesus: "Como é que tu, sendo judeu, pedes de beber a mim, que sou uma mulher samaritana?" De fato, os judeus não se relacionam com os samaritanos. Jesus respondeu: "Se conhecesses o dom de Deus e quem é aquele que te diz: 'Dá-me de beber', tu lhe pedirias, e ele te daria água viva". A mulher disse: "Senhor, não tens sequer um balde, e o poço é fundo; de onde tens essa água viva? Serás maior que nosso pai Jacó, que nos deu este poço, do qual bebeu ele mesmo, como também seus filhos e seus animais?" Jesus respondeu: "Todo o que beber desta água, terá sede de novo; mas quem beber da água que eu darei, nunca mais terá sede, porque a água que eu darei se tornará nele uma fonte de água jorrando para a vida eterna". A mulher disse então a Jesus: "Senhor, dá-me

dessa água, para que eu não tenha mais sede, nem tenha de vir aqui tirar água". Ele lhe disse: "Vai chamar teu marido e volta aqui!" – "Eu não tenho marido", respondeu a mulher. Ao que Jesus retrucou: "Disseste bem que não tens marido. De fato, tiveste cinco maridos, e o que tens agora não é teu marido. Nisto falaste a verdade". A mulher lhe disse: "Senhor, vejo que és um profeta! Os nossos pais adoraram sobre esta montanha, mas vós dizeis que em Jerusalém está o lugar em que se deve adorar". Jesus lhe respondeu: "Mulher, acredita-me: vem a hora em que nem nesta montanha, nem em Jerusalém adorareis o Pai. Vós adorais o que não conheceis. Nós adoramos o que conhecemos, pois a salvação vem dos judeus. Mas vem a hora, e é agora, em que os verdadeiros adoradores adorarão o Pai em espírito e verdade. Estes são os adoradores que o Pai procura. Deus é Espírito, e os que o adoram devem adorá-lo em espírito e verdade". A mulher disse-lhe: "Eu sei que virá o Messias (isto é, o Cristo); quando ele vier, nos fará conhecer todas as coisas". Jesus lhe disse: "Sou eu, que estou falando contigo". Nisto chegaram os discípulos e ficaram admirados ao ver Jesus conversando com uma mulher. Mas ninguém perguntou: "Que procuras?", nem: "Por que conversas com ela?". A mulher deixou a sua bilha e foi à cidade, dizendo às pessoas: "Vinde ver um homem que me disse tudo o que eu fiz. Não será ele o Cristo?" Saíram da cidade ao encontro de Jesus. Enquanto isso, os discípulos insistiam com Jesus: "Rabi, come!" Mas ele lhes disse: "Eu tenho um alimento para comer, que vós não conheceis". Os discípulos comentavam entre si: "Será que alguém lhe trouxe alguma coisa para comer?" Jesus lhes disse: "O meu alimento é fazer a vontade daquele que me enviou e levar a termo a sua obra" (Jo 4,1-34).

No Carmelo, sendo uma Ordem austera, contemplativa, e onde se vive de oração, havia esse costume de as monjas mais fervorosas se oferecer como vítimas à justiça divina. Movidas, sem dúvida, pelo amor, mas com certo medo de que Deus poderia enviar-lhes muitos sofrimentos, muitas desgraças. Uma visão sem dúvida negativa de Deus.

Portanto, Teresa foi, com essa oração ao amor misericordioso, mudando tal maneira de pensar. Ela queria se apresentar diante de Deus de "mãos vazias", porque tinha doado tudo a ele. Queria louvá-lo com seus simples atos de amor, tecidos das coisas mais pequeninas. Tudo é grande, porém, quando é feito por amor.

Sendo assim, vale a pena rezar sempre "Oferta ao amor misericordioso" (p. 114-116), assim como outras orações compostas por Santa Teresinha.

REZEMOS COM SANTA TERESINHA

ORAÇÃO PARA CONSEGUIR A HUMILDADE

Ó Jesus! Quando éreis Viajante sobre a terra, dissestes: "Aprendei de mim, que sou manso e humilde de coração, e encontrareis repouso para vossas almas". Ó Poderoso Monarca dos Céus, sim, minha alma encontra repouso vendo-vos, revestido da forma e da natureza de escravo, humilhar-vos ao ponto de lavar os pés de vossos apóstolos. Lembro-me, então, das palavras que pronunciastes para ensinar-me a praticar a humildade: "Dei-vos o exemplo para que façais, também vós, o que fiz; o discípulo não é maior que o Mestre... Se compreenderdes isto e o praticardes, sereis felizes". Senhor, compreendo essas palavras saídas de vosso Coração doce e humilde; quero praticá-las com o auxílio de vossa graça.

Quero diminuir-me humildemente e submeter minha vontade à de minhas irmãs, em nada as contradizendo e sem procurar saber se elas têm, sim ou não, direito de me dar ordens. Ninguém, ó meu Bem-Amado, tinha para convosco esse direito e, no entanto, obedecestes não só à Santa Virgem e a São José, mas também a vossos carrascos. Agora, é na Hóstia que vos vejo chegar ao cúmulo de vossos aniquilamentos. Qual não é vossa humildade, ó divino Rei da Glória, submetendo-vos a todos os vossos sacerdotes, sem fazer qualquer distinção entre os que vos amam e os que são – infelizmente! – mornos ou frios no vosso serviço... Vós desceis do céu a seu chamado; quer adiantem, quer atrasem a hora do Santo Sacrifício, estais sempre pronto...

Ó meu Bem-Amado, sob o véu da branca Hóstia, como me pareceis doce e humilde de coração! Para ensinar-me a humildade, não podeis diminuir-vos mais; assim, quero, para corresponder ao vosso amor, desejar que minhas irmãs me ponham sempre em último lugar, e convencer-me de que ele é o meu.

Suplico-vos, meu Divino Jesus, que me envieis uma humilhação cada vez que eu tente elevar-me acima das outras.

Eu sei, ó meu Deus, que humilhais a alma orgulhosa, mas àquela que se humilha dais uma eternidade de glória. Quero, pois, colocar-me na última fileira; partilhar vossas humilhações para "ter parte convosco" no reino dos Céus.

Mas, Senhor, conheceis minha fraqueza: a cada manhã, tomo a resolução de praticar a humildade, e de noite reconheço que ainda cometi muitos pecados de orgulho; diante disso, sou tentada a desanimar, porém – eu sei – o desânimo também é orgulho. Quero, pois, ó meu Deus, apoiar sobre *vós somente* minha esperança; como podeis tudo, dignai-vos fazer nascer em minha alma a virtude que desejo. Para obter essa graça de vossa infinita misericórdia, eu vos repetirei com bastante frequência: "Ó Jesus, doce e humilde de oração, fazei meu coração semelhante ao vosso!" (Oração n. 20).

Deus misericórdia não é uma descoberta de Santa Teresa do Menino Jesus, mas está presente ainda na Bíblia, nos Salmos, especialmente no salmo 135: "Sim, porque eterno é o seu amor!", e, mesmo nas palavras de Santa Teresa d'Ávila: "Ó Senhor, eu cantarei eternamente o vosso amor, de geração em geração eu cantarei vossa verdade! (Sl 88,2)". Então, é o que quer também cantar a própria Santa Teresinha, ou seja, as misericórdias do Senhor.

A nossa vida, se tivermos olhos para ver, é feita mais de alegrias que de tristezas; nela, acontecem mais coisas bonitas que ruins. Paremos, então, um instante e olhemos as coisas ruins da vida; se forem cem, sem dúvida as coisas bonitas passarão de mil...

27

TERESA RECEBE UM IRMÃO ESPIRITUAL

Dona Zélia amava muito crianças desde o seu matrimônio. Aliás, foi ela mesma quem mudou o pensamento do marido, que queria um matrimônio "só espiritual, na castidade perfeita". E Zélia tinha o desejo de ter um filho sacerdote. De fato, nasceram-lhe dois filhos, mas morreram menininhos; então, quando ela estava esperando o último filho, nasceu-lhe uma filha, Teresa. Ela ficou, portanto, um pouco triste, por ver o seu sonho acabar, mas o desejo sacerdotal permaneceria como algo fundamental na sua vida.

Do mesmo modo, Teresa do Menino Jesus sonhava em ser "sacerdote", e com quanto amor chamaria Jesus sobre o altar e com quanto amor daria Jesus às almas. Entrou no Carmelo para rezar pelos pecadores e pelos sacerdotes. A vida de Teresa era circundada de sacerdotes bons e medíocres, mas ela sempre os via como pessoas de Jesus.

Um dia chega ao Carmelo uma carta de um seminarista chamado Mauricio Bellière. Irmã Teresa se encontra na lavanderia, junto com outras Irmãs. É costume no Carmelo, enquanto se trabalha, cantar e rezar. Madre Inês, então, manda chamar Irmã Teresa e lhe fala da carta que recebera desse seminarista da diocese de Bayeux-Lisieux, de 21 anos. Vale a pena colocar em evidência alguns pontos dessa carta:

1. Mauricio Bellière comunica na carta, escrita em 15 de outubro, que faz um tempo que não lhe sai da cabeça uma ideia. Depois

de se apresentar, informando quem é e que está se preparando para ser missionário, diz que sente dificuldade vocacional de deixar-se invadir pelo Espírito de Jesus Cristo. Não se sente preparado e tem necessidade de uma conversão.
2. Conta ter lido sobre um senhor que se sentira encorajado pelas orações de sua irmã e da sua mãe.
3. Diante desse exemplo, decide escrever uma carta à Comunidade do Carmelo de Lisieux, para pedir a uma Irmã que o ajude no seu caminho espiritual, especialmente para rezar pela salvação da sua alma, rogando a Deus para que seja fiel à sua vocação de sacerdote e missionário.
4. Suplica, então, à Madre Priora: "Sei que peço uma coisa grande, mas peço-vos humildemente para que possa realizar este meu sonho, de ter uma Irmã que reze por mim.
5. Assim poderei salvar muitas almas. Essa Irmã será cooperadora comigo nessa obra de salvação das almas.
6. Em nome de Santa Teresa d'Ávila, e em nome das almas, rejeitareis tal proposta? Dentro de um mês deverei entrar de novo no serviço militar e lutar muito para salvar a minha vocação e os ataques do mundo, que ainda não está totalmente morto dentro de mim.
7. Prometo que, quando for sacerdote, sempre rezarei por vocês e pela Irmã que me for confiada...".

A priora responde positivamente, e também não precisa refletir muito para decidir a quem confiar essa nobre missão. O nome que lhe vem imediatamente é o de Irmã Teresa do Menino Jesus e da Santa face.

Esse acontecimento é a porta de entrada da nova missão de Teresa: ser missionária com a oração e o sacrifício. Vê assim realizado o grande desejo da mãe, Zélia, e do pai, Luís. E os dois irmãos dela, mortos na primeira infância, Maria-José e Maria João Batista, do céu se tornam, com Teresa, missionários.

QUEM É MAURICIO BELLIÈRE?

Mauricio Bellière nasceu em Caen, no dia 10 de julho de 1874, um ano depois de Irmã Teresa do Menino Jesus e da Santa Face. Como perdeu a mãe quando tinha apenas oito dias, ele é confiado a sua tia Adela Barthelemey, que o educa tentando fazer com que não lhe faltasse o amor da mãe. Seu pai, chamado Alfonso, somente o conheceu aos onze anos, mas por pouco tempo, porque novamente desapareceu do nada. Seu tio, por sua vez, que era marinheiro, morreu em uma viagem no dia 13 de junho de 1870.

Mauricio, portanto, acabou crescendo sozinho, sem afeto materno nem paterno. Traumas afetivos que deixaram marcas na sua vida, mas que ele conseguiu superar por meio de uma vida de oração e doação total a Deus. Por isso, decidira ser missionário, mas, como vimos na carta que escreve ao mosteiro de Lisieux, está um pouco apavorado diante do seu futuro. Contudo, encontrará em Teresa um "guia seguro", que o anima e lhe infunde coragem para ser um autêntico missionário.

Teresa responde a esse irmão espiritual acompanhando-o até sua morte. Aliás, sua última carta (n. 263) será dirigida a ele. Na primeira carta que lhe escreve, porém, Teresa parece tímida, não diz muito, mas lentamente as duas almas conectam-se e passam a comunicar segredos da vida de oração e os próprios sonhos. Teresa compõe uma oração para ele.

[ORAÇÃO PELO SEMINARISTA BELLIÈRE]

J.M.J.T.

Ó meu Jesus! Eu vos agradeço por satisfazerdes um de meus maiores desejos: ter um irmão, padre e apóstolo...

Sinto-me bem indigna desse favor; no entanto, como vos dignais conceder a vossa pobre pequena esposa a graça de trabalhar de modo especial para a santificação de uma alma destinada ao sacerdócio, feliz vos ofereço, por ela, *todas* as *orações* e os *sacrifícios* de que posso dispor; peço-vos

– ó meu Deus! – que não olheis o que sou, mas o que deveria e gostaria de ser, isto é, uma religiosa totalmente inflamada por vosso amor.

Vós sabeis, Senhor, minha única ambição é fazer com que vos conheçam e amem; agora meu desejo será realizado. O que posso é apenas orar e sofrer, mas a alma à qual vos dignais unir-me pelos doces laços da caridade irá combater na planície a fim de ganhar corações para vós, e eu, na montanha do Carmelo, suplicarei que lhe deis a vitória.

Divino Jesus, escutai a oração que vos dirijo por aquele que quer ser Missionário, protegei-o no meio dos perigos do mundo, fazei com que ele sinta, cada vez mais, o nada e a vaidade das coisas passageiras e a felicidade de saber menosprezá-las por vosso amor. Que o seu sublime apostolado se exerça desde agora sobre os que o cercam, que ele seja apóstolo, digno de vosso Sagrado Coração...

Ó Maria! Doce Rainha do Carmelo, é a vós que confio a alma do futuro sacerdote de quem sou a indigna irmãzinha. Dignai-vos ensinar-lhe, já, com que amor era por vós tocado o Divino Menino Jesus e lhe eram trocadas as fraldas, para que ele possa um dia subir ao Santo Altar e levar nas mãos o Rei dos Céus.

Peço-vos ainda que o guardeis sempre sob a proteção de vosso manto virginal, até o momento feliz em que, deixando este vale de lágrimas, poderá contemplar vosso esplendor e, por toda a eternidade, gozar os frutos de seu glorioso apostolado...

Teresa do Menino Jesus

rel. carm. ind. (Oração n. 8)

A última carta que Teresa escreve a padre Bellière, já missionário, é um testamento espiritual, válido para todos. A Igreja deveria declarar Santa Teresa do Menino Jesus padroeira de todos os sacerdotes, porque ela manifesta-lhes um amor grande, uma proximidade feita de amor e de oração, e uma amizade adulta e madura. Convido os meus leitores a fazerem uma cópia destas cartas e doá-las como presente a seus amigos sacerdotes.

Para o padre Bellière.

J.M.J.T.

Jesus†   Carmelo de Lisieux, 10 de agosto de 1897

Meu querido irmãozinho,

    Estou prontinha para partir, recebi meu passaporte para o Céu e foi meu pai querido que me obteve esta graça: no dia *29* deu-me a garantia de que eu iria encontrá-lo brevemente; no dia seguinte, o médico, espantado pelos progressos que a doença fizera em dois dias, disse para a nossa boa Madre que chegara o momento de atender aos meus desejos fazendo-me receber a Unção dos enfermos. Tive esta felicidade no dia 30 e recebi também Jesus Hóstia como viático para a minha *longa* viagem!... Este Pão do Céu fortaleceu-me, ora veja, a minha peregrinação parece não poder terminar. Longe de reclamar, regozijo-me por Deus ainda me permitir de sofrer por seu amor. Ah! Como é doce abandonar-se em seus braços sem temores nem desejos.
    Confesso ao meu irmãozinho que não compreendemos o Céu da mesma maneira. Parece-vos que por participar da justiça, da santidade de Deus, eu não poderei, como na terra, desculpar as vossas faltas. Estais vos esquecendo, então, que participarei também da *misericórdia infinita* do Senhor? Creio que os Bem-aventurados têm grande compaixão das nossas misérias, lembram-se de que, quando frágeis e mortais como nós, cometeram as mesmas faltas, sustiveram os mesmos combates e sua ternura fraternal passa a ser ainda maior do que era na terra, e é por isso que eles não cessam de proteger-nos e rezar por nós.
    Agora, meu caro irmãozinho, preciso falar-vos da *herança* que recebereis depois da minha morte. Eis a parte que nossa Madre vos dará: 1. O relicário que recebi no dia da minha tomada de hábito e que, desde então, nunca mais me deixou. 2. Um pequeno crucifixo que me é incomparavelmente mais caro do que o grande, pois este que tenho agora não é o primeiro que me fora dado. No Carmelo,

trocam-se, de vez em quando, os objetos de piedade, é um bom meio para impedir o apego. Volto ao pequeno crucifixo. Não é bonito, o rosto de Cristo quase sumiu, não ficareis surpreso quando souberdes que desde a idade dos treze anos esta lembrança de uma das minhas irmãs acompanhou-me sempre. Foi sobretudo durante a minha viagem à Itália que este crucifixo passou a ser precioso para mim. Eu o fiz tocar em todas as insignes relíquias que tive a felicidade de venerar, dizer o número delas seria impossível; além do mais, foi benzido pelo Santo Padre. Desde que adoeci, tenho quase sempre em minhas mãos nosso querido crucifixozinho; ao olhá-lo, penso com alegria que, depois de ter recebido os meus beijos, irá reclamar os do meu irmãozinho. Eis no que consiste a vossa *herança*; além disso, a nossa Madre dar-vos-á a última estampa que pintei. Vou concluir, meu querido irmãozinho, por onde devia ter começado, agradecendo-vos pela *grande alegria* que me destes, mandando-me a vossa foto.

Adeus, meu querido irmãozinho, que Ele nos dê a graça de amá-lo e de lhe salvar almas. Este é o voto que formula

Vossa indigna irmãzinha Teresa
do Menino Jesus e da Santa Face.

r.c.i.

(Foi por escolha que me tornei vossa irmã.)

Felicito-vos pela vossa nova dignidade; dia 25, quando festejar meu caro irmãozinho, terei a felicidade de festejar também meu irmão Luis da França. (Carta 263)

***

Para o padre Bellière.

25 de agosto de 1897

Frente:
Não posso temer um Deus que se fez por mim tão pequeno... amo-o!... Pois é só amor e misericórdia!

Verso:
Última recordação de uma alma irmã da vossa

Teresa do Menino Jesus. (Carta 266)

28

IRMÃ SÃO PEDRO

Em várias circunstâncias, o Papa Francisco, falando às religiosas e aos religiosos, tem feito referência à Irmã São Pedro. Mas quem é essa Irmã, com nome masculino? Sabemos, como nos tempos passados, e também hoje, que, na vida religiosa, ao próprio nome da pessoa se acrescenta o de um santo: São João, São Pedro, São Marcos, Virgem Maria, Jesus..., para proteção, e depois se passa a chamá-la com esse nome. Na verdade, Irmã São Pedro era Irmã São Pedro de Santa Teresa, Irmã conversa, que fez a sua profissão em 1868, e, depois de ficar inválida, Santa Teresinha, que era noviça, recebeu a responsabilidade de ajudá-la, até morrer, dois anos antes dela, em 1895.

IRMÃ SÃO PEDRO DE SANTA TERESA

Luísa Adelaide Lejemble era seu nome de família. Nasceu em Saint-Laurent-de-Cuves (FR), em fevereiro de 1830. Entrou no Carmelo de Lisieux como irmã conversa aos 22 de outubro de 1866, professando a 1º. de novembro de 1868.

Por causa de suas doenças, ficou praticamente impossibilitada de andar e fazer certas atividades. Teresinha, noviça, ofereceu-se para ajudá-la. Os pormenores desse ato heroico de caridade são narrados no Manuscrito C (28v-29v).

Mais tarde, Irmã São Pedro, apesar de ter sempre demonstrado aborrecimentos com a ajuda de Teresa, confessou que fora profundamente tocada pelos gestos de caridade de nossa Santa (CAVALCANTE, 1997).

Essa monja, por causa do sofrimento e do seu caráter, tinha acessos de ira, era impaciente e inquieta. Não era fácil tomar conta dela e servi-la. Mesmo assim, Santa Teresa recorda com carinho da Irmã São Pedro em *História de uma alma*. Vamos deixar, então, a palavra à própria Teresa, que tem uma maneira delicada de contar o seu sofrimento e o seu amor por essa Irmã, que tinha passado tanto tempo trabalhando e servindo as monjas.

RECORDO UM ATO DE CARIDADE

Madre querida, talvez estejais surpresa por eu relatar esse pequeno ato de caridade, acontecido há tanto tempo. Ah! O fiz porque sinto que preciso cantar, por causa dele, as misericórdias do Senhor. Dignou-se conservar a lembrança em mim, como um perfume que me incita a praticar a caridade. Recordo-me, às vezes, de certos pormenores que são para minha alma como uma brisa primaveril. Eis mais um que me vem à memória: em uma tarde de inverno, cumpria, como de costume, meu pequeno ofício. Fazia frio, estava escuro... De repente, ouvi ao longe o som harmonioso de um instrumento musical. Imaginei, então, um salão bem iluminado, brilhante de ouro, moças elegantemente vestidas trocando gentilezas mundanas; meu olhar desviou-se para a pobre doente que eu sustentava. Em vez de melodia, ouvia, de vez em quando, seus gemidos plangentes, em vez de douração, via os tijolos do nosso claustro austero, iluminado por luz fraca. Não pude expressar o que se passou na minha alma; sei que o Senhor a iluminou com os raios da verdade, que superaram tanto o tenebroso brilho das festas da terra que não podia acreditar na minha felicidade... Ah! Para gozar mil anos das festas mundanas, não teria dado os dez minutos empregados na execução do meu ofício de caridade... Se já no sofrimento, no meio da luta, pode-se gozar por um instante de uma felicidade que ultrapassa todas as felicidades da terra, pensando que Deus retirou-nos do mundo, como será no Céu, quando virmos, no seio da alegria e do repouso eterno, a graça incomparável que o Senhor nos fez escolhendo-nos para morar em sua casa, verdadeiro pórtico dos Céus?...

Nem sempre pratiquei a caridade com tais enlevos de alegria, mas no início da minha vida religiosa quis Jesus que eu sentisse como é bom vê-la na alma das suas esposas. Por isso, quando levava minha Irmã São Pedro, fazia-o com tanto amor que me teria sido impossível fazer melhor, mesmo que tivesse levado o próprio Jesus. A prática da caridade não foi sempre tão suave para mim, como vos dizia há pouco, Madre querida. Para prová-lo, vou relatar alguns pequenos combates que, certamente, vos farão sorrir. Por muito tempo, na oração da noite, sentava-me em frente de uma irmã que tinha uma mania estranha e, penso... muitas luzes, pois raramente usava livro. Eis como o percebia: Logo que essa irmã chegava, punha-se a fazer um estranho barulhinho semelhante ao que se faria esfregando duas conchas um contra a outra. Só eu percebia, pois tenho ouvido muito bom (às vezes, um pouco demais). Impossível dizer-vos, Madre, como esse ruído me incomodava. Tinha muita vontade de olhar a autora que, por certo, não se dava conta do seu cacoete; era a única maneira de avisá-la, mas no fundo do coração sentia que mais valia sofrer isso por amor a Deus e não magoar a irmã. Ficava quieta, procurava unir-me a Deus, esquecer esse ruído... tudo inútil. Sentia o suor inundar-me e ficava obrigada a uma oração de sofrimento. Embora sofrendo, procurava fazê-lo não com irritação, mas com paz e alegria, pelo menos no íntimo da minha alma. Procurei gostar do barulhinho tão desagradável. Em vez de procurar não ouvi-lo, coisa que me era impossível, pus-me a prestar atenção nele como se fosse um concerto maravilhoso, e minha oração toda, que não era de quietude, consistia em oferecer esse concerto a Jesus (HA 326-327).

Estes dois relatos, verdadeiramente, mostram toda a delicadeza do coração de Irmã Teresa, que fazia de tudo para transformar as coisas mais banais em atos de fina caridade, e com certo humor. O sorriso converte Irmã São Pedro, e o calar-se transforma o barulho insistente e perturbador em música silenciosa, que a ajuda a rezar. A delicadeza é uma virtude, uma flor que floresce na cruz e espalha o seu perfume. Temos necessidade de voltar não aos grandes gestos de caridade, mas aos pequenos gestos, que como pétalas de rosas vão perfumando o nosso caminho.

Os seus olhos cheios de amor sabem ver nas pessoas, mesmo "antipáticas", a imagem de Jesus, que mendiga o nosso amor. Deus está lá onde os nossos olhos sabem descobri-lo, dependendo de nós. Jesus escolhe como sua morada preferida as pessoas que, pelos próprios defeitos, pelo caráter difícil, vivem à margem da nossa vida. Teresa é a boa samaritana que passa perto, para, escuta, toca as feridas e as cura com o unguento da caridade.

Em 21 de janeiro de 1896, festa de Santa Inês, no Carmelo se festeja o onomástico da priora, madre Inês, irmã de sangue de Irmã Teresa. Ninguém na comunidade suspeita, a não ser Irmã Genoveva – nome adotado por Celina depois de entrar no Carmelo –, além de suas outras duas irmãs de sangue, que, quando Teresinha está na cela, escreve com letras pequeninas, e com muitos erros de francês, a *História de uma alma*. Todos os três manuscritos terminam sempre com a palavra "amor". Eis como termina este caderninho, que ela entregará à sua priora e irmã:

> Eis, querida Madre, tudo o que posso dizer-vos da vida da vossa Teresinha, conheceis melhor, por vós mesma, o que ela é e o que Jesus fez por ela; portanto, perdoar-me-eis por ter abreviado a história da sua vida religiosa...
>
> Como terminará essa "história de uma florzinha branca"? Talvez a florzinha seja colhida no seu frescor ou transplantada a outras praias... Ignoro-o, mas tenho certeza de que a Misericórdia de Deus a acompanhará sempre, porque nunca deixará de abençoar a Madre

querida que a deu a Jesus; regozijar-se-á eternamente por ser uma das flores da sua coroa... Eternamente cantará com essa Madre querida o cântico sempre novo do Amor... (HA 239).

No dia 20 de janeiro, durante o tempo da oração mental, Teresinha se ajoelha diante da sua priora, irmã Inês, e entrega-lhe, em silêncio, o seu caderninho precioso; volta depois ao seu lugar para terminar a oração. Missão cumprida... Madre Inês conserva esse precioso caderninho sem lê-lo até depois da eleição da nova priora, madre Maria Gonzaga.

29
NUVENS DENSAS SOBRE O CARMELO

O Carmelo de Lisieux passa por um momento difícil de tensões e de revanche silenciosa. Aproxima-se o fim dos três anos do priorado de madre Inês. A comunidade pensa nas eleições, e também na aprovação de Irmã Genoveva para a profissão religiosa. Madre Maria Gonzaga fora priora durante dezesseis anos, e espera ser reeleita por mais outros três. Para isso, joga emocionalmente com toda a comunidade, mas particularmente com as três irmãs Martin, dizendo entre as monjas que ela não dará o voto positivo para Irmã Genoveva fazer a sua profissão.

As Irmãs noviças chamam madre Gonzaga de "o lobo". Ela espalha o terror com seus métodos ditatoriais, possessivos, e faz todo possível para que Irmã Genoveva seja enviada para o Carmelo de Saigon, que pede ajuda por possuir poucas Irmãs. A comunidade está dividida, mas há um grupinho que, quando se refere a uma das irmãs da família Martin, diz "as Martins", com certo desprezo. Sendo assim, depois de várias discussões e desentendimentos, é colocado em votação se Irmã Genoveva deve ou não fazer a profissão. E, por um voto, é aprovada. Assim são as coisas de Deus, e não as dos homens nem das mulheres.

Passadas as festas da profissão de Irmã Genoveva, chega, então, o dia do capítulo da comunidade para a eleição da nova priora, no dia de São José, 21 de março de 1896. Está claro que a comunidade está dividida entre dar o voto para a reeleição de madre Inês e eleger madre Gonzaga. Uma escolha difícil. Foram necessárias sete votações para se chegar a um acordo e ser, enfim, eleita a madre Maria de Gonzaga.

Teresa é responsável pelo noviciado, não oficialmente, mas como delegada da Madre Priora, e todos os dias se reúne com as noviças e as convida para ler ou lerem juntas trechos da Regra ou das Constituições. Na véspera das eleições, Teresa confidencia-se com a Madre Priora, dizendo: "Serão tão covardes as capitulares para elegerem amanhã a madre Maria de Gonzaga?". Palavras corajosas. Teresa nunca se dobra diante das injustiças ou da manipulação das consciências, como estava vendo naquele momento.

E AGORA?

A comunidade, com a eleição de madre Maria de Gonzaga, vive momentos de tensão. Situações normais dentro das comunidades, onde nem sempre é fácil salvar a caridade e a justiça.

Madre Maria de Gonzaga era depressiva e dominadora. Uma vez em que se perdeu o gato a quem ela estava muito afeiçoada, durante a noite, as Irmãs se viram obrigadas a procurá-lo por toda parte, em casa e no jardim. Graças a Deus, o gato apareceu! Outra vez, tomada de mau humor, passou a ameaçar a todo mundo.

Diante desse quadro, podemos pensar que era uma Irmã que não buscava a santidade nem cuidava da comunidade. Todavia, a sua maneira e do seu jeito, cuidava da comunidade, era interessada, mas tinha os seus "fantasmas".

30

A MÁQUINA FOTOGRÁFICA ENTRA NA CLAUSURA

Hoje em dia somos "fotodependentes". Queremos imortalizar tudo, passeios, encontros, pôr do sol e nascer do sol, coisas importantes e coisas sem importância. Aliás, em todos os lugares em que você entrar há aparelhos fotográficos que captam todos os seus gestos, com um grande aviso. Fotos e vídeos que rompem a privacidade. Por sinal, creio que é um *abuso* falar de privacidade. Tudo se fotografa: documentos, cartas e movimento do banco... Mas nem sempre foi assim.

A máquina fotográfica pode ter o seu aniversário reconhecido pelos estudiosos no ano 1816, quando Joseph Nicéphore Niépce a criou. E a primeira foto realizada oficialmente na história foi da cidade de Paris, em 1827. Já o mosteiro de Lisieux, sem dúvida, foi o primeiro convento de Carmelitas Descalças a possuir uma máquina fotográfica. Como isso aconteceu? Quando Celina entrou no Carmelo, em 1895, trouxe também uma máquina fotográfica que era da família. De Teresa, portanto, temos a beleza de 54 fotografias, algumas de quando era menina, junto com Celina, mas a maior parte delas é de quando já é monja. Tirar uma foto naquele tempo era um ritual longo, difícil, e necessitava de muito tempo. Parece que a maioria das fotos foi feita em 1895.

A VIRGEM DO SORRISO.

Há uma foto de Santa Teresinha durante a peça de teatro escrita por ela mesma, com o tema de Santa Joana D'Arc. Teresa representa a santa durante sua prisão, mas, quando as pessoas veem essa foto, sem nenhuma explicação, apavoradas dizem: "Pobrezinha da Teresa, por que está na cadeia? Que mal fez?".

TERESA E SUA IRMÃ, GENOVEVA, NOS PAPÉIS DE JOANA D'ARC E SANTA CATARINA.

SACRISTÃ DO CARMELO,
NOVEMBRO DE 1896.

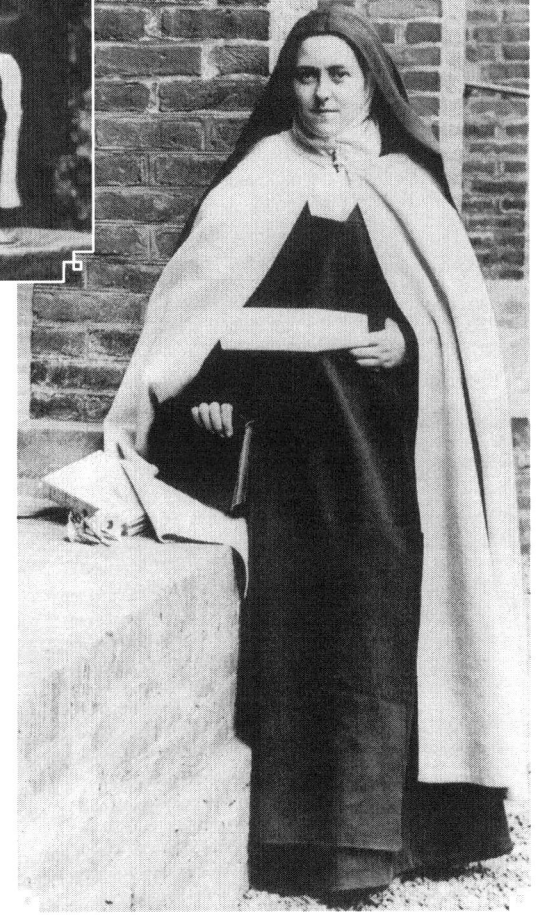

FOTOGRAFIA DO INÍCIO DE JULHO DE 1896.

31

A NOITE DO NADA

Páscoa de 1896. Tudo é festa, é luz, mas, para Teresa, essa será uma Páscoa sem o sabor e a alegria da luz da ressurreição, que foi tão forte que os guardas que estavam vigiando o sepulcro foram jogados ao chão e não puderam resistir a tamanha luminosidade. A saúde de Teresa está cada vez mais fraca. A sua sensibilidade, embora ela consiga dominá-la, é forte, e encontra-se quase incapaz de dar uma resposta de fé. Ela mesma, em *História de uma alma*, escreve no seu caderninho para madre Maria de Gonzaga, e ali relata, por meio de uma comparação genial, a sua situação humana e espiritual:

FAÇAMOS DE CONTA...

Imagino ter nascido em um país envolvido por um denso nevoeiro. Nunca contemplei o risonho aspecto da natureza, inundada, transfigurada pelo sol brilhante; desde minha infância, ouço falar dessas maravilhas, sei que o país em que estou não é a minha pátria, que existe outro com o qual devo sonhar sempre. Não se trata de uma história inventada por um habitante do triste país em que estou, mas é uma realidade comprovada, pois o Rei da pátria do sol brilhante veio viver trinta e três anos no país das trevas. Ai! As trevas não entenderam que esse Rei divino era a luz do mundo... Mas, Senhor, vossa filha entendeu vossa divina luz, pede-vos perdão pelos seus irmãos, aceita comer, pelo tempo que quiserdes, o pão da dor e não quer levantar-se desta mesa coberta de amargura onde comem os pobres pecadores antes do dia marcado por vós... Mas não pode ela dizer em seu nome e em nome dos seus irmãos: Tendes piedade de nós, Senhor, pois somos pobres pecadores!?... Oh! Senhor, mandai-nos justificados para casa... Que todos aqueles que não estão iluminados pela luz resplandecente da fé a vejam finalmente luzir... Ó Jesus, se for preciso que a mesa por eles maculada seja purificada por uma alma que vos ama, aceito comer sozinha o pão da provação até o momento que vos agradar introduzir-me em vosso reino luminoso. A única graça que vos peço é a de nunca vos ofender!...

Madre querida, o que vos escrevo não tem sequência lógica. Minha historiazinha que se assemelhava a um conto de fadas transformou-se de repente em oração. Não sei do interesse que teríeis em ler todos estes pensamentos confusos e mal expressos. Enfim, Madre, não escrevo uma obra literária, mas por obediência. Se vos aborreço, vereis, pelo menos, que vossa filha mostrou boa vontade. Portanto, e sem desanimar, vou prosseguir com minha comparaçãozinha, a partir do ponto em que a deixei. Dizia que a certeza de, um dia, ir longe do país triste e tenebroso me fora dada na infância; não acreditava apenas no que ouvia dizer por pessoas mais instruídas que eu, mas sentia no fundo do meu coração aspirações por uma região mais bonita. Assim como o gênio de Cristóvão Colombo levou-o a pressentir a existência de um novo mundo quando ninguém tinha pensado nisso, também eu sentia que outra terra me serviria de morada estável, um dia. Mas, de repente, o nevoeiro que me envolve torna-se mais denso, invade minha alma, e a envolve de tal maneira que não me é mais possível ver nela a imagem da minha pátria. Tudo se evaporou! Quando quero que meu coração, cansado das trevas que o envolvem, repouse com a lembrança do país luminoso ao qual aspiro, meu tormento aumenta. Parece-me que as trevas, pela voz dos pecadores, me dizem zombeteiras: "Sonhas com a luz, com uma pátria perfumada pelos mais suaves olores, sonhas com a eterna posse do Criador de todas essas maravilhas, acreditas um dia poder sair do nevoeiro que te envolve, avança, avança, alegra-te com a morte que não te dará o que esperas, mas uma noite ainda mais profunda, a noite do nada".

Madre querida, a imagem que quis vos dar das trevas que envolvem minha alma é tão imperfeita quanto um esboço comparado com o modelo. Porém não quero escrever mais, receio blasfemar... Receio até ter falado demais... (HA 277-278).

Esta descrição que a própria Santa Teresa do Menino Jesus faz de si mesma não necessita de explicações, mas somente de uma leitura não tanto com os olhos do corpo, mas sim com os olhos do coração e da fé. Se ela não o tivesse dito, quem poderia imaginar tamanho sofrimento? Assim como o de Teresa de Calcutá, que passou quarenta anos de terrível noite escura.

Na vida de cada dia, portanto, os santos são capazes de manter-se serenos, tranquilos, pois possuem uma força interior única, sabendo "disfarçar" e dominar as tempestades que agitam as ondas do mal. Lutam contra todos os diabos, mas permanecem com os pés firmes na rocha da fé, da esperança e do amor.

São João da Cruz também é um exemplo disso, pois foi o místico que soube, mais do que ninguém, falar da *Noite escura*, bem representada em seu livro autobiográfico, onde o santo, baseando-se na palavra de Deus, narra suas experiências com base nos acompanhamentos pessoais como diretor espiritual e, especialmente, na própria vivência dessa "noite escura", relatando-a como protagonista anônimo e ensinando-nos como proceder para atravessá-la. Segundo ele, nessa noite, não se tomam decisões, não se faz nada, a não ser viver e esperar que ela passe, e a estrela da manhã volte de novo a brilhar.

É claro que os poetas sabem dizer com poucas palavras tudo o que se passa com eles, e é o que faz João da Cruz ao sair do cárcere de Toledo, quando comenta, em estrofes do livro, os seus dramas na "noite escura". É o que vemos, por exemplo, no belíssimo poema que transcrevo aqui, para meditação pessoal:

> Em uma noite escura
> De amor em vivas ânsias inflamada
> Oh! Ditosa aventura!

Saí sem ser notada,
Estando já minha casa sossegada.

Na escuridão, segura,
Pela secreta escada, disfarçada,
Oh! Ditosa aventura!
Na escuridão, velada,
Estando já minha casa sossegada.

Em noite tão ditosa,
E num segredo em que ninguém me via,
Nem eu olhava coisa alguma,
Sem outra luz nem guia
Além da que no coração me ardia.

Essa luz me guiava,
Com mais clareza que a do meio-dia
Aonde me esperava
Quem eu bem conhecia,
Em lugar onde ninguém aparecia.

Oh! noite, que me guiaste,
Oh! noite, amável mais do que a alvorada
Oh! noite, que juntaste
Amado com amada,
Amada, já no amado transformada!

Em meu peito florido
Que, inteiro, para ele só guardava,
Quedou-se adormecido,
E eu, terna o regalava,
E dos cedros o leque o refrescava.

Da ameia a brisa amena,
Quando eu os seus cabelos afagava,

Com sua mão serena
Em meu colo soprava,
E meus sentidos todos transportava.

Esquecida, quedei-me,
O rosto reclinado sobre o Amado;
Tudo cessou. Deixei-me,
Largando meu cuidado,
Por entre as açucenas olvidado (Disponível em: https://formacao.cancaonova.com/diversos/noite-escura-2/. Acesso em: 12 jun. 2024).

Em 1991, no quarto centenário da morte de São João da Cruz, o Papa São João Paulo II escreveu ao Carmelo, mas também ao mundo, uma carta sobre a espiritualidade do grande místico, sempre atual, e fala das novas noites escuras que a humanidade atravessa.

CARTA APOSTÓLICA MESTRE DA FÉ, DO SUMO PONTÍFICE JOÃO PAULO II

Ao Revmo. Padre Felipe Sainz de Baranda, Prepósito-Geral da Ordem dos Irmãos Descalços da Bem-Aventurada Virgem Maria do Monte Carmelo, por ocasião do IV Centenário da morte de São João da Cruz, Doutor da Igreja

Introdução
1. Mestre da fé e testemunho do Deus vivo, São João da Cruz está presente na memória da Igreja, particularmente hoje, em que se celebra o IV Centenário da sua passagem à glória, ocorrido a 14 de dezembro de 1591, quando do seu convento em Úbeda foi chamado à casa do Pai.

É uma alegria para toda a Igreja ver os abundantes frutos de santidade e sabedoria que este vosso filho continua a dar com o exemplo da sua vida e a luz dos seus escritos. Com efeito, a sua figura e os seus ensinamentos suscitam o interesse dos mais variados ambientes religiosos e culturais, que nele encontram acolhimento e resposta às mais profundas aspirações do homem e do crente. Por isso, espero que esta celebração jubilar sirva para dar maior destaque e difusão à sua mensagem central: a vida teologal na fé, na esperança e no amor.

Esta mensagem, dirigida a todos, é uma herança e uma tarefa urgente para o Carmelo Teresiano, que justamente o considera pai e mestre espiritual. Seu exemplo é o ideal de vida; seus escritos são um tesouro a ser compartilhado com aqueles que hoje buscam a face de Deus; sua doutrina é também uma palavra atual, sobretudo para a Espanha, sua pátria, cujas letras e nome honra com seu ensinamento de alcance universal.

2. Eu próprio me senti particularmente atraído pela experiência e pelos ensinamentos do Santo de Fontiveros. Desde os primeiros anos da minha formação sacerdotal encontrei nele um guia seguro nos caminhos da fé. Este aspecto da sua doutrina pareceu-me de vital importância para todo cristão, sobretudo em uma época como a nossa, explorando novos caminhos, mas também exposto a riscos e tentações no campo da fé.

Enquanto o clima espiritual suscitado pela celebração do IV Centenário do nascimento do santo carmelita (1542-1942) ainda estava vivo e a Europa renascia das suas cinzas, depois de ter vivido a noite escura da guerra, escrevi a minha tese de doutoramento em Teologia em Roma sobre a Fé segundo São João da Cruz. Nela, analisou e destacou a afirmação central do Doutor místico: a fé é o único meio próximo e proporcionado para a comunhão com Deus. Já então percebi que a síntese de São João da Cruz contém não só uma sólida doutrina teológica, mas, sobretudo, uma exposição da vida cristã em seus aspectos básicos como a comunhão com Deus, a dimensão contemplativa da oração, a força teológica da missão apostólica, a tensão da esperança cristã.

Durante a minha visita à Espanha, em novembro de 1982, tive a alegria de exaltar a sua memória em Segóvia, diante do sugestivo cenário do aqueduto romano, e de venerar as suas relíquias junto ao seu túmulo. Pude proclamar ali novamente a grande mensagem da fé, como essência do seu ensinamento para toda a Igreja, para a Espanha, para o Carmelo. Uma fé viva e vigorosa que busca e encontra Deus em seu Filho Jesus Cristo, na Igreja, na beleza da criação, na oração silenciosa, na escuridão da noite e na chama purificadora do Espírito.

3. Ao celebrarmos agora o IV Centenário da sua morte, convém, uma vez mais, ouvir este mestre. Por uma feliz coincidência, tornou-se nosso companheiro de caminho neste período da história, no limiar do ano 2000, quando se completam os 25 anos do encerramento do Concílio Vaticano II, que promoveu e favoreceu a renovação da Igreja naquilo que refere-se à pureza de doutrina e santidade de vida. "Cabe à Igreja – afirma o Concílio – tornar presente e visível Deus Pai e o seu Filho encarnado, com a própria contínua renovação e purificação sob a guia do Espírito Santo, e a fé adulta, educada para poder perceber com lucidez as dificuldades e superá-las".

Presença de Deus e de Cristo, purificação renovadora sob a guia do Espírito, experiência de fé iluminada e adulta. Não é este o conteúdo central da doutrina de São João da Cruz e da sua mensagem para a Igreja e os homens de hoje? Renovar e reavivar a fé constitui a base essencial para enfrentar qualquer uma das grandes tarefas que se apresentam com maior urgência à Igreja hoje: experimentar a presença salvífica de Deus em Cristo, no próprio centro da vida e da história, redescobrir a condição humana e a filiação do homem, sua vocação à comunhão com Deus, razão suprema de sua dignidade, realizar uma nova evangelização a partir da reevangelização dos crentes, abrindo-se cada vez mais aos ensinamentos e à luz de Cristo

4. São muitos os motivos pelos quais João de la Cruz é conhecido na Igreja e no mundo da cultura: como escritor e poeta de língua espanhola, como artista e humanista, como homem de profundas

experiências místicas, teólogo e exegeta espiritual, mestre de espíritos e diretor de consciências. Como mestre no caminho da fé, a sua figura e os seus escritos iluminam quem procura a experiência de Deus através da contemplação e do serviço abnegado aos irmãos. Em sua elevada produção poética, em seus tratados doutrinários – *Subida ao Monte Carmelo, Noite Escura, Canto Espiritual* e *Chama Viva de Amor* –, bem como em seus breves e substanciais escritos – *Ditos de luz e amor, Avisos* e *Cartas* –, o santo nos deixou uma grande síntese de espiritualidade cristã e experiência mística. No entanto, em meio a tanta riqueza de temas e conteúdos, quero chamar a atenção para sua mensagem central: a fé viva, guia do cristão, única luz nas noites escuras das provações, chama ardente alimentada pelo Espírito.

A fé, como o santo demonstra com sua vida, inspira adoração e louvor, dá a toda existência realismo humano e sabor de transcendência. Desejo, então, à luz do "Espírito Santo docente" e em sintonia com o sábio estilo de Frei João da Cruz, comentar alguns aspectos de sua doutrina sobre a fé, compartilhando sua mensagem com os homens e mulheres que vivem hoje esta hora da história cheia de desafios e esperanças.

I. Mestre na fé
O quadro histórico

5. As condições históricas em que teve de viver ofereciam a Frei João da Cruz um denso panorama de possibilidades e estímulos para o pleno desenvolvimento da sua fé. Durante a sua vida (1542-1591), Espanha, Europa e América abriram-se para uma época de intensa e criativa religiosidade. É o tempo da expansão evangelizadora e da reforma católica; mas é também um tempo de desafios, de rupturas na comunhão eclesial, de conflitos internos e externos. A Igreja, nesses momentos, deve responder a tarefas sérias e urgentes: um grande Concílio, o de Trento, doutrinal e reformador; um novo continente, a América, para evangelizar; um velho mundo, a Europa, para revigorar suas raízes cristãs.

A vida de João da Cruz se desenvolve neste denso quadro histórico de situações e experiências. Vive sua infância e juventude em extrema pobreza, abrindo caminho com o trabalho de suas mãos em Fontiveros, Arévalo e Medina del Campo. Segue a vocação carmelita e recebe educação superior nas salas de aula da Universidade de Salamanca. Como resultado do encontro providencial com Santa Teresa de Jesus, abraçou a reforma do Carmelo e iniciou o novo modo de vida no primeiro convento de Duruelo. A primeira Carmelita Descalça viveu as vicissitudes e dificuldades da nascente família religiosa, como professora e pedagoga, além de confessora na Encarnación de Ávila. A prisão de Toledo, as solidões de El Calvario e La Peñuela na Andaluzia, seu apostolado nos mosteiros, sua tarefa de superior estão curtindo sua personalidade, que se reflete nas letras de sua poesia e nos comentários de seus escritos, na vida simples do convento e em um apostolado itinerante. Alcalá de Henares, Baeza, Granada, Segóvia e Úbeda são nomes que evocam plenitude de vida interior, ministério sacerdotal e magistério espiritual.

Com esta rica experiência de vida, em face da situação eclesial do seu tempo, assumiu uma atitude aberta. Ele conhece os acontecimentos, alude em seus escritos heresias e desvios. No final da vida ofereceu-se para ir ao México anunciar o Evangelho; ele faz os preparativos para cumprir seus propósitos, mas a doença e a morte o impedem de fazê-lo.

6. João de Yepes respondeu às graves emergências espirituais do seu tempo abraçando uma vocação contemplativa. Com este gesto não descura as suas responsabilidades humanas e cristãs; ao contrário, ao dar esse passo, ele se dispõe a viver com plena consciência o núcleo central da fé: buscar a face de Deus, ouvir e cumprir a sua palavra, dedicar-se ao serviço do próximo.

Mostra-nos como a vida contemplativa é um modo de realização plena do cristão. O contemplativo não se limita apenas a longos períodos de oração. Os companheiros e biógrafos do santo carmelita oferecem-nos uma imagem dinâmica dele: na juventude aprendeu a ser enfermeiro e pedreiro, a trabalhar no jardim e a enfeitar a igreja.

Já adulto, desempenhou responsabilidades de governo e formador, sempre atento às necessidades espirituais e materiais de seus irmãos. A pé percorreu longos caminhos para assistir espiritualmente as suas irmãs, as Carmelitas Descalças, convicto do valor eclesial da sua vida contemplativa. Nele, tudo se pode resumir em uma profunda convicção: é Deus e só ele que dá valor e sabor a toda atividade, "porque onde Deus não é conhecido, nada se conhece".

O melhor serviço às necessidades da Igreja prestou-se, então, com a sua vida e os seus escritos, a partir da sua peculiar vocação de carmelita contemplativo. Assim viveu Frei João na companhia de seus irmãos e irmãs no Carmelo: na oração e no silêncio, no serviço, na sobriedade e na renúncia. Imbuído de tudo isso pela fé, esperança e amor. Com Santa Teresa de Jesus, realizou e compartilhou a plenitude do carisma carmelita. Juntos, eles continuam a ser eminentes testemunhas do Deus vivo na Igreja.

A tarefa de formar os crentes

7. A fé favorece a comunhão e o diálogo com os irmãos para ajudá-los a percorrer os caminhos que conduzem a Deus. Frei João foi um autêntico formador de crentes. Ele soube iniciar as pessoas em uma relação familiar com Deus, ensinando-as a descobrir a sua presença e o seu amor nas circunstâncias favoráveis ou desfavoráveis, nos momentos de fervor e nos períodos de aparente abandono. Espíritos flagrantes se aproximaram dele, como Teresa de Jesus, a quem ele orienta nas últimas etapas de sua experiência mística; e também pessoas de grande espiritualidade, representantes da fé e da piedade popular, como Ana de Peñalosa, a quem dedicou a *Chama viva do amor*. Deus o dotou de qualidades adequadas para esta missão de guia espiritual e forjador de crentes.

João da Cruz teve que realizar uma autêntica pedagogia da fé em seu tempo para livrá-la de alguns perigos que a ameaçavam. Por um lado, o perigo da excessiva credulidade daqueles que, sem nenhum discernimento, confiam mais em visões particulares ou movimentos subjetivos do que no Evangelho e na Igreja; de outro, a incredulidade como atitude radical e dureza de coração que incapacita para a abertura ao mistério. O Doutor místico, superando essas armadilhas, ajuda com seu exemplo e sua doutrina a consolidar a fé cristã com as qualidades fundamentais da fé adulta, conforme solicitado pelo Concílio Vaticano II: uma fé pessoal, livre e convicta, abraçada com todo o ser, uma a fé eclesial, confessada e celebrada na comunhão da Igreja; uma fé orante e adoradora, amadurecida na experiência da comunhão com Deus; uma fé solidária e comprometida, manifestada na coerência moral da vida e em uma dimensão de serviço. Esta é a fé de que necessitamos e da qual o Santo de Fontiveros nos oferece o seu testemunho pessoal e os seus ensinamentos sempre atuais.

II. Testemunha do Deus vivo
Profundidade e realismo de sua fé pessoal

8. João da Cruz estava apaixonado por Deus. Ele estava familiarizado com ele e constantemente falava sobre ele. Levava-o no coração e nos lábios, porque constituía o seu verdadeiro tesouro, o seu mundo mais real. Antes de anunciar e cantar o mistério de Deus, ele é sua testemunha; por isso fala dele com paixão e com incomuns poderes de persuasão: "Os que o ouviam pensavam que falava assim das coisas de Deus e dos mistérios da nossa fé, como se os visse com os olhos do corpo". Graças ao dom da fé, os conteúdos do mistério chegam a formar para o crente um mundo vivo e real. A testemunha anuncia o que viu e ouviu, o que contemplou, como os profetas e os apóstolos (cf. 1Jo 1,1-2).

   Como eles, o santo possui o dom da fala eficaz e penetrante; não só pela capacidade de exprimir e comunicar a sua experiência em símbolos e poesia, permeados de beleza e lirismo, mas pela requintada sabedoria das suas "ditas de luz e amor", pela sua propensão para falar "palavras ao coração, banhadas na doçura e no amor", "de luz para o caminho e de amor no caminhar".

Cristo, plenitude da revelação

9. A vivacidade e o realismo da fé do Doutor místico residem na referência aos mistérios centrais do cristianismo. Um contemporâneo

do santo afirma: "Entre os mistérios que ele parecia ter grande amor estava o da Santíssima Trindade e também o do Filho de Deus encarnado". Sua fonte preferida para a contemplação desses mistérios era a Escritura, como ele tantas vezes atesta; em particular o capítulo 17 do Evangelho de São João, cujas palavras ressoam: "Esta é a vida eterna: que eles conheçam a ti, o único Deus verdadeiro, e aquele que tu enviaste, Jesus Cristo" (Jo 17,3).

Teólogo e místico, fez do mistério trinitário e dos mistérios do Verbo Encarnado o eixo da vida espiritual e o canto da sua poesia. Ele descobre Deus nas obras da criação e nos fatos da história, porque o busca e o acolhe com fé do mais profundo de seu ser: "O Verbo Filho de Deus, juntamente com o Pai e o Espírito Santo, é essencial e é escondido pessoalmente no ser íntimo da alma... Desfruta e alegra-te no teu recolhimento interior com ele, porque o tens tão perto. Ali o deseja, ali o adora".

Dinamismo da vida teologal

10. Como o místico espanhol consegue extrair toda essa riqueza de conteúdo e vida da fé cristã? Simplesmente deixando que a fé evangélica exiba todas as suas capacidades de conversão, amor, confiança, dedicação. O segredo da sua riqueza e eficácia reside no fato de a fé ser a fonte da vida teologal: fé, caridade, esperança. "Estas três virtudes teologais estão em uma."

Uma das contribuições mais valiosas de São João da Cruz à espiritualidade cristã é a doutrina sobre o desenvolvimento da vida teológica. No seu ensino escrito e oral, concentra a sua atenção na trilogia fé, esperança e amor, que constituem as atitudes originárias da existência cristã. Em todas as fases do caminho espiritual, as virtudes teologais são sempre o eixo da comunicação de Deus com o homem e da resposta do homem a Deus.

A fé, juntamente com a caridade e a esperança, produz aquele conhecimento íntimo e saboroso a que chamamos experiência ou sentido de Deus, vida de fé, contemplação cristã. É algo que vai além da reflexão teológica ou filosófica. E muitas almas simples e devotas a recebem de Deus, por meio do Espírito. Ao dedicar o Cântico Espiritual a Ana de Jesús, o autor anota: "Embora falte a Vossa Reverência o exercício da teologia escolástica com a qual se compreendem as verdades divinas, não falta o da mística que se conhece pelo amor em que, não só conhecem um ao outro, mas juntos eles gostam um do outro". Cristo revela-se a eles como o Amado, mais ainda, como aquele que ama de antemão, como canta o poema "El Pastorcico".

III. Os caminhos da vida de fé
Fé e existência cristã

11. "O justo viverá pela fé" (Rm 1,17; cf. Hab 2,4). Viva da fidelidade de Deus aos seus dons e promessas, da entrega confiante ao seu serviço. A fé é o princípio e a plenitude da vida. É por isso que o cristão é chamado de fiel, fiel de Cristo (*"Christifideles"*). O Deus da revelação penetra toda a sua existência. Toda a vida do crente é regida, como critério definitivo, pelos princípios da fé. O místico Doutor adverte: "Para tudo isso convém pressupor um fundamento, que será como um bastão sobre o qual sempre teremos que nos aproximar; e convém entendê-lo, porque é a luz pela qual temos que guiar e compreender esta doutrina e dirigir a alegria a Deus em todos estes bens; e é que a vontade não deve ser desfrutada, mas apenas aquilo que é glória e honra de Deus, e que a maior honra que podemos dar a ele é servi-lo segundo a perfeição evangélica, e o que está fora disso não tem valor nem proveito para o homem".

Entre os aspectos que o santo destaca na educação da fé, gostaria de destacar dois de particular importância na vida dos cristãos de hoje: a relação entre razão natural e fé, e a vivência da fé através da oração.

12. Pode ser surpreendente que o Doutor da fé e da noite escura elogie tanto o valor da razão humana. O seu é o famoso axioma: "Um único pensamento do homem vale mais do que o mundo inteiro; portanto, só Deus é digno dele". A superioridade do homem racional sobre o resto da realidade mundana não deve conduzir a

pretensões de domínio terreno, mas deve orientar-se para a sua própria meta: a união com Deus, a quem se assemelha em dignidade. Portanto, não há lugar para o desprezo da razão natural no campo da fé, nem para a oposição entre a racionalidade humana e a mensagem divina. Ao contrário, eles agem em estreita colaboração: "Há razão natural e lei evangélica e doutrina, pela qual eles podem ser suficientemente governados". A fé se encarna e atua no homem, ser racional, com suas luzes e sombras; o teólogo e o crente não podem renunciar à sua racionalidade, mas devem abri-la aos horizontes do mistério.

13. A experiência da fé através da oração interior é outro aspecto que São João da Cruz destaca particularmente em seus escritos. A este propósito, a preocupação constante da Igreja na educação da fé é a promoção cultural e teológica dos fiéis, para que aprofundem a sua vida interior e possam dar razão às suas crenças. Mas esta promoção intelectual deve passar por um desenvolvimento da dimensão contemplativa da fé cristã, fruto do encontro com o mistério de Deus. É precisamente aí que apontam as grandes preocupações pastorais da mística espanhola.

João da Cruz educou gerações de fiéis na oração contemplativa, como "nova ou advertência amorosa" de Deus e dos mistérios que ele nos revelou. São conhecidas as páginas que o santo dedicou a este tipo de oração. Ele nos convida a viver a celebração litúrgica, a adoração da Eucaristia – fonte eterna escondida no pão vivo – com um olhar de fé e amor contemplativo, a contemplação da Trindade e dos mistérios de Cristo, escutando com amor a Palavra divina, comunhão orante através de imagens sagradas, maravilhamento com a beleza da criação com "florestas e matas plantadas pela mão do Amado". Neste contexto, educa a alma para uma forma simplificada de união interior com Cristo: "Que, pois, Deus, no modo de dar, lhe trate com notícias simples e amorosas, também a alma o trata no modo de receber, com notícias ou avisos simples e amorosos, para que notícias se juntem a notícias e amor a amor".

A noite escura da fé e o silêncio de Deus

14. O Doutor místico chama hoje a atenção de muitos crentes e não crentes por sua descrição da noite escura como uma experiência tipicamente humana e cristã. O nosso tempo conheceu momentos dramáticos em que o silêncio ou a ausência de Deus, a experiência das calamidades e do sofrimento, como as guerras ou o holocausto de tantos seres inocentes, fizeram com que esta expressão fosse mais bem compreendida, conferindo-lhe também um caráter de experiência coletiva, aplicado à própria realidade da vida e não apenas a uma fase do caminho espiritual. A doutrina do santo é invocada hoje diante daquele insondável mistério da dor humana.

Refiro-me àquele mundo específico de sofrimento de que falei na Carta Apostólica *Salvifici Doloris*. Os sofrimentos físicos, morais ou espirituais, como a doença, a peste da fome, a guerra, a injustiça, a solidão, a falta de sentido da vida, a própria fragilidade da existência humana, a dolorosa consciência do pecado, a aparente ausência de Deus, são para o crente uma experiência purificadora que poderia ser chamada de noite da fé.

João da Cruz deu a esta experiência o nome simbólico e sugestivo de noite escura, com uma referência explícita à luz e à escuridão do mistério da fé. Sem pretender dar uma resposta especulativa ao angustiante problema do sofrimento, à luz da Escritura e da experiência, ele descobre e extrai algo da maravilhosa transformação que Deus realiza no escuro, porque "sabe atrair com sabedoria a beleza do mal". Em última análise, trata-se de viver o mistério da morte e ressurreição em Cristo com toda a verdade.

15. O silêncio ou a ausência de Deus, como acusação ou como simples reclamação, é um sentimento quase espontâneo na vivência da dor e da injustiça. As mesmas pessoas que não atribuem a Deus a causa da felicidade muitas vezes o responsabilizam pela dor humana. De modo diferente, mas talvez mais profundo, o cristão experimenta o tormento de perder Deus ou de estar separado dele. Você pode até se sentir jogado na escuridão do abismo.

O Doutor da noite escura encontra nesta experiência uma pedagogia amorosa de Deus. Ele fica calado e às vezes se esconde porque já falou e se manifestou com bastante clareza. Mesmo na experiência da sua ausência, pode comunicar a fé, o amor e a esperança a quem se abre com humildade e mansidão. O santo escreve: "Esta brancura da fé conduziu a alma na saída desta noite escura quando, caminhando... o Amado que nas provações e tribulações prova a fé de sua Esposa, para que mais tarde ela possa dizer com verdade aquela palavra de Davi, a saber: Pelas palavras dos teus lábios guardei caminhos difíceis" (Sl 16,4).

A pedagogia de Deus atua neste caso como expressão de seu amor e misericórdia. Devolve ao homem o sentido da gratuidade, tornando-se para ele um dom livremente aceito. Outras vezes o faz sentir toda a extensão do pecado, que é uma ofensa para ele, a morte e o vazio do homem. Também o educa a discernir a presença ou a ausência divina: o homem não deve mais ser guiado por sentimentos de gosto ou desgosto, mas pela fé e pelo amor. Deus é igualmente um Pai amoroso, nas horas de alegria e nos momentos de dor.

A contemplação de Cristo crucificado

16. Só Jesus Cristo, a Palavra definitiva do Pai, pode revelar aos homens o mistério da dor e iluminar com os clarões da sua cruz gloriosa as noites mais escuras do cristão. João da Cruz, coerente com as suas afirmações sobre Cristo, diz-nos que Deus, depois da revelação do seu Filho, "ficou mudo e não tem mais o que falar"; o silêncio de Deus tem em Cristo crucificado a sua mais eloquente palavra reveladora de amor.

    O Santo de Fontiveros nos convida a contemplar o mistério da cruz de Cristo, como costumava fazer, na poesia de "El Pastorcico" ou em seu famoso desenho do Crucificado, conhecido como o Cristo de São João da Cruz. Sobre o mistério do abandono de Cristo na cruz escreveu certamente uma das páginas mais sublimes da literatura cristã. Cristo viveu o sofrimento em todo o seu rigor até a morte na cruz. As formas mais duras de dor física, psicológica e espiritual concentram-se nele nos últimos momentos: "Meu Deus, meu Deus! Por que me abandonaste?" (Mt 27,46). Este sofrimento atroz causado pelo ódio e pela mentira tem um profundo valor redentor. Foi ordenado a "puramente pagar a dívida e unir o homem a Deus". Com sua dedicação amorosa ao Pai, no momento de maior impotência e maior amor, "fez a maior obra que havia feito em toda a sua vida com milagres e obras, nem na terra nem no céu, que foi reconciliar e unir ao gênero humano pela graça de Deus". O mistério da cruz de Cristo revela assim a gravidade do pecado e a imensidão do amor do Redentor do homem.

Na vida de fé, o mistério da cruz de Cristo é uma referência habitual e norma de vida cristã: "Quando vos oferecerem alguma angústia e nojo, lembrai-vos de Cristo crucificado e calai-vos. Vivei na fé e na esperança, mesmo na escuridão, que nessas trevas Deus protege a alma". A fé torna-se chama de caridade, mais forte que a morte, semente e fruto da ressurreição: "Não pensem de outra forma – escreve o santo em um momento de prova – mas que tudo é ordenado por Deus; e onde não houver amor, ponha amor, e trará amor". Porque, em última análise: "À tarde eles vão te examinar no amor".

IV. Uma mensagem de projeção universal
Guia para quem busca a Deus

17. É motivo de alegria constatar, por ocasião das comemorações do IV Centenário da morte de São João da Cruz, a multidão de pessoas que, sob as mais variadas perspectivas, abordam os seus escritos: místicos e poetas, filósofos e psicólogos, representantes de outros credos religiosos, homens de cultura e gente simples.

Há quem se aproxime dele atraído pelos valores humanistas que ele representa, como a linguagem, a filosofia, a psicologia. Ele fala a todos da verdade de Deus e da vocação transcendente do homem. É por isso que muitos, que leem seus escritos apenas pela profundidade de sua experiência ou pela beleza de sua poesia, assimilam consciente ou inadvertidamente seus ensinamentos. Por outro lado, os místicos, como o nosso santo, são as grandes testemunhas da verdade de

Deus e os mestres através dos quais o Evangelho de Cristo e a Igreja Católica encontram, às vezes, acolhimento entre os seguidores de outras religiões.

Mas também é um guia para quem busca maior intimidade com Deus dentro da Santa Igreja. Seu ensinamento é denso em doutrina e vida. Tanto o teólogo, "chamado a intensificar sua vida de fé e a unir sempre a pesquisa científica e a oração", como os diretores de consciência, aos quais dedicou páginas de grande discernimento espiritual, podem aprender dele.

Uma mensagem atual para a Espanha, sua pátria

18. É-me grato dirigir-me, de modo especial, nesta ocasião, à Igreja na Espanha, que celebra o IV Centenário da morte do santo como acontecimento eclesial, que deve ser projetado nas pessoas, nas famílias e na sociedade.

Na época em que viveu João da Cruz, a Espanha era um foco radiante da fé católica e do alcance missionário. Estimulado e, ao mesmo tempo, ajudado por aquele ambiente, o Santo de Fontiveros soube elaborar uma harmoniosa síntese de fé e cultura, experiência e doutrina, construída com os valores mais sólidos da tradição teológica e espiritual de sua pátria e com a beleza de sua linguagem e poesia. Nela, os povos da Espanha têm um de seus representantes mais universalmente conhecidos.

Hoje, a Igreja espanhola enfrenta sérias e inadiáveis tarefas no campo da fé e da vida pública, como bem destacaram seus bispos em alguns dos documentos mais recentes. Os seus esforços devem, portanto, orientar-se para a revitalização da vida cristã, para que a fé católica, convencida e livre, se expresse pessoalmente e como comunidade em uma profissão aberta, em uma vida coerente, em um testemunho de serviço. Em uma sociedade pluralista como a de hoje, a escolha pessoal da fé dos cristãos exige uma nova atitude de coerência com a graça batismal e uma adesão consciente e amorosa à Igreja, tendo de enfrentar o risco do anonimato e a tentação da descrença.

A Igreja na Espanha também é chamada a prestar um serviço à sociedade, promovendo uma adequada harmonia entre a mensagem cristã e os valores da cultura. Trata-se de suscitar uma fé aberta e viva que leva a seiva nova do Evangelho aos vários âmbitos da vida pública. Síntese que deve ser realizada também por leigos cristãos envolvidos nos diversos setores da cultura. Para esta profunda renovação interior, comunitária e cultural, João da Cruz oferece o exemplo de sua vida e a riqueza de seus escritos.

Aos filhos e filhas do Carmelo
19. O interesse crescente que São João da Cruz desperta nos nossos contemporâneos é motivo de legítima satisfação, sobretudo para os filhos e filhas do Carmelo Teresiano, de quem é pai, mestre e guia. É também um sinal de que o carisma de vida e serviço que Deus vos confiou na Igreja continua a ter plena força e validade.

Mas o carisma não é um bem material ou uma herança garantida de uma vez por todas. É uma graça do Espírito que exige de vós fidelidade e criatividade, em comunhão com a Igreja, mostrando-vos sempre atentos às suas necessidades. A todos vós, filhos e irmãos, discípulos e seguidores de Santa Teresa de Jesus e de São João da Cruz, recordo que a vossa vocação é motivo de séria responsabilidade, mais do que de glória.

A solicitude e o cuidado com que cuidas da apresentação dos seus escritos e da difusão da mensagem do teu pai e doutor da Igreja é certamente um valioso serviço à Igreja. E é também o esforço de facilitar a compreensão de sua doutrina com estudos adequados e a pedagogia necessária para iniciar sua leitura e aplicação concreta. A resposta do Carmelo Teresiano, porém, deve ir ainda mais longe. Deveis responder com o testemunho fecundo de uma rica experiência de vida pessoal e comunitária. Cada Carmelita Descalça, cada comunidade, toda a Ordem, é chamada a encarnar os traços que brilham na vida e nos escritos daquele que é como "a imagem viva do Carmelita Descalço": austeridade, intimidade com Deus, oração intensa, fraternidade evangélica, a promoção da oração e da perfeição cristã através do magistério e da direção espiritual, como vosso apostolado específico na Igreja.

Que felicidade encontrar a palavra e a vida do santo carmelita encarnado e personificado em cada filho e filha do Carmelo! Fizeram-no tantos irmãos e irmãs vossos que, ao longo destes quatro séculos, souberam viver a intimidade com Deus, a mortificação, a fidelidade à oração, a ajuda espiritual fraterna, até as noites escuras da fé. Deles, João da Cruz foi professor e modelo com sua vida e seus escritos.

20. Nesta ocasião não posso deixar de dirigir uma palavra de agradecimento e exortação a todas as monjas Carmelitas Descalças. O santo fez deles o objeto de sua predileção, dedicando-lhes o melhor de seu apostolado e de seus ensinamentos. Ele soube formá-los um a um e em comunidade, instruindo-os e guiando-os com a sua presença e o ministério da confissão. Madre Teresa de Jesus o havia apresentado a suas filhas com as melhores credenciais de diretor espiritual, como um "homem celestial e divino", "muito espiritual e com grandes experiências e letras", a quem elas poderiam abrir suas almas para progredir na perfeição, "porque nosso Senhor lhe deu uma graça especial para isso".

São inúmeras as monjas Carmelitas Descalças que, meditando com amor os escritos do santo doutor, atingiram altos cumes em sua vida interior. Algumas delas são universalmente conhecidas como suas filhas e discípulas. Basta lembrar os nomes de Teresa Margarita do Coração de Jesus, Maria de Jesus Crucificado, Teresa de Lisieux, Isabel de la Trinidad, Teresa Benedita de la Cruz (Edith Stein), Teresa de los Andes. Assim, minhas queridas Carmelitas Descalças, espalhadas pelo mundo, continuem a buscar diligentemente aquele puro amor de intimidade com Deus, que torna tão fecunda a vossa vida na Igreja.

Conclusão

21. A evocação de São João da Cruz, por ocasião do IV Centenário da sua morte, permitiu-me partilhar algumas reflexões sobre uma das mensagens centrais do seu ensinamento: as dimensões da fé

evangélica. Uma mensagem que ele, desde as condições históricas do seu tempo, incorporou no seu coração e na sua vida, e que continua a ser fecunda na Igreja.

No final desta carta faço uma peregrinação à sua cidade natal de Fontiveros, onde recebeu as primícias da fé com o batismo, ao convento andaluz de Úbeda onde passou para a glória, ao seu túmulo em Segóvia. Estes lugares que evocam a sua vida terrena são também templos de veneração do santo para todo o povo de Deus, cátedra permanente de onde continua a proclamar a sua mensagem de vida teologal.

Ao apresentá-lo solenemente hoje à Igreja e ao mundo, desejo convidar os filhos e filhas do Carmelo aos cristãos da sua pátria, a Espanha, assim como a todos aqueles que procuram Deus pelos caminhos da beleza, da teologia, da contemplação, para escutar o seu testemunho de fé e de vida evangélica, para que se sintam atraídos, como ele, pela beleza de Deus e pelo amor de Cristo, o Amado.

Ao nosso Redentor e à sua Mãe Santíssima confio as atividades que decorrerão neste ano jubilar para comemorar a transição para a glória de São João da Cruz, enquanto concedo de coração a minha Bênção Apostólica.

Dado em Roma, juntamente com São Pedro, no dia 14 de dezembro, festa de São João da Cruz, Doutor da Igreja, no ano de 1990, décimo terceiro do meu pontificado.

Ioannes Paulo PP. II

Sempre vivemos nossas noites de fé, de afetividade, de economia, de uma humanidade que, de um lado, tem sede de paz e, de outro, busca a guerra para saciar a sua insatisfação.

Irmã Teresa, depois daquela noite tão terrível, onde não enxerga nem o próprio nariz, continua o seu caminho na comunidade, desempenhando as suas obrigações, sem ninguém saber da hemoptise provocada pela tuberculose. Ela é a segunda sacristã, trabalha nas pinturas e se oferece para ser ajudante na rouparia de Irmã Maria de São José, uma Irmã leiga que tem muitas qualidades, mas também um único defeito: tem altos e baixos, é depressiva, e por causa disso ninguém quer trabalhar com ela. Também nos Carmelos e na vida dos conventos, procuramos sempre amar mais quem tem qualidades humanas e espirituais, e as pessoas com menos qualidades são deixadas por si mesmas. Teresa nos explicar o seu modo de agir:

> Observei (e é bem natural) que as irmãs mais santas são as amadas, procura-se a conversação delas, prestam-se serviços a elas sem que tenham de pedi-los, enfim, essas almas capazes de suportar faltas de consideração, de delicadezas, veem-se cercadas pelo afeto de todas. Pode-se aplicar a elas as seguintes palavras do nosso Pai, São João da Cruz: "Todos os bens me foram dados quando não os procurei mais por amor-próprio".
>
> Ao contrário, as almas imperfeitas não são procuradas. Permanece-se, sem dúvida, dentro dos limites da cortesia religiosa, mas receando, talvez, dizer-lhes algumas palavras pouco amáveis, evita-se a companhia delas. Ao mencionar almas imperfeitas não estou me referindo apenas às imperfeições espirituais, pois as mais santas só serão perfeitas no Céu; refiro-me à falta de juízo, de educação, à suscetibilidade de alguns temperamentos, todas coisas que não tornam a vida agradável. Sei que essas enfermidades morais são crônicas, sem esperança de cura, mas sei que minha Madre não deixaria de cuidar de mim, de procurar aliviar-me, se ficasse doente a vida toda. Eis a conclusão a que cheguei: devo procurar, no recreio, na licença, a companhia das irmãs que me são menos agradáveis, desempenhar junto a essas almas feridas o ofício de boa samaritana. Uma palavra, um sorriso amável são muitas vezes suficientes para alegrar uma alma triste. Mas não é absolutamente para alcançar essa meta que quero praticar a caridade, pois sei que logo desanimaria: uma palavra que eu teria proferido com a melhor das intenções seria, talvez, interpretada erroneamente. Por isso, a fim de não perder meu tempo, quero ser amável com todas (e particularmente com as irmãs menos amáveis) para alegrar Jesus e responder ao conselho que me dá no Evangelho, mais ou menos nos seguintes termos: "Quando ofereceres um almoço ou um

jantar, não chames os teus amigos, nem os teus irmãos, nem os teus parentes, nem os ricos vizinhos; de outro modo eles também convidar-te-iam e terias uma retribuição. Mas, quando deres um banquete, convida os pobres, os aleijados, os coxos, os cegos; e serás feliz, porque eles não terão como retribuir-te; mas ser-te-á retribuído na ressurreição dos justos". Que banquete poderia uma carmelita oferecer às suas irmãs, a não ser uma refeição espiritual composta de caridade amável e alegre? Pessoalmente, não conheço outro e quero imitar São Paulo, que se alegrava com quem estava alegre. Verdade que também chorava com os aflitos e as lágrimas devem aparecer, às vezes, no banquete que quero servir, mas sempre procurarei que essas lágrimas se transformem, no final, em alegria; pois o Senhor ama quem dá com alegria (HA 323-324).

32

TERESA GANHA O SEGUNDO IRMÃO MISSIONÁRIO

A comunidade está celebrando com fervor o mês de maio, dedicado a Virgem Maria. No dia 30, a priora, madre Maria de Gonzaga, manda chamar Irmã Teresa no seu "ofício" para comunicar-lhe que recebeu uma carta de um sacerdote das missões estrangeiras de Paris, perguntando se, na medida do possível, podia ajudá-lo no seu ministério missionário. A carta é do padre Adolfo Rouland, que, nascido em 1870, é somente três anos mais velho que Irmã Teresa.

A carta chega com outra carta de acompanhamento, do superior do seminarista, que tece elogios a ele. Como o Carmelo de Lisieux tem certo relacionamento com as missões estrangeiras, madre Gonzaga não quer negar-lhe ajuda, e então pensa em confiar esse sacerdote à Irmã Teresa do Menino Jesus e da Santa Face. Teresa fica superfeliz por ter sido escolhida para essa nobre missão. Mas, como já tem sob seus cuidados outro Irmão, o seminarista Bellière, para aceitar essa nova tarefa impõe uma condição: ninguém deve saber de nada na comunidade. Eis como a própria Teresa relata este fato:

> Ah! O Senhor é tão bom para mim que me é impossível temê-lo. Deu-me sempre o que desejei, ou melhor, fez-me desejar o que queria me dar. Foi assim que, pouco antes de começar minha provação contra a fé, dizia a mim mesma: "Francamente, não tenho grandes provações exteriores e, para tê-las no interior, seria preciso Deus mudar a minha

vida. Não creio que ele o faça, mas não posso viver sempre assim no repouso... Portanto, que meio Jesus irá encontrar para me provar?". A resposta não demorou e mostrou-me que Aquele que amo não está desprovido de meios. Sem alterar minha via, mandou-me a prova que devia misturar amargura salutar em todas as minhas alegrias. Não é só quando quer me provar que Jesus me manda um pressentimento e o desejo. Há muito, tinha um desejo totalmente irrealizável, o de ter um *irmão sacerdote*. Pensei muitas vezes que se meus irmãozinhos não tivessem ido para o Céu teria tido a felicidade de vê-los subir ao altar; mas, como Deus os escolheu para fazer deles anjinhos, não podia mais esperar ver meu sonho realizar-se. Eis que não só Jesus concedeu-me o favor pedido, mas uniu-me, pelos laços da alma, a *dois* dos seus apóstolos que passaram a ser meus irmãos... Quero, Madre querida, relatar-vos minuciosamente como Jesus atendeu a meu desejo e até o ultrapassou, pois eu desejava apenas *um* irmão sacerdote que, todo dia, pensasse em mim no santo altar.

Foi nossa Santa Madre Teresa que me mandou, a título de buquê de festa, em 1895, meu primeiro irmãozinho. Estava na lavanderia, muito atarefada com meu trabalho, quando Madre Inês de Jesus, puxando-me à parte, leu uma carta que acabava de receber. Tratava-se de um jovem seminarista inspirado, dizia ele, por Santa Teresa, e que vinha pedir uma irmã que se dedicasse especialmente à salvação da alma dele e o ajudasse com suas orações e sacrifícios quando missionário, a fim de salvar muitas almas. Prometia lembrar-se sempre dela, que passaria a ser sua irmã, quando pudesse oferecer o Santo Sacrifício. Madre Inês de Jesus disse que queria que fosse eu a irmã desse futuro missionário. Madre, seria impossível descrever a minha felicidade. Meu desejo atendido de modo inesperado fez nascer em meu coração uma alegria que chamarei de infantil, pois preciso remontar aos tempos da minha infância para encontrar a lembrança dessas alegrias tão vivas que a alma se sente pequena demais para conter. Nunca mais, durante muitos anos, tinha provado esse tipo de felicidade. Sentia que, nesse aspecto, minha alma permanecera nova; era como se tivessem tocado, pela primeira vez, cordas musicais até então deixadas no esquecimento (HA 329-330).

Chegou o momento de voltar a falar dos meus irmãos que ocupam, agora, tanto espaço em minha vida. No ano passado, em fins do maio, lembro-me de que mandastes chamar-me antes de irmos ao refeitório. O coração batia-me forte quando fui a vosso encontro, Madre querida. Cismava no que podíeis ter para me dizer, pois era a primeira vez que mandáveis chamar-me dessa forma. Depois de convidar-me a sentar, eis a proposta que me fizestes: "Quereis encarregar-vos dos interesses espirituais de um missionário que deve ser ordenado sacerdote e partir brevemente?", e, Madre, lestes para mim a carta desse jovem padre, a fim de que eu soubesse exatamente o que ele pedia. Meu primeiro sentimento foi de alegria, logo substituído pelo temor. Expliquei, Madre querida, que, tendo já oferecido meus pobres méritos para um futuro apóstolo, acreditava não poder fazê-lo às intenções de outro e que, aliás, havia muitas irmãs melhores do que eu que poderiam responder ao desejo dele. Todas as minhas objeções foram inúteis, respondestes que é possível ter diversos irmãos. Perguntei, então, se a obediência poderia duplicar meus méritos. Respondestes afirmativamente, dizendo muitas coisas que me fizeram ver que era preciso aceitar sem receio um novo irmão. No fundo, Madre, pensava igual a vós e, até, sendo que "o zelo de uma carmelita deve abranger o mundo", espero, com a graça divina, ser útil a mais de *dois* missionários, e não poderia esquecer de rezar por todos, sem deixar de lado os simples padres cuja missão é, às vezes, tão difícil de cumprir quanto a dos apóstolos pregando para infiéis. Enfim, quero ser filha da Igreja como o era nossa Madre Santa Teresa e rezar nas intenções do nosso Santo Padre, o Papa, sabendo que as intenções dele abrangem o universo. Eis a meta geral da minha vida, mas isso não me teria impedido de rezar e unir-me especialmente às obras dos meus anjinhos queridos se tivessem sido sacerdotes. Bem! Eis como me uni espiritualmente aos apóstolos que Jesus me deu como irmãos: tudo o que me pertence a cada um deles, sinto muito bem que Deus é *bom* demais para fazer partilhas, é tão rico que dá sem medida tudo o que peço a ele... Mas não penseis, Madre, que eu me perco em longas enumerações.

Depois que passei a ter dois irmãos e minhas irmãzinhas as noviças, se eu quisesse pedir para cada alma o que ela necessita e pormenorizá-lo, os dias seriam curtos demais e recearia muito esquecer alguma coisa importante. Para as almas simples, não são necessários meios complicados. Como sou uma delas, certa manhã, durante minha ação de graças, Jesus deu-me um meio *simples* de cumprir minha missão. Fez-me compreender a seguinte palavra dos Cânticos: "Atraí-me, corramos ao odor de vossos perfumes". Ó Jesus, nem é necessário dizer: atraindo-me, atraí as almas que amo. Essa simples palavra: "Atraí-me", é suficiente. Compreendo-o, Senhor, quando uma alma se deixou cativar pelo odor inebriante dos vossos perfumes, não conseguiria mais correr sozinha; todas as almas que ela ama são arrastadas por ela. Isso se dá sem coação, sem esforço; é consequência natural da sua atração por vós. Assim como uma torrente que se lança com impetuosidade no oceano arrasta atrás de si tudo o que encontrou na sua passagem, assim, ó meu Jesus, a alma que mergulha no oceano sem margens do vosso amor arrasta consigo todos os tesouros que possui... (HA 333-334).

Esse pedido da madre Maria Gonzaga enche de alegria o coração de Teresa do Menino Jesus, que assumirá com seriedade a sua missão de interceder diante de Deus por seus dois Irmãos missionários, o seminarista Bellière e o padre Rouland, e de ser para eles uma presença discreta, afável.

33

A MAIOR DECEPÇÃO DE TERESA: DIANA VAUGHAN

Há um fato que entristece profundamente Irmã Teresa do Menino Jesus e da Santa Face, relacionado à história complicada da senhorita Diana Vaughan. Quem é ela? A narrativa a seguir nos revela:

DIANA VAUGHAN

Figura de mulher imaginária, criada por Leo Taxil, que, depois de uma vida consagrada a Lúcifer e de ter sido esposa de Asmodeu, teria se convertido, mediante Santa Joana D'Arc, e começado a escrever não somente sobre si mesma, mas também sobre o Paladismo, seita maçônica e satânica.

A suposta conversão e os escritos de Diana Vaughan tiveram muito sucesso na França católica, a ponto de comover o próprio Carmelo de Lisieux.

No dia 19 de abril de 1897, Teo Taxil, em uma famosa conferência em Paris, revelou que tudo não passa de uma criação de sua perversa e malévola fantasia. A decepção no mundo católico foi tremenda.

As relações entre Santa Teresinha e Diana Vaughan se resumiram no envio de uma fotografia de Celina e da Santa na representação de uma cena da vida de Joana D'Arc, acompanhada de algumas palavras e no recebimento de uma carta da suposta Diana.

Foi baseada na história da conversão de Diana Vaughan que Santa Teresinha compôs a peça teatral "O Triunfo da Humildade", apresentada no Carmelo de Lisieux aos 21 de junho de 1896.

Santa Teresinha recebeu também da suposta Diana Vaughan uma cópia de sua "Novena Eucarística para reparar", da qual a Santa fez cópias de algumas partes.

Talvez, Santa Teresinha tenha recebido, no seu Manuscrito B, alguma influência das leituras das falsas obras de Diana.

Há, todavia, dois fatos que merecem muita atenção nessa relação entre Teresa de Lisieux e Diana Vaughan. O primeiro fato é registrado pela Madre Inês: "Tínhamos muitas vezes ouvido falar de Diana Vaughan, essa misteriosa personagem que não era outro senão Leo Taxil, franco-maçom pretenso convertido. Muitos católicos, mesmo padres eminentes, creram em 'Diana Vaughan', e nós nos alegramos no Carmelo pela sua conversão extraordinária". Irmã Teresa do Menino Jesus foi enganada como os outros, mas aconteceu este fato singular: "Eu lhe pedi para compor alguns versos para ser enviados à convertida. Ela me manifestou sua alegria e quis pôr-se à obra no mesmo dia. Qual não foi sua surpresa de não poder achar uma só ideia! Isso foi muito mais espantoso porque ela versificava ordinariamente com uma facilidade muito grande".

"Não compreendo o que me está acontecendo", disse-me ela, "é a primeira vez, mas sou obrigada a confessar minha completa impotência" (NPPA, *Dons sobrenaturais*, 8).

O segundo fato foi uma reação exterior de Santa Teresinha de repulsa a Diana Vaughan, mesmo antes da declaração pública, feita por Leo Taxil, da sua falsidade. Mais uma vez, Madre Inês conta-nos o fato: "Pelo ano de 1894, apareceu na França, sob o nome de certo doutor Batalha (Leo Taxil) e de certa Diana Vaughan, uma série de assim chamadas divulgações dos mistérios da franco-maçonaria. Essas narrativas apaixonaram, durante algum tempo, o público na França. Mais tarde, tudo foi desmentido". Mas, a Serva de Deus que, no início, tinha-se interessado por essas revelações, não esperou o desmentido oficial para pronunciar que elas não mereciam nenhum crédito. Ora, ela baseava sua reprovação sobre este único fato de que, em uma dessas páginas, a pretendida Diana Vaughan falava contra a autoridade de um bispo: "Não é possível, dizia ela, que isso venha do Bom Deus" (PO 166) (CAVALCANTE, verbete Diana Vaughan, 1997).

Essa situação faz Irmã Teresa sofrer bastante, mas ela superará isso a sua maneira: rezando pela conversão de Diana Vaughan.

34

MISSIONÁRIA SEM PASSAPORTE

Ser responsável por dois missionários e ser Irmã espiritual compromete a vida de Teresa espiritualmente. Ela é muito fiel na sua amizade, mas não é uma amizade de dependência nem tem o perfume das amizades pegajosas, que tiram a liberdade e são possessivas. Nada disso. A amizade dela é transparente, sente-se livre de manifestar os seus sentimentos e de poder ajudar com conselhos que nascem do seu coração missionário, do seu amor pela salvação das almas e pela difusão do Evangelho.

Teresa, por ocasião da partida do padre Rouland para a China, para Su-tchuen oriental, em 16 de julho de 1896, compõe uma poesia: "A Nossa Senhora das Vitórias", uma devoção familiar. É a imagem que sorriu à pequena Teresa, mas ela aproveita para colocá-la em uma visão missionária e a dedica aos seus irmãos missionários.

Ser missionária é o ideal de Teresa, mas sua missionariedade é viajar pelo mundo afora sem passaporte, só pelas asas da oração e do amor. Ela sabe que nenhum desejo do coração é irrealizável, porque "Deus não pode inspirar-nos um desejo que não seja possível". O amor realiza todos os nossos desejos, e é um fogo que arde no mais íntimo do coração de Teresa, que vai acendendo outros corações.

A NOSSA SENHORA DAS VITÓRIAS, RAINHA DAS VIRGENS, DOS APÓSTOLOS E DOS MÁRTIRES

Vós que realizais minha esperança,
Escutai, doce Mãe o humilde canto,
Canção minha de amor e gratidão
Que vem do coração de vossa filha...

Vós que, um dia, me unistes para sempre
À trabalhosa ação de um Missionário,
Pela oração que cria laços,
De um amor vinculado ao sofrimento.

Compete a ele atravessar a terra
Para pregar o nome de Jesus.
Ficarei à sombra do mistério,
Praticando virtudes pequeninas.

Reclamo para mim o sofrimento.
Meu amor, meus desejos são de cruz...
Para ajudar a salvar uma só alma,
Mil vezes gostaria de morrer!...

Por ele que conquista almas para Deus,
Desejo imolar-me no Carmelo.
E por meio dele espalharei as chamas
Que Jesus Cristo trouxe lá do Céu.

Por meio dele, ó encantador mistério,
Até lá no Su-tchuen oriental,
Posso conseguir tornar amado
O nome virginal da Mãe querida!...

Dentro de minha solidão profunda,
Quero, Mãe, ganhar os corações.
E por meio de vosso Apóstolo distante,
Poderei converter os pecadores.

Por meio dele a água santa do batismo
Transformará a criança de um só dia
Em um templo consagrado ao próprio Deus,
Que nele irá habitar com Seu amor.

Quero povoar, com pequeninos anjos,
O céu morada eterna e reluzente...
Por ele falanges infantis
Irão em revoada para o céu!...

A palma do martírio que almejo,
Por meio dele poderei colher.
Ó que bela esperança, Mãe Querida:
Irei me tornar irmã de um Mártir!!!

[...]

Quando deixar o exílio desta vida,
No entardecer da luta gloriosa,
Iremos saborear, juntos na Pátria,
Frutos que, como apóstolos, colhemos.

Pertence a ele a glória da vitória
Diante dos exércitos dos santos;
A mim... basta o reflexo de sua glória
Por toda a eternidade, lá nos céus!...

A irmãzinha de um missionário (Poesia 35)

Teresa continua a sonhar com o martírio, e, vendo que este se torna impossível, ela oferece tudo na sua vida como martírio, isto é, como testemunho da sua fidelidade de amor a Deus e ao próximo. Esse seu desejo ela expressa maravilhosamente no manuscrito B, que não é outra coisa senão uma carta longa e profunda da sua vida interior.

35

QUERIDA IRMÃ MARIA

O chamado Manuscrito B é uma longa carta a Irmã Maria, que pede que lhe escreva algo sobre a própria vida espiritual, sobre o próprio caminho de santidade. E Teresa, como sempre, não soube dizer "não".

Este pequeno escrito não se pode dividir nem falar que é difícil, porque constitui o coração de toda a sua doutrina. São palavras que nos surpreendem e que nos encantam, feitas de simplicidade, de coragem, de ousadia. O amor que se encontra no coração dela é tão forte que pensei em colocar este texto na sua integridade e convidar a lê-lo com amor:

MANUSCRITO B

J.M.J.T.

Madre bem-amada, manifestastes-me o desejo de que eu termine de cantar convosco as Misericórdias do Senhor. Comecei este doce canto com vossa filha querida, Inês de Jesus, que foi a mãe encarregada por Deus de guiar-me na minha infância. Portanto, era com ela que eu devia cantar as graças concedidas à florzinha da Santíssima Virgem, quando na primavera da vida. É convosco que devo cantar a felicidade desta florzinha, agora que os tímidos raios da aurora deram lugar aos ardores do meio-dia. Sim, é convosco, Madre querida, é para atender ao vosso desejo que vou tentar redizer os sentimentos da minha alma, minha gratidão para com Deus e para convosco, que o representais visivelmente. Não foi nas vossas mãos maternas que me entreguei inteiramente a ele? Oh, Madre! Tendes lembrança daquele dia?... Sim, sinto que vosso coração não poderia esquecê-lo... Devo esperar o belo Céu, pois não encontro palavras capazes de expressar o que aconteceu em meu coração naquele dia bendito.

Madre querida, há outro dia em que minha alma se uniu ainda mais à vossa, se isso fosse possível; foi o dia em que Jesus vos impôs novamente o fardo do superiorado. Naquele dia, Madre querida, semeastes em lágrimas, mas no Céu sereis cumulada de alegria ao vos apresentardes carregada de feixes preciosos. Ó Madre, perdoai minha simplicidade infantil, sinto que me permitis falar-vos sem procurar distinguir o que é ou não é permitido a uma jovem religiosa dizer à sua priora. Talvez não me contenha sempre nos limites prescritos aos subalternos, mas, querida Madre, ouso dizê-lo, é por culpa vossa, tenho convosco atitudes de criança porque não agis comigo como priora, mas como mãe...

Ah! Sinto perfeitamente, querida Madre, é Deus que me fala por vosso intermédio. Muitas irmãs pensam que me tendes mimado. Que desde minha chegada à arca santa só recebi de vós carícias e agrados. Mas não é bem assim. Vereis, Madre, no caderno em que relato minhas lembranças de infância, o que penso da educação *forte* e materna que recebi de vós. Do mais profundo do meu coração, vos agradeço por não me terdes poupado. Jesus sabia muito bem que sua florzinha precisava da água vivificante da humilhação, era fraca demais para criar raiz sem essa ajuda, e foi por vós, Madre, que esse benefício lhe foi dado.

Há um ano e meio, Jesus quis mudar a maneira de cultivar sua florzinha. Achou-a, sem dúvida, bastante regada; resolveu que ela precisava de *sol* para crescer. Doravante, Jesus só quer dar a ela o seu sorriso e o dá por vós, Madre querida. Esse sol suave, longe de fazer murchar a florzinha, a faz crescer maravilhosamente. No fundo do seu cálice, ela conserva as preciosas gotas de orvalho que já recebeu e essas gotas recordam-lhe sempre que é pequena e fraca... Todas as criaturas podem inclinar-se para ela, admirá-la, cobri-la de elogios; sem saber por quê, tudo isso não acrescenta uma única gota de falsa alegria à alegria verdadeira que saboreia em seu coração, por se ver o que é aos olhos de Deus: apenas um pobre nadinha, nada mais... Digo não entender por quê, mas não seria por ter sido preservada da água dos elogios enquanto seu pequeno cálice não fosse repleto do orvalho da humilhação? Agora, o perigo passou. A florzinha acha tão delicioso o orvalho do qual está repleta que não o trocaria de forma alguma pela água insípida dos elogios.

Não quero falar, Madre querida, do amor e da confiança que me manifestais. Não penseis que o coração da vossa filha esteja insensível a eles, mas sinto não ter nada a temer agora, pelo contrário, posso gozar deles, atribuindo a Deus o que ele se dignou pôr de bom em mim. Se lhe agrada fazer-me parecer melhor do que sou, isso não me diz respeito. Ele é livre para agir como quer... Oh, Madre! Como são diferentes os caminhos pelos quais o Senhor conduz as almas! Na vida dos santos, vimos que muitos não quiseram deixar nada de si depois da morte, nem o mínimo escrito, nem a mínima lembrança. Outros, pelo contrário, como nossa Madre Santa Teresa, enriqueceram a Igreja com suas sublimes revelações, sem receio de contar os segredos do Rei, para que seja mais conhecido, mais amado pelas almas. Qual desses dois gêneros de santos agrada mais a Deus? Parece-me, Madre, que os dois lhe são igualmente agradáveis, pois todos seguiram o impulso do Espírito Santo, e que o Senhor disse: Dizei ao Justo que está *Tudo* bem. Sim, tudo está bem quando se procura apenas a vontade de Jesus. Eis por que eu, pobre florzinha, obedeço a Jesus procurando agradar a minha Madre querida.

Sabeis, Madre, que sempre desejei ser santa, mas ai! Sempre constatei, quando me comparei com os santos, haver entre eles e mim a mesma diferença que existe entre uma montanha cujos cimos se perdem nos céus e o obscuro grão de areia pisado pelos transeuntes. Em vez de desanimar, disse a mim mesma: Deus não poderia inspirar desejos irrealizáveis, portanto, posso, apesar da minha pequenez, aspirar à santidade; não consigo crescer, devo suportar-me como sou, com todas as minhas imperfeições; mas quero encontrar o meio de ir para o Céu por uma via muito direta, muito curta, uma pequena via, totalmente nova. Estamos em um século de invenções. Agora, não é mais preciso subir os degraus de uma escada, nas casas dos ricos, um elevador a substitui com vantagens. Eu também gostaria de encontrar um elevador para elevar-me até Jesus, pois sou pequena demais para subir a íngreme escada da perfeição. Procurei então, na Sagrada Escritura, a indicação do elevador, objeto do meu desejo, e li estas palavras da eterna Sabedoria: Quem for *pequenino*, venha cá; ao que falta entendimento vou falar. Vim, então, adivinhando ter encontrado o que procurava e querendo saber, ó Deus, o que faríeis ao pequenino que respondesse ao vosso chamado. Continuei minhas pesquisas e eis o que achei: Como alguém que é consolado pela própria mãe, assim eu vos consolarei. Sereis amamentados, levados ao colo, e acariciados sobre os joelhos! Ah! Nunca palavras mais suaves, mais melodiosas, vieram alegrar minha alma. Vossos braços são o elevador que deve elevar-me até o Céu, ó Jesus! Para isso, eu não preciso crescer, pelo contrário, preciso permanecer pequena, que o venha a ser sempre mais. Ó meu Deus, superastes minha expectativa e quero cantar as vossas misericórdias. "Vós me instruístes, ó Deus, desde a minha juventude, e até agora proclamo as vossas maravilhas; e também até a velhice, até à canície continuarei a publicá-las". Qual será para mim essa idade avançada? Parece-me que poderia ser agora, pois dois mil anos não são mais que vinte aos olhos do Senhor... que um dia... Ah! Não creiais, Madre querida, que vossa filha deseja vos deixar... não creiais que considera como graça maior a de morrer na aurora em vez de no crepúsculo. O que aprecia, o que deseja unicamente é *agradar* a Jesus... Agora que ele parece aproximar-se dela, a fim de atraí-la para a sua glória, vossa filha se alegra. Há muito compreendeu que Deus não precisa de ninguém (menos ainda dela que dos outros) para realizar o bem na terra.

Perdoai-me, Madre, se vos entristeço... ah! Gostaria tanto de vos alegrar... mas credes que se vossas orações não são atendidas na terra, se Jesus separa por *alguns dias* a criança da mãe, essas orações não serão atendidas no Céu?...

Vosso desejo, sei, é que eu cumpra junto a vós uma missão muito suave, muito fácil; mas não poderia eu terminá-la do alto do Céu?... Como Jesus disse um dia a São Pedro, vós dissestes à vossa filha: "Apascenta meus cordeirinhos". Espantei-me e vos disse "ser eu *pequena* demais"... supliquei para que vós mesma apascentásseis vossos pequenos cordeiros e me guardásseis, me apascentásseis, por favor, com eles. E vós, Madre querida, atendendo *um pouco* ao meu justo desejo, guardastes os cordeirinhos com as ovelhas, mas ordenando-me que fosse muitas vezes fazê-las pastar na *sombra*, que lhes indicasse as melhores ervas e as mais fortificantes, que lhes mostrasse as flores brilhantes que nunca devem tocar a não ser para esmagá-las com os pés... Não receastes, Madre querida, que eu extraviasse vossos cordeirinhos; minha inexperiência, minha juventude não vos atemorizaram. Talvez tenhais recordado que, muitas vezes, o Senhor se compraz em conceder a sabedoria aos pequenos e que, um dia, em um impulso de alegria, bendisse a seu Pai por ter ocultado seus segredos aos sábios e tê-los revelado aos pequenos. Sabeis, Madre querida, pouco raras são as almas que não medem o poder de Deus segundo seus próprios pensamentos, aceitam que em todo lugar na terra haja exceções, mas recusam a Deus o direito de fazê-las. Sei que essa maneira de [medir] a experiência aos anos vividos se pratica há muito tempo entre os humanos, pois na sua adolescência o santo rei Davi cantava ao Senhor: "Sou *jovem* e desprezado". No mesmo salmo 118, não receia dizer: "Tornei-me mais prudente que os anciãos: porque busquei vossa vontade... Vossa palavra é a lâmpada que ilumina meus passos... Estou pronto para cumprir vossas ordens; *nada me perturba*..."

Madre querida, não receastes dizer-me, um dia, que Deus iluminava a minha alma, que até me dava a experiência dos *anos*... Ó Madre! Sou *pequena demais* para ter vaidade agora, sou ainda *pequena demais* para elaborar belas frases para vos fazer crer que tenho muita humildade; prefiro acreditar, simplesmente, que o Todo-Poderoso fez grandes coisas na alma da filha de sua divina Mãe e a maior é ter-lhe mostrado a sua *pequenez*, sua impotência. Madre querida, sabeis muito bem, Deus se dignou fazer minha alma passar por provações de diversas espécies, sofri muito desde que estou na terra, mas se, na minha infância, sofri com tristeza, não é mais assim que sofro atualmente, é na alegria e na paz. Sou verdadeiramente feliz em sofrer. Ó Madre, é preciso que conheçais todos os segredos da minha alma para não sorrirdes ao lerdes estas linhas, pois será que existe uma alma menos provada que a minha, se julgarmos pelas aparências? Ah! Se a provação que sofro há um ano aparecesse aos olhares, que surpresa!...

Madre querida, sabeis qual é essa provação, mas vou falar-vos dela ainda, pois considero-a uma grande graça recebida sob vosso priorado abençoado.

No ano passado, Deus permitiu-me o consolo de observar o jejum da quaresma em todo o seu rigor. Nunca me sentira tão forte e essa força manteve-se até a Páscoa. Porém, na Sexta-Feira Santa, Jesus deu-me a esperança de ir vê-lo, em breve, no Céu... Oh! Como me é suave essa lembrança!... Após ter ficado junto ao túmulo até a meia-noite, regressei à nossa cela, mas apenas coloquei a cabeça no travesseiro senti um fluxo subir, subir borbulhando até meus lábios. Não sabia de que se tratava, mas pensei que, talvez, fosse morrer e minha alma estava inundada de alegria... Mas, como nossa lâmpada estava apagada, disse a mim mesma que era preciso esperar o amanhecer para ter certeza da minha felicidade, pois parecia-me ser sangue que eu tinha vomitado. O amanhecer chegou logo. Ao acordar, pensei imediatamente ter alguma coisa alegre a constatar. Perto da janela, pude verificar meu pressentimento... Ah! Minha alma ficou repleta de uma grande consolação; estava intimamente persuadida de que Jesus, no dia do aniversário da sua morte, queria me deixar perceber um primeiro chamado. Era como um suave e longínquo murmúrio que me anunciava a chegada do Esposo...

Assisti com grande fervor à Prima e ao capítulo dos perdões. Estava ansiosa para que chegasse a minha vez, a fim de poder, pedindo perdão, confidenciar a vós, querida Madre, minha esperança e minha felicidade. Acrescentei que não tinha dor nenhuma (o que era verdade) e pedi-vos, Madre, que nada me désseis de particular. De fato, tive o consolo de passar a Sexta-feira Santa como eu queria. Nunca as austeridades do Carmelo pareceram-me tão deliciosas. A esperança de chegar ao Céu arrebatava-me de alegria. À noite desse feliz dia, foi preciso repousar, mas Jesus deu-me o mesmo sinal de que meu ingresso na vida eterna estava próximo... Gozava então de uma fé tão viva, tão clara, que o pensamento do Céu era toda a minha felicidade; não podia crer na existência de ímpios desprovidos de fé. Acreditava que falavam contra o próprio pensamento ao negar a existência do Céu, do belo Céu onde o próprio Deus quer ser a recompensa eterna. Nos dias tão alegres do tempo pascal, Jesus fez-me sentir haver almas sem fé que, por abuso das graças, perdem esse precioso tesouro, fonte das únicas alegrias puras e verdadeiras. Permitiu que minha alma fosse invadida pelas mais densas trevas e que a ideia do Céu, tão suave para mim, não passasse de tema de combate e tortura... Essa provação não devia durar apenas alguns dias, algumas semanas, só devia desaparecer na hora marcada por Deus e... essa hora não chegou ainda... Gostaria de poder expressar o que sinto, mas creio ser impossível. É preciso ter andado por esse túnel escuro para compreender a escuridão. Mas vou tentar explicar por meio de uma comparação.

    Imagino ter nascido em um país envolvido por um denso nevoeiro. Nunca contemplei o risonho aspecto da natureza, inundada, transfigurada pelo sol brilhante; desde minha infância, ouço falar dessas maravilhas, sei que o país em que estou não é a minha pátria, que existe outro com o qual devo sonhar sempre. Não se trata de uma história inventada por um habitante do triste país em que estou, mas é uma realidade comprovada, pois o Rei da pátria do sol brilhante veio viver trinta e três anos no país das trevas. Ai! As trevas não entenderam que esse Rei divino era a luz do mundo... Mas, Senhor, vossa filha que entendeu vossa divina luz, pede-vos perdão pelos seus irmãos, aceita comer, pelo tempo que quiserdes, o pão da dor e não quer levantar-se desta mesa coberta de amargura onde comem os pobres pecadores antes do dia marcado por vós... Mas não pode ela dizer em seu nome e em nome dos seus irmãos: Tendes piedade de nós, Senhor, pois somos pobres pecadores!?... Oh! Senhor, mandai-nos justificados para casa... Que todos aqueles que não estão iluminados pela luz resplandecente da fé a vejam finalmente luzir... Ó Jesus, se for preciso que a mesa por eles maculada seja purificada por uma alma que vos ama, aceito comer sozinha o pão da provação até o momento que vos agradar introduzir-me em vosso reino luminoso. A única graça que vos peço é a de nunca vos ofender!...

Madre querida, o que vos escrevo não tem sequência lógica. Minha historiazinha que se assemelhava a um conto de fadas transformou-se de repente em oração. Não sei do interesse que teríeis em ler todos estes pensamentos confusos e mal expressos. Enfim, Madre, não escrevo uma obra literária, mas por obediência. Se vos aborreço, vereis, pelo menos, que vossa filha mostrou boa vontade. Portanto, e sem desanimar, vou prosseguir com minha comparaçãozinha, a partir do ponto em que a deixei. Dizia que a certeza de, um dia, ir longe do país triste e tenebroso me fora dada na infância; não acreditava apenas no que ouvia dizer por pessoas mais instruídas que eu, mas sentia no fundo do meu coração aspirações por uma região mais bonita. Assim como o gênio de Cristóvão Colombo levou-o a pressentir a existência de um novo mundo quando ninguém tinha pensado nisso, também eu sentia que outra terra me serviria de morada estável, um dia. Mas, de repente, o nevoeiro que me envolve torna-se mais denso, invade minha alma, e a envolve de tal maneira que não me é mais possível ver nela a imagem da minha pátria. Tudo se evaporou! Quando quero que meu coração, cansado das trevas que o envolvem, repouse com a lembrança do país luminoso ao qual aspiro, meu tormento aumenta. Parece-me que as trevas, pela voz dos pecadores, me dizem zombeteiras: "Sonhas com a luz, com uma pátria perfumada pelos mais suaves olores, sonhas com a *eterna* posse do Criador de todas essas maravilhas, acreditas um dia poder sair do nevoeiro que te envolve, avança, avança, alegra-te com a morte que não te dará o que esperas, mas uma noite ainda mais profunda, a noite do nada".

Madre querida, a imagem que quis vos dar das trevas que envolvem minha alma é tão imperfeita quanto um esboço comparado com o modelo. Porém, não quero escrever mais, receio blasfemar... receio até ter falado demais...

Ah! Que Jesus me perdoe se o magoei, mas ele sabe que, embora sem o gozo da Fé, procuro, pelo menos, realizar as obras. Creio ter feito mais atos de fé, neste último ano, do que em toda a minha vida. A cada nova ocasião de luta, quando meus inimigos vêm me provocar, comporto-me com bravura; por saber que é covardia bater-se em duelo, viro as costas para meus adversários, sem dignar-me olhá-los de frente, mas corro para meu Jesus, digo-lhe que estou pronta para derramar até a última gota do meu sangue para confessar que o Céu existe. Digo-lhe que estou feliz por não gozar desse belo Céu na terra, a fim de que ele o abra para a eternidade aos pobres incrédulos. Assim, apesar dessa provação que aparta de mim *todo o gozo*, posso clamar: "Senhor, vós me cumulais de *alegria* por *tudo* o que fazeis" (Sl XCI). Pois existe *alegria* maior que a de sofrer pelo vosso amor?... Mais interior é o sofrimento, menos aparece aos olhos das criaturas, mais ele vos alegra, ó meu Deus; mas se, por impossível que fosse, devêsseis ignorar meu sofrimento, ainda seria feliz de suportá-lo se, por meio dele, eu pudesse impedir ou reparar uma única falta cometida contra a Fé...

Madre querida, talvez vos pareça que exagero minha provação; de fato, se julgais a partir dos sentimentos expressos nas pequenas poesias que escrevi durante este ano, sou uma alma repleta de consolações e para quem o véu da fé está quase rasgado. Mas... não é mais um véu para mim, é um muro levantado até os céus e que encobre o firmamento estrelado... Quando canto a felicidade do Céu, a eterna posse de Deus, não sinto alegria alguma, pois só canto o que *quero crer*. Às vezes, é verdade, um raiozinho de sol vem iluminar minhas trevas; então, a provação cessa por *um instante*, mas depois a recordação desse raio, em vez de causar-me alegria, torna minhas trevas ainda mais densas.

Oh Madre! Nunca senti tão bem como o Senhor é compassivo e misericordioso; só me mandou essa provação no momento em que tive a força para suportá-la. Creio que, mais cedo, ela me teria mergulhado no desânimo... Agora, subtrai-me tudo o que poderia se encontrar de satisfação natural no desejo que tinha do Céu... Madre querida, parece-me que agora nada me impede de levantar voo, pois não tenho mais grandes desejos a não ser o de amar até morrer de amor... (9 de junho).

Madre querida, estou muito assustada vendo o que vos escrevi ontem. Que garranchos!... Minha mão tremia tanto que me foi impossível prosseguir e agora até me arrependo por ter tentado escrever; espero hoje escrever de forma mais legível, pois não estou mais na cama, mas em uma bonita poltrona branquinha.

Oh Madre! Sinto que tudo o que vos digo não tem ordem, mas sinto também a necessidade de, antes de vos falar do passado, falar-vos dos meus atuais sentimentos. Se adiar, perderei, talvez, a lembrança deles. Quero dizer-vos, inicialmente, o quanto estou comovida por vossas delicadezas maternas. Ah! Acreditai, Madre querida, o coração da vossa filha está repleto de gratidão, nunca esquecerá o que vos deve...

Madre, o que mais me comove é a novena que estais fazendo para Nossa Senhora das Vitórias, as missas que mandais celebrar para minha cura. Sinto que todos esses tesouros espirituais fazem um bem imenso à minha alma. No início da novena, dizia-vos, Madre, que era preciso a Santíssima Virgem curar-me ou me levar para os Céus, pois achava muito triste para vós e para a comunidade ter o encargo de uma jovem religiosa doente; agora, aceito ficar doente a vida toda se isso for agradável a Deus e consinto, até, em que minha vida seja muito longa. A única graça que desejo é que ela seja interrompida pelo amor.

Não! Não receio uma vida longa, não recuso a luta, pois o Senhor é a rocha na qual estou erigida, ele é quem adestra minhas mãos para a liça e meus dedos para a guerra. Nunca pedi a Deus para morrer jovem, mas é verdade que sempre esperei que seja essa a vontade dele. Muitas vezes, o Senhor contenta-se com o desejo de trabalhar para sua glória e sabeis, Madre, que meus desejos são muito grandes. Sabeis também que Jesus me ofereceu mais de um cálice amargo, que afastou dos meus lábios antes de eu bebê-lo, não sem antes me fazer provar seu amargor. Madre querida, o santo rei Davi tinha razão quando cantava: "Oh! Como é belo, como é prazeroso o convívio de muitos irmãos juntos!". Senti isso muitas vezes, mas é no meio dos sacrifícios que essa união deve acontecer na terra. Não foi para viver com minhas irmãs que vim para o Carmelo, foi unicamente para atender ao chamado de Jesus; ah! Pressentia que seria um motivo de sofrimento contínuo viver com as próprias irmãs, quando não se quer conceder nada à natureza. Como se pode dizer ser mais perfeito afastar-se dos seus?... Já se censurou irmãos por combaterem no mesmo campo de batalha? Já os censuraram por colher juntos a palma do martírio?... Julgou-se, sem dúvida e com razão, que eles se animavam mutuamente; mas o martírio de cada um passava a ser o de todos. Assim é na vida religiosa, que os teólogos chamam de martírio. Ao dar-se a Deus, o coração não perde sua natural ternura, pelo contrário, essa ternura cresce ao tornar-se mais pura e mais divina.

Madre querida, é com essa ternura que vos amo, que amo minhas irmãs; estou feliz por combater *em família* para a glória do Rei dos Céus, mas estou disposta também a voar para outro campo de batalha se o Divino General me manifestar o desejo. Não haveria necessidade de uma ordem, bastaria um olhar, um simples sinal.

Desde meu ingresso na arca abençoada, sempre pensei que se Jesus não me levasse logo para o Céu o destino da pombinha de Noé seria o meu. Que um dia o Senhor abriria a janela da arca e me mandaria voar para muito longe, para praias infiéis, levando comigo o raminho de oliveira. Madre, esse pensamento fez crescer minha alma, fez-me planar acima de todo o criado. Compreendi que até no Carmelo poderia haver separações, que só no Céu a união seria completa e eterna. Quis, então, que minha alma morasse nos Céus, que só olhasse de longe as coisas da terra. Não só aceitei exilar-me no meio de um povo desconhecido, mas, o que me era *muito mais amargo*, aceitei o exílio para minhas irmãs. Nunca me esquecerei de 2 de agosto de 1896. Naquele dia, o da partida dos missionários, falou-se seriamente da [partida] de Madre Inês de Jesus. Ah! Não queria fazer um só gesto para impedi-la de partir; embora sentisse uma grande tristeza em meu coração, achava que sua alma tão sensível, tão delicada, não era feita para viver no meio de almas que não saberiam compreendê-la. Mil outros pensamentos acorriam numerosos ao meu espírito e Jesus permanecia calado, não dava ordens à tempestade... Eu lhe dizia: "Meu Deus, por amor a vós, aceito tudo; se o quiserdes, posso morrer de tristeza". Jesus contentou-se com a aceitação, mas alguns meses depois se falou da partida de Irmã Genoveva e de Irmã Maria da Trindade. Foi então outro tipo de sofrimento, muito íntimo, muito profundo. Imaginava todas as provações, todos os sofrimentos que elas teriam de encontrar. Enfim, meu céu estava carregado de nuvens... só o fundo do meu coração ficava no sossego e na paz.

Madre querida, vossa prudência soube descobrir a vontade de Deus e, em nome dele, proibistes às vossas noviças de pensar agora em deixar o berço da infância religiosa. Mas compreendíeis as aspirações delas, sendo que vós mesma, Madre, havíeis pedido, na juventude, para ir para Saigon. É assim, muitas vezes, que o desejo das mães encontra eco na alma dos filhos. Ó Madre querida, vosso desejo apostólico encontra em minha alma um eco muito fiel, bem o sabeis. Deixai que vos confidencie o motivo de eu ter desejado e ainda desejar, caso a Santíssima Virgem me cure, trocar por uma terra estrangeira o delicioso oásis onde vivo tão feliz sob vosso olhar materno.

Madre, já me dissestes que para viver em Carmelos estrangeiros é preciso ter uma vocação toda especial. Muitas almas pensam ser chamadas sem o ser de fato. Dissestes-me também que eu tinha essa vocação e que só minha saúde era empecilho. Sei que esse obstáculo sumiria se Deus me chamasse para uma terra longínqua; portanto, vivo sem preocupações. Se eu precisar, um dia, deixar meu querido Carmelo, ah! Não seria sem ferida, Jesus não me deu um coração insensível, mas é justamente por ser capaz de sofrer que desejo que ele dê a Jesus tudo o que pode dar. *Aqui*, Madre querida, vivo sem preocupação alguma com os cuidados da miserável terra. Só tenho de cumprir a suave e fácil missão que me confiastes. *Aqui*, estou suprida das vossas atenções maternas, não sinto a pobreza, nunca me faltou coisa alguma. Mas *aqui*, sobretudo, sou amada, de vós e de todas as irmãs, e esse afeto me é muito agradável. Eis por que sonho com um mosteiro onde não seria conhecida, onde teria de sofrer pobreza, falta de afeto, enfim, no exílio do coração.

Ah! Não foi para prestar serviços ao Carmelo que quisesse receber-me que eu deixaria tudo o que me é caro; sem dúvida, faria tudo o que dependesse de mim, mas conheço minha incapacidade e sei que fazendo o melhor que eu puder não chegaria a fazer muito e bem, por não ter, como dizia há pouco, conhecimento algum das coisas da terra. Minha única finalidade seria cumprir a vontade de Deus, sacrificar-me por ele da maneira que lhe fosse agradável.

Sinto que eu não teria decepção nenhuma, pois, quando se espera um sofrimento puro e sem mistura, a menor alegria torna-se uma surpresa e, vós o sabeis Madre, o próprio sofrimento passa a ser a maior das alegrias quando é buscado como o mais precioso dos tesouros.

Oh, não! Não é para usufruir dos meus trabalhos que quero partir, se tal fosse minha finalidade, não sentiria essa doce paz que me inunda e até sofreria por não poder realizar a minha vocação para as missões longínquas. Há muito não me pertenço, entreguei-me totalmente a Jesus. Portanto, ele é livre para fazer de mim o que quiser. Deu-me a atração por um exílio completo, fez-me *compreender todos os sofrimentos* que eu encontraria, perguntou-me se estava pronta a esgotar o cálice da amargura. Quis tomar logo essa taça, mas, puxando-a da minha mão, fez-me entender que a aceitação lhe era suficiente.

Ó Madre, de quantas dúvidas nos livramos pelo voto da obediência! Como as simples religiosas são felizes, tendo por única bússola a vontade das suas superioras, estão sempre seguras de estar no caminho certo, não receiam errar mesmo quando lhes parece óbvio que as superioras se enganam. Quando, porém, alguém para de olhar para a bússola infalível, quando se afasta do caminho que ela aponta, sob pretexto de fazer a vontade de Deus que não está esclarecendo direito quem o representa, logo a alma se perde nos caminhos áridos onde a água da graça passa logo a fazer falta.

Madre querida, sois a bússola que Jesus me deu para levar-me seguramente ao porto eterno. Como me é agradável fixar em vós o meu olhar e cumprir a vontade do Senhor. Depois que ele permitiu que eu sofresse tentações contra a fé, aumentou muito, em meu coração, o espírito de fé que me faz ver em vós, não apenas uma mãe que me ama e que amo, mas, sobretudo, que me faz ver em vossa alma o Jesus vivo que me comunica a sua vontade por vosso intermédio. Sei muito bem, Madre, que me tratais como alma fraca, menina mimada; por isso, não tenho dificuldade em carregar o fardo da obediência. Mas parece-me, pelo que sinto no fundo do meu coração, que eu não alteraria minha conduta e que meu amor por vós não sofreria diminuição alguma se preferísseis tratar-me severamente; pois ainda veria que se trata da vontade de Jesus que ajais assim para o maior bem da minha alma.

Este ano, Madre querida, Deus deu-me a graça de compreender o que é a caridade. Compreendia antes, mas de maneira imperfeita, não tinha aprofundado esta palavra de Jesus: "O segundo [mandamento] é *semelhante* a este: 'Ama o teu próximo como a ti mesmo'". Dedicava-me, sobretudo, a amar a Deus e foi amando-o que compreendi que não devia deixar que meu amor se traduzisse apenas em palavras, pois: "Nem todo o que me diz: 'Senhor, Senhor', entrará no reino dos céus, mas o que faz a vontade de meu Pai que está nos céus". Essa vontade, Jesus a deu a conhecer muitas vezes, deveria dizer quase a cada página do seu Evangelho; mas na última ceia, quando sabe que o coração dos seus discípulos arde de maior amor por ele, que acaba de dar-se a eles no inefável mistério da sua Eucaristia, esse doce Salvador quer dar-lhes um novo mandamento. Diz-lhes com indizível ternura: "Dou-vos um mandamento novo: que vos ameis uns aos outros; que, *assim como eu vos amei, vós também vos ameis uns aos outros*. E nisto precisamente todos reconhecerão que sois meus discípulos: se tiverdes amor uns pelos outros".

De que maneira Jesus amou seus discípulos e por que os amou? Ah! Não eram suas qualidades naturais que podiam atraí-lo, havia entre eles e ele uma distância infinita. Ele era a ciência, a Sabedoria Eterna; eles eram pobres pescadores ignorantes e cheios de pensamentos terrenos. Contudo, Jesus os chama de amigos, de irmãos, quer vê-los reinar com ele no reino do seu Pai e, para abrir-lhes esse reino, quer morrer em uma cruz, pois disse: "Não há amor maior que dar a vida por quem se ama".

Madre querida, ao meditar essas palavras de Jesus, compreendi como era imperfeito o meu amor para com minhas irmãs, pois não as amava como Deus as ama. Ah! Compreendo agora que a caridade perfeita consiste em suportar os defeitos dos outros, não se surpreender com suas fraquezas, edificar-se com os menores atos de virtude que os vemos praticar. Compreendi, sobretudo, que a caridade não deve ficar presa no fundo do coração. Ninguém, disse Jesus, acende uma candeia para colocá-la debaixo do alqueire, mas sobre o candelabro, e assim alumia a quantos estão em casa. Parece-me que essa candeia representa a caridade que deve alumiar, alegrar, não só os que me são mais caros, mas *todos* os que estão em casa, sem excetuar ninguém.

Quando o Senhor ordenou a seu povo que amasse o próximo como a si mesmo, não tinha vindo ainda à terra. Mas, sabendo até que grau se ama a si mesmo, não podia pedir às suas criaturas amor maior para com o próximo. Quando Jesus deu a seus discípulos um mandamento novo, *o seu mandamento*, como diz adiante, não é mais amar o próximo como a si mesmo que ele ordena, mas amá-lo como *ele, Jesus, o amou*, como o amará até o final dos séculos...

Ah, Senhor! Sei que não ordenais nada impossível, conheceis minha fraqueza e minha imperfeição melhor do que eu mesma; bem sabeis que nunca poderei amar as minhas irmãs como vós as amastes, se *vós mesmo*, ó meu Jesus, não as *amásseis em mim*. É porque queríeis me conceder essa graça que fizestes um mandamento *novo*. Oh! Como o amo, sendo que me dás a certeza de que vossa vontade é *amar em mim* todos aqueles que me ordenastes amar!...

Sinto que quando sou caridosa é só Jesus que age em mim; mais unida fico a ele, mais amo todas as minhas irmãs. Quando quero aumentar em mim esse amor, quando o demônio, sobretudo, procura colocar perante os olhos da alma os defeitos de tal ou qual irmã que me é menos simpática, apresso-me em procurar ver suas virtudes, seus bons desejos. Penso que, se a vi cair uma vez, bem pode ter conseguido muitas vitórias que ela esconde por humildade, e que mesmo aquilo que para mim parece ser uma falta pode ser, devido à intenção, um ato de virtude. Não tenho dificuldade em acreditar, pois já fiz uma pequena experiência que me provou que não se deve julgar. Foi durante um recreio, a porteira deu dois toques, era preciso abrir a grande porta dos serviçais a fim de introduzir árvores destinadas ao presépio. O recreio não estava alegre, pois não estáveis aí, Madre querida, e, por isso, pensei que me seria agradável ser mandada para servir de terceira. Nesse momento, madre vice-priora disse-me que fosse, ou a irmã que estava a meu lado. Logo comecei a desatar o nosso avental, mas bem devagar, a fim de que minha companheira pudesse desatá-lo antes de mim, pois pensei agradar-lhe deixando-a ser terceira. A irmã que substituía a depositária observava-nos rindo e, vendo que me levantei por último, disse-me: Ah! Bem que imaginei que não seria vós quem acrescentaríeis uma pérola à coroa, andáveis devagar demais...

Certamente, a comunidade toda pensou que eu tinha agido segundo a natureza. Não sei dizer como uma tão pequena coisa fez bem à minha alma e me tornou indulgente em relação às fraquezas dos outros. Isso me impede também de sentir vaidade quando sou julgada favoravelmente, pois digo a mim mesma: se meus pequenos atos de virtude são vistos como imperfeições, pode também haver engano e considerar-se como ato de virtude o que não passa de imperfeição. Então, digo com São Paulo: Bem pouco me importo em ser julgado por vós ou por um tribunal de homens, nem julgo a mim mesma; quem me julga é o Senhor. Assim, a fim de fazer com que esse julgamento me seja favorável, ou melhor, a fim de não ser julgada de forma alguma, quero ter sempre pensamentos caridosos, pois Jesus disse: "Não julgueis e não sereis julgados".

Ao ler o que acabo de escrever, poderíeis, Madre, crer que a prática da caridade não me é difícil. É verdade que, desde alguns meses, não tenho mais de combater para praticar essa bela virtude. Não quero dizer com isso que nunca me acontece cair em faltas. Ah! Sou imperfeita demais para evitar isso, mas não tenho muita dificuldade em me levantar quando caio, pois em certo combate alcancei a vitória e, por isso, a milícia celeste vem agora em meu socorro, não podendo aceitar ver-me vencida depois de ter sido vitoriosa na guerra gloriosa que vou procurar descrever.

Encontra-se na comunidade uma irmã que tem o dom de desagradar-me em tudo, suas maneiras, suas palavras, seu caráter eram-me *muito desagradáveis*, porém é uma santa religiosa que deve ser *muito agradável* a Deus. Não querendo entregar-me à antipatia natural que sentia, disse a mim mesma que a caridade não deveria assentar-se nos sentimentos, mas nas obras. Então, apliquei-me em fazer por essa irmã o que teria feito pela pessoa que mais amo. Cada vez que a encontrava, rezava por ela, oferecendo a Deus todas as suas virtudes e méritos. Sentia que isso agradava a Jesus, pois não há artista que não goste de receber elogios pelas suas obras, e Jesus, o artista das almas, fica feliz quando, em vez de olhar apenas o exterior, entramos no santuário íntimo que ele escolheu para morada e admiramos sua beleza. Não me restringia a rezar muito pela irmã que me levava a tantos combates; procurava prestar-lhe todos os serviços possíveis. Quando estava tentada a responder-lhe de modo desagradável, contentava-me em lhe dar meu mais agradável sorriso e procurava desviar a conversa, pois diz-se na Imitação que é melhor deixar cada um no seu sentimento que se entregar à contestação.

Muitas vezes também quando não estava no recreio (quero dizer, durante as horas de trabalho), tendo algum relacionamento de serviço com essa irmã, quando os combates se faziam violentos demais, fugia como desertora. Como ela ignorava completamente o que eu sentia por ela, nunca suspeitou os motivos do meu comportamento e está persuadida de que o caráter dela me é agradável. Um dia, no recreio, disse-me, aproximadamente, as seguintes palavras com ar contentíssimo: "Aceitaríeis dizer-me, Irmã Teresa do Menino Jesus, o que tanto vos atrai em mim, pois cada vez que me olhais vejo-vos sorrir?". Ah! O que me atraía era Jesus oculto no fundo da alma dela... Jesus que torna suave o que é amargo... Respondi que sorria por estar contente em vê-la (obviamente não acrescentei que era do ponto de vista espiritual).

Madre querida, contei-vos meu *último meio* para não ser vencida nos combates: a deserção. Esse meio, empreguei-o durante meu noviciado e sempre deu ótimos resultados. Quero, Madre, citar um exemplo que, creio, vos levará a sorrir. Durante um dos vossos ataques de bronquite, fui uma manhã, de mansinho, entregar-vos as chaves da grade de comunhão, pois eu era sacristã. No fundo, não me desagradava ter essa ocasião de vos ver, estava até muito contente, mas evitava deixar transparecê-lo. Uma irmã, animada por um santo zelo e que, todavia, gostava muito de mim, vendo-me entrar em vossos aposentos, pensou que eu ia vos acordar. Quis tomar de mim as chaves, mas eu era bastante esperta para não entregá-las a ela e ceder-lhe *meus direitos*. Disse-lhe, com as melhores maneiras, que eu cuidava tanto quanto ela de não vos acordar, mas que cabia *a mim* entregar as chaves... Agora compreendo que teria sido mais perfeito ceder diante dessa irmã, jovem, é verdade, mas mais antiga que eu. Naquele tempo, não o compreendia. Querendo de todo jeito entrar atrás dela, que empurrava a porta para me impedir de passar, provocamos o que não queríamos: o barulho vos acordou... Então, Madre, tudo recaiu sobre mim. A pobre irmã a quem resisti iniciou um discurso parecido com este: "Foi Irmã Teresa do Menino Jesus quem fez barulho... como ela é desagradável..." etc. Eu, por acreditar no contrário, fiquei com vontade de defender-me; felizmente, veio-me uma ideia brilhante. Pensei que se eu começasse a justificar-me não conseguiria, certamente, manter a paz da alma; sentia também que não tinha virtude suficiente para me deixar acusar sem reagir. Minha última tábua de salvação foi a fuga. Dito e feito. Saí em surdina, deixando a irmã continuar seu discurso, que parecia com as imprecações de Camilo contra Roma. Meu coração batia com tanta força que não pude ir longe e sentei-me em um degrau da escada para saborear em paz os frutos da minha vitória. Não havia bravura nisso, não é verdade, querida Madre? Acredito, porém, que mais vale não se expor à luta quando a derrota é certa. Ai! Quando recordo o tempo do meu noviciado, como percebo o quanto eu era imperfeita... Atormentava-me com tão pouca coisa que hoje rio disso. Ah! Como o Senhor é bom por ter feito crescer a minha alma, por ter-lhe dado asas... Todas as redes dos caçadores não poderiam me atemorizar, pois "em vão se lança a rede diante dos olhos dos que têm asas". Futuramente, sem dúvida, o tempo atual parecer-me-á ainda cheio de imperfeição, mas agora não me espanto com nada, não fico triste por constatar que sou a própria *fraqueza*, pelo contrário, é nela que me glorifico e espero cada dia descobrir em mim novas imperfeições. Lembrando-me de que a Caridade estende um véu sobre uma multidão de pecados, abasteço-me nessa mina fecunda que Jesus abriu diante de mim. No Evangelho, o Senhor explica em que consiste seu mandamento novo. Diz, em São Mateus: "Ouvistes o que foi dito: 'Amarás o teu próximo e odiarás o teu inimigo'. Eu, porém, digo-vos: 'Amai os vossos inimigos e orai pelos que vos perseguem'". No Carmelo, sem dúvida, não encontramos inimigos, mas há simpatias, sentimos atração por tal irmã enquanto tal outra nos levaria a dar uma longa volta a fim de não encontrar com ela. Sem que se perceba, ela passa a ser objeto de perseguição. Mas Jesus me diz que essa irmã deve ser amada, que se deve rezar por ela, mesmo que seu comportamento me leve a crer que ela não me ama. "Se amardes os que vos amam, que merecimento vos é devido? Pois os próprios pecadores amam os que os amam." Não basta amar, é preciso dar provas desse amor. Temos naturalmente prazer em dar presente a um amigo, gosta-se, especialmente, de causar surpresa; mas isso não é caridade, pois os pecadores também agem assim. Eis o que Jesus me ensina ainda: "Dá a *todo aquele* que te pede, e *ao que leva* o que é teu não lho reclames". Dar a todas aquelas que vos *pedem* é menos agradável do que oferecer segundo a inclinação do coração; se bem que, quando se pede com gentileza, não custa dar. Porém, se por acaso não se usam palavras delicadas, a alma revolta-se logo caso não seja firmada na caridade. Encontra mil motivos para recusar o que lhe é pedido e só depois de ter convencido a solicitante da sua indelicadeza lhe dá, *finalmente e por favor*, o que ela deseja, ou lhe presta um leve serviço que teria exigido vinte vezes menos tempo do que foi preciso para exigir direitos imaginários. Se é tão difícil dar a quem quer que peça, é ainda mais difícil deixar levar se pedir de volta. Ó Madre, digo que é difícil, deveria dizer que aquilo *parece* difícil, pois o jugo do Senhor é suave e leve quando aceito, sente-se logo sua doçura e exclama-se com o salmista: "Corri pelo caminho dos vossos mandamentos desde que me dilatastes o coração". Só a caridade pode dilatar o meu coração, ó Jesus. Desde que essa doce chama o consome, corro alegre na via do vosso mandamento *novo*... Quero correr nela até o dia bem-aventurado em que, unindo-me ao séquito virginal, poderei seguir-vos pelos espaços infinitos, cantando vosso cântico *novo* que deve ser o do Amor.

Dizia: Jesus não quer que eu reclame o que me pertence; isso deveria parecer-me fácil e natural, pois nada me pertence. Renunciei aos bens da terra pelo voto de pobreza, portanto, não tenho o direito de queixar-me quando me tiram uma coisa que não me pertence; pelo contrário, devo alegrar-me quando me acontece sentir a pobreza. Houve um tempo em que eu tinha a impressão de não estar apegada a nada, mas depois que entendi as palavras de Jesus vejo que sou muito imperfeita em certas ocasiões. Por exemplo, no serviço da pintura, nada é meu; mas se ao iniciar o trabalho vejo que pincéis e tintas estão fora do lugar, que uma régua ou um canivete sumiram, a paciência ameaça abandonar-me e preciso apelar para muita coragem para não reclamar contrariada os objetos que me faltam. É preciso, às vezes, pedir as coisas indispensáveis, mas ao fazê-lo humildemente não pecamos contra o mandamento de Jesus; pelo contrário, agimos como os pobres que estendem a mão para receber o que lhes é necessário. Se são repelidos, não se espantam, ninguém lhes deve coisa alguma. Ah! Como a paz inunda a alma quando ela se eleva acima dos sentimentos da natureza... Não há alegria comparável à do pobre de espírito. Se pede com desapego uma coisa que lhe é necessária e que não apenas lhe é recusada, mas se toma até aquilo que ele possui, segue o conselho de Jesus: "E a quem quiser citar-te em juízo para te tirar a túnica, deixa-lhe também o manto..." Deixar o manto, parece-me, é renunciar aos últimos direitos, é considerar-se como a serva, a escrava das outras. Quando se abandonou o manto, é mais fácil andar, correr, por isso Jesus acrescenta: "E, se alguém te obrigar a andar uma milha, vai com ele duas". Portanto, não é suficiente dar a quem me pede, é preciso antecipar-se a seus desejos, parecer muito grata e muito honrada em prestar serviço, e quando se toma alguma coisa de meu uso não devo parecer sentir falta dela, mas, pelo contrário, parecer feliz por ficar *livre* dela.

Madre querida, estou longe de praticar o que entendo, mas o desejo que tenho de praticar é suficiente para me dar a paz.

Ainda mais do que nos outros dias, sinto que me expressei mal. Fiz uma *espécie de discurso* sobre a caridade cuja leitura deve ter-vos cansado. Perdoai-me, Madre querida, e pensai que, neste momento, as enfermeiras estão fazendo para mim o que acabo de escrever. Não se incomodam em dar vinte mil passos onde vinte seriam suficientes. Pude, portanto, contemplar a caridade em ação! Sem dúvida, aquilo deve ter perfumado a minha alma, quanto à minha mente, confesso que ficou um pouco paralisada perante tal dedicação e minha pena perdeu a leveza. Para poder expressar meus pensamentos, preciso estar como o pássaro solitário no telhado, e isso me acontece raramente. Quando pego a pena para escrever, eis que uma boa irmã passa perto de mim, com o forcado no ombro. Pensa distrair-me conversando um pouco comigo. Feno, patos, galinhas, visita do médico, tudo é assunto de conversa. Na verdade, isso não se alonga, mas há *mais de uma irmã caridosa* e, de repente, outra jardineira coloca flores no meu colo, pensando, talvez, inspirar-me ideias poéticas. Como não as procuro neste momento, preferia que as flores ficassem a se balançar nos galhos. Enfim, cansada de abrir e fechar este famoso caderno, abro um livro que não quer ficar aberto e digo firmemente que copio pensamentos dos salmos e do Evangelho para a festa da nossa Madre. Não deixa de ser parcialmente verdade, pois não economizo as citações... Madre querida, creio que eu vos divertiria se vos contasse todas as minhas aventuras nos bosques do Carmelo. Não sei se consegui escrever dez linhas sem ter sido interrompida. Isso não deveria levar-me a rir, nem a me divertir, porém, pelo amor de Deus e das minhas irmãs (tão caridosas para comigo), procuro assumir um ar de contentamento e, sobretudo, *ficar* contente...

Olhe! Eis uma jardineira que se afasta depois de me ter dito em um tom compassivo: "Pobre irmãzinha, deveis cansar escrevendo assim o dia todo". "Fiqueis tranquila", respondi, "parece que escrevo muito, mas na verdade escrevo quase nada." "Ainda bem", disse-me com ar tranquilizado, "mas estou muito contente por estarmos recolhendo o feno, isso vos distrai um pouco." De fato, é uma distração tão grande para mim (sem contar as visitas das enfermeiras), que não minto quando digo escrever quase nada.

Felizmente, não desanimo com facilidade. Para comprová-lo, Madre, vou acabar de explicar o que Jesus me fez entender a respeito da caridade. Até agora, só vos falei do exterior, mas gostaria de vos relatar como entendo a caridade puramente espiritual. Tenho certeza de que logo vou misturar as duas, mas, Madre, sendo a vós que falo, estou certa de que não vos será difícil captar meu pensamento e desembaraçar a meada da vossa filha.

Nem sempre é possível, no Carmelo, praticar ao pé da letra as palavras do Evangelho. Devido ao ofício de cada uma, alguém se vê obrigada, às vezes, a recusar uma prestação de serviço. Mas, quando a caridade deitou raízes profundas na alma, ela se manifesta no exterior. Existe um modo tão gracioso de recusar o que não se pode dar que a recusa agrada tanto quanto a dádiva. É verdade que nos constrangemos menos em pedir um serviço a uma irmã sempre disposta a agradar, mas Jesus disse: "Não voltes as costas a quem te pede emprestado". Assim, com o pretexto de que seríamos obrigadas a recusar, não devemos nos afastar das irmãs que têm o hábito de pedir serviços. Não se deve, tampouco, ser oferecido enquanto *interesse*, na esperança de uma retribuição futura, pois Nosso Senhor disse: "E, se emprestardes àqueles de quem esperais receber, que merecimento vos é devido? Também os pecadores emprestam aos pecadores, a fim de receberem o equivalente. Mas vós, amai os vossos inimigos e fazei-lhes bem, e emprestai *sem nada esperar em troca* e vossa recompensa será grande". Oh, sim! A recompensa é grande desde a terra... nessa via, só o primeiro passo custa. *Emprestai sem nada esperar*, isso parece duro para a natureza, prefere-se *dar*, pois uma vez dada a coisa não nos pertence mais. Quando vos dizem, com ar totalmente convencido: "Irmã, preciso da vossa ajuda por algumas horas, mas fiqueis tranquila, pois tenho a autorização da nossa Madre e vos *retribuirei* o tempo que me derdes, pois sei o quanto estais atarefada". Na verdade, quando se sabe muito bem que o tempo que *emprestamos* não será restituído, preferiríamos responder: "Dou-vos esse tempo". Isso satisfaria ao amor-próprio, pois dar é ato mais generoso que emprestar e fazemos sentir à irmã que não esperamos retribuição... Ah! Como os ensinamentos de Jesus são contrários aos sentimentos da natureza. Sem a ajuda da sua graça, seria impossível não apenas praticá-los, mas compreendê-los.

Madre, Jesus concedeu à vossa filha a graça de fazê-la penetrar as misteriosas profundezas da caridade; se ela pudesse expressar o que entende, ouviríeis uma melodia do Céu, mas ai! Só tenho balbucios a vos oferecer... Se as próprias palavras de Jesus não me servissem de apoio, ficaria tentada a vos pedir clemência e abandonar a pena... Mas preciso prosseguir, por obediência, o que comecei por obediência.

Madre querida, ontem, a respeito dos bens da terra, escrevia que, por não serem meus, não deveria achar difícil nunca reclamar por eles caso me fossem tirados. Os bens do Céu tampouco me pertencem, são *emprestados* por Deus, que pode tirá-los de mim sem que eu tenha direito de queixa. Porém, os bens que vêm diretamente de Deus, os impulsos da inteligência e do coração, os pensamentos profundos, tudo isso forma uma riqueza à qual nos apegamos como se fosse um bem próprio no qual ninguém tem o direito de tocar... Por exemplo, se comunicamos a uma irmã alguma ideia que nos veio durante a oração e, pouco depois, essa mesma irmã fala a uma outra como se aquela ideia fosse dela, parece que toma o que não é seu. Ou, no recreio, diz-se baixinho a uma companheira uma palavra espirituosa e bem apropriada; se ela a repete em voz alta sem indicar a origem, isso parece um furto à proprietária, que não reclama, mas fica com muita vontade de fazê-lo e aproveitará a primeira ocasião para fazer saber, delicadamente, que alguém se apossou das suas palavras.

Madre, eu não poderia explicar-vos tão bem esses tristes sentimentos da natureza, se os não tivesse sentido em meu coração, e gostaria de acalentar a doce ilusão de que só aconteceram comigo se não me tivésseis ordenado ouvir as tentações das vossas queridas novicinhas.

Sempre aprendi cumprindo a missão que me confiastes, sobretudo me vi forçada a praticar o que eu ensinava. Por isso, agora, posso dizer que Jesus me deu a graça de não ser mais apegada aos bens do espírito e do coração que aos da terra. Quando me acontece pensar e dizer uma coisa que agrada às minhas irmãs, acho natural que se apropriem dela como sendo um bem que lhes pertence. Esse pensamento pertence ao Espírito Santo, não a mim, pois São Paulo disse que, sem esse Espírito de Amor, não podemos chamar de "Pai" a nosso Pai que está nos Céus. Portanto, ele é livre para servir-se de mim para dar um bom pensamento a uma alma. Se eu julgasse que esse pensamento me pertence, seria como "o burro que transportava relíquias" e acreditava que as homenagens prestadas aos santos dirigiam-se a ele.

Não desprezo os pensamentos profundos que alimentam a alma e a unem a Deus, mas compreendi há muito tempo que não devemos nos apoiar neles nem achar que a perfeição consiste em receber muitas luzes. Os mais belos pensamentos nada são sem as obras. É verdade que outras pessoas podem tirar deles muito proveito se, com humildade, manifestam a Deus sua gratidão por lhes permitir participar do banquete de uma alma que ele gosta de enriquecer. Mas se essa alma se compraz em seus *belos pensamentos*, e faz a oração do fariseu, torna-se parecida com uma pessoa que morre de fome diante de uma mesa cheia, enquanto todos os seus convidados se fartam e, às vezes, lançam um olhar de inveja sobre o dono de tantas riquezas. Ah! Só Deus mesmo para conhecer o fundo dos corações... como as criaturas têm pensamentos pequenos!... Quando descobrem uma alma mais esclarecida que as outras, concluem logo que Jesus as ama menos que a essa alma e que não podem ser chamadas para a mesma perfeição. Desde quando o Senhor *perdeu o direito* de servir-se de uma das suas criaturas para distribuir às almas que ama o alimento necessário a elas? No tempo dos faraós, o Senhor ainda possuía *esse direito*, pois na sagrada escritura ele diz a esse monarca: "Conservei-te com vida para mostrar-te o *meu poder* e para que meu nome seja celebrado em toda a terra". Os séculos sucederam aos séculos desde que o Altíssimo pronunciou essas palavras e, desde então, seu comportamento não mudou, serviu-se sempre das suas criaturas como instrumentos para realizar sua obra nas almas.

Se a tela pintada por um artista pudesse pensar e falar, certamente não se queixaria por ser retocada sempre por um *pincel* e não teria inveja da sorte desse instrumento, pois saberia que não é ao pincel, mas ao pintor que o dirige, que ela deve a beleza que a cobre. Por seu lado, o pincel não poderia glorificar-se com a obra-prima feita por ele, sabe que os artistas não se apertam, que zombam das dificuldades, que gostam, às vezes, de usar instrumentos vis e defeituosos...

Madre querida, sou um pincelzinho que Jesus escolheu para pintar sua imagem nas almas que me confiastes. Um artista não se restringe a um pincel, precisa, pelo menos, de dois. O primeiro é o mais útil, é com ele que imprime as tonalidades mais gerais, que cobre completamente a tela em muito pouco tempo; o outro, o menor, serve para os detalhes.

A primeira vez que Jesus se serviu do seu pincelzinho foi por volta de 8 de dezembro de 1892. Lembrar-me-ei sempre dessa época como de um tempo de graças. Vou, querida Madre, confiar-vos essas doces recordações.

Aos 15 anos, quando tive a felicidade de ingressar no Carmelo, encontrei uma companheira de noviciado que me tinha precedido alguns meses. Era oito anos mais velha que eu, mas seu caráter infantil fazia esquecer a diferença dos anos; por isso, tivestes, Madre, a alegria de ver vossas duas pequenas postulantes entenderem-se maravilhosamente e tornarem-se inseparáveis. A fim de favorecer essa afeição nascente, que vos parecia promissora de bons frutos, permitistes que tivéssemos, de tempos em tempos, breves conversas espirituais. Minha querida companheirinha encantava-me com sua inocência, seu caráter expansivo, mas eu estranhava ao constatar que o afeto que tinha por vós era diferente do meu. Havia muitas outras coisas em seu comportamento com as irmãs que eu desejava que ela mudasse... Desde aquele tempo, Deus fez-me compreender haver almas que sua misericórdia espera sem cansar, às quais dá sua luz aos poucos. Por isso, eu tinha o cuidado de não apressar sua hora e esperava pacientemente que Jesus a fizesse chegar.

Refletindo sobre a permissão concedida para nos entreter, de acordo com as nossas santas constituições, *para nos inflamar mais no amor por nosso Esposo*, pensei com pesar que nossas conversas não alcançavam a meta desejada. Deus fez-me sentir, então, que chegara o momento em que eu devia falar ou encerrar essas conversações que mais se pareciam com as das amigas do mundo. Era um sábado. No dia seguinte, durante minha ação de graças, pedi a Deus para que pusesse em minha boca palavras suaves e convincentes, ou melhor, que ele mesmo falasse por meu intermédio. Jesus atendeu ao meu pedido e permitiu que o resultado correspondesse inteiramente à minha expectativa, pois: "olhai para ele e sereis esclarecidos" e "brilha para os retos, qual farol nas trevas, o Benigno, o Misericordioso e o Justo". A primeira citação dirige-se a mim e a segunda à minha companheira que, na verdade, tinha o coração reto...

Na hora em que tínhamos combinado ficar juntas, ao olhar para mim, a pobre irmãzinha percebeu logo que eu não era a mesma. Sentou-se ao meu lado enrubescendo e eu, apoiando sua cabeça no meu coração, disse-lhe com lágrimas na voz *tudo o que pensava dela*, mas com expressões de muita ternura, manifestando-lhe tão grande afeto que logo as lágrimas dela misturaram-se às minhas. Admitiu com muita humildade que tudo o que eu lhe dizia era verdade, prometeu iniciar vida nova e pediu como um favor avisá-la sempre das suas faltas. Enfim, no momento de nos separar, nosso afeto passara a ser totalmente espiritual, nada de humano subsistia. Realizava-se em nós esta passagem da Escritura: "O irmão ajudado pelo seu irmão é mais do que uma cidade fortificada".

O que Jesus fez com seu pincelzinho teria sido logo apagado se não tivesse agido por meio de vós, Madre, para realizar sua obra na alma que ele queria inteiramente para si. A provação pareceu muito amarga à minha pobre companheira, mas vossa firmeza triunfou e pude então, tentando consolá-la, explicar àquela que me destes por irmã entre todas em que consiste o verdadeiro amor. Mostrei-lhe que era a ela própria que amava e não a vós; disse-lhe como eu vos amava e que sacrifícios fui obrigada a fazer, no início da minha vida religiosa, para não me apegar a vós de maneira totalmente material, como o cachorro se apega a seu dono. O amor alimenta-se de sacrifícios, mais a alma recusa para si satisfações naturais, mais sua ternura se torna forte e desinteressada.

Lembro-me de que, quando postulante, tinha tentações tão violentas de ir vos encontrar para minha satisfação, para achar algumas gotas de alegria, que tinha de passar rapidamente diante do depósito e agarrar-me ao corrimão da escada. Chegava à minha mente uma porção de permissões a pedir; enfim, Madre querida, encontrava mil motivos para satisfazer a minha natureza... Como estou feliz agora por me ter privado, logo no início da minha vida religiosa. Já usufruo da recompensa prometida aos que combatem corajosamente. Não sinto mais necessidade de me recusar todas as consolações do coração, pois minha alma está consolidada pelo Único que eu queria amar. Vejo com satisfação que, amando-o, o coração se dilata e pode dar incomparavelmente mais ternura aos que lhe são caros, do que se tivesse ficado concentrado em um amor egoísta e infrutífero.

Madre querida, relatei o primeiro trabalho que Jesus e vós vos dignastes realizar por mim; era apenas o prelúdio dos que me deviam ser encomendados. Quando me foi dado penetrar no santuário das almas, vi logo que a tarefa ultrapassava as minhas capacidades. Lancei-me, então, nos braços de Deus e, como uma criancinha, escondendo o rosto nos cabelos dele, disse-lhe: Senhor, sou pequena demais para alimentar vossas filhas, se quiserdes dar-lhes, por mim, o que convém a cada uma, enchei minha mãozinha e, sem deixar vosso colo, sem desviar a cabeça, darei vossos tesouros à alma que vier pedir alimento. Se ela gostar, saberei que não é de mim, mas de vós que a recebe; se reclamar, não ficarei perturbada, procurarei persuadi-la de que esse alimento vem de vós e evitarei procurar outro para ela.

Madre, desde que entendi ser impossível fazer alguma coisa por mim mesma, a tarefa que me impusestes deixou de me parecer difícil; senti que a única coisa necessária consistia em unir-me sempre mais a Jesus e que o restante me seria dado por acréscimo. De fato, nunca minha esperança me enganou, Deus encheu minha mãozinha todas as vezes que foi necessário para alimentar a alma das minhas irmãs. Confesso, Madre querida, que se me tivesse apoiado, o mínimo que fosse, nas minhas próprias forças teria capitulado... *De longe*, parece fácil fazer bem às almas, fazê-las amar sempre mais a Deus, modelá-las, enfim, segundo seus próprios pontos de vista e suas ideias pessoais. *De perto*, é o contrário... sente-se que fazer o bem, sem a ajuda de Deus, é tão impossível quanto fazer o sol brilhar no meio da noite... Sente-se que é absolutamente necessário esquecer as próprias preferências, as concepções pessoais e guiar as almas pelo caminho que Jesus delineou para elas, sem procurar fazê-las caminhar pela nossa via. Não é ainda o mais difícil; o que mais me custa é observar as faltas, as mais leves imperfeições e dar-lhes combate mortal. Ia dizer: infelizmente para mim, mas seria uma covardia, portanto, digo: felizmente para minhas irmãs, desde que tomei lugar nos braços de Jesus, sou como o vigilante que, da mais alta torre de uma fortaleza, observa o inimigo. Nada escapa ao meu olhar; fico muitas vezes espantada por enxergar tão bem e acho o profeta Jonas muito desculpável por ter fugido em vez de ir anunciar a ruína de Nínive. Preferiria mil vezes receber recriminações a fazê-las, mas sinto que é necessário que seja um sofrimento, pois quando se age segundo a natureza é impossível que a alma à qual se quer apontar as faltas compreenda os próprios erros; só vê uma coisa: a irmã encarregada de me dirigir está zangada e tudo recai sobre mim, embora eu esteja cheia das melhores intenções.

Sei que vossos cordeirinhos me acham severa. Se lessem estas linhas, diriam que não me parece custar o mínimo correr atrás deles, falar-lhes em um tom severo mostrando seu belo velocino sujo ou trazendo algum tufo de lã que deixaram nos espinhos do caminho. Podem dizer tudo o que quiserem, no fundo, sentem que os amo com amor verdadeiro, que nunca faria como o mercenário que, vendo o lobo chegar, abandona o rebanho e foge. Estou pronta a dar minha vida por eles, mas meu afeto é tão puro que não desejo que o conheçam. Com a graça de Jesus, nunca procurei conquistar o coração deles. Compreendi que minha missão consistia em levá-los a Deus e fazê-los compreender que, aqui, vós sois a minha Madre, o Jesus visível que devem amar e respeitar.

Disse, Madre querida, que instruindo os outros muito aprendi. Vi que todas as almas têm de travar, mais ou menos, os mesmos combates, mas são tão diferentes sob outros aspectos, que não tenho dificuldades em compreender o que dizia o padre Pichon: "Há muito mais diferenças entre as almas que entre os rostos". Por isso, é impossível agir da mesma maneira com todas. Com certas almas, sinto que devo fazer-me pequena, não recear diminuir-me, confessar meus combates, meus defeitos; vendo que tenho as mesmas fraquezas que elas, minhas irmãzinhas confessam por sua vez as faltas que pesam sobre elas e ficam satisfeitas por eu compreendê-las *por experiência*. Com outras, é preciso agir com muita firmeza e nunca voltar ao que foi determinado. Diminuir-se não seria humildade, mas fraqueza. Deus deu-me a graça de não temer a guerra, preciso cumprir minha obrigação, custe o que custar. Mais de uma vez, ouvi dizer: "Se quiserdes obter alguma coisa de mim, tem de ser pela doçura; pela força, não conseguireis nada". Sei que ninguém é bom juiz em causa própria e que uma criança em quem o médico faz um curativo doloroso não deixará de gritar e dizer que o remédio é pior que o mal. Contudo, fica boa alguns dias depois, feliz por poder brincar e correr. É assim com as almas, reconhecem logo que um pouco de amargo é, às vezes, preferível ao doce e não receiam admitir. Em alguns casos, não deixo de sorrir interiormente vendo as transformações que se operam de um dia para outro. É fantástico... Dizem-me: "Tivestes razão, ontem, em mostrar severidade; no início, isso me revoltou, mas depois me lembrei de tudo e vi que fostes muito justa... Escutai: indo, pensava que estava tudo acabado, dizia para mim mesma: 'Vou falar com nossa Madre e dizer a ela que não mais irei com minha Irmã Teresa do Menino Jesus'. Mas senti que era o demônio quem me inspirava aquilo e pareceu-me que estivestes rezando por mim, então, fiquei tranquila e a luz voltou a brilhar; mas agora é preciso que me esclareçais para valer, e é por isso que estou aqui". A conversação inicia-se logo; fico muito feliz em poder seguir a tendência do meu coração, deixando de servir alimento amargo. Sim, mas... logo percebo que não é para ter pressa, uma *palavra* poderia fazer desmoronar o belo edifício construído nas lágrimas. Se eu tiver a infelicidade de dizer uma só palavra que pareça atenuar o que disse ontem, vejo minha irmãzinha tentar agarrar-se aos galhos; faço então uma pequena oração interior e a verdade triunfa sempre. Ah! É a oração, é o sacrifício que fazem toda a minha força, são as armas invisíveis que Jesus me deu. Elas têm muito mais poder que as palavras para sensibilizar as almas, experimentei-as mais de uma vez. Uma, entre todas, causou-me profunda e doce impressão.

Era durante a quaresma e ocupava-me da única noviça que havia aqui e da qual eu era o anjo da guarda. Certa manhã, vem procurar-me, radiante: "Ah! se soubésseis", disse-me, "o que sonhei esta noite. Eu estava perto da minha irmã e queria afastá-la de todas as vaidades de que tanto gosta e, para isso, explicava-lhe os versos: Viver de amor. / Amar-te Jesus, que perda fecunda / Todos os meus perfumes são teus, sem volta. Sentia que minhas palavras penetravam na alma dela e eu ficava extasiada de alegria. Nesta manhã, ao acordar, pensei que Deus, talvez, quisesse que eu lhe desse essa alma. Se lhe escrevesse, depois da quaresma, a fim de contar-lhe meu sonho e dizer-lhe que Jesus a quer só para ele?".

Eu, sem pensar mais, disse-lhe que podia tentar, mas que antes era preciso pedir autorização à nossa Madre. Como a quaresma estava ainda longe do fim, ficastes, Madre querida, muito surpresa com semelhante pedido, que vos pareceu prematuro. Inspirada por Deus, certamente, respondestes que não é por cartas que as Carmelitas devem salvar as almas, mas pela oração.

Ao saber da vossa decisão, compreendi logo que era a de Jesus e disse a Irmã Maria da Trindade: "Precisamos pôr mãos à obra, rezemos muito. Que alegria *se, ao final da quaresma*, formos atendidas!..." Oh! Misericórdia infinita do Senhor, que escuta a oração das suas crianças... *No final da quaresma*, mais uma alma consagrava-se a Jesus. Era verdadeiro milagre da graça, milagre obtido pelo fervor de uma única noviça!

Como é grande o poder da oração! Parece uma rainha com acesso permanente ao rei e capaz de obter tudo o que pede. Para ser atendido, não é preciso ler uma bela fórmula de circunstância em algum livro; ai! Se assim fosse, como eu haveria de lastimar!... Fora o *Ofício Divino* que sou *muito indigna* de rezar, falta-me coragem para procurar *bonitas* orações nos livros, causa-me dor de cabeça, são tantas!... e uma é mais *bonita* que a outra... Não poderia rezar todas e não saberia qual escolher. Faço como as crianças que não sabem ler, digo simplesmente a Deus o que quero dizer, sem frases bonitas. Ele me compreende sempre... Para mim, a oração é um impulso do coração, um simples olhar para o Céu, um grito de gratidão e de amor no meio da provação como no meio da alegria; enfim, é alguma coisa de grande, de sobrenatural que dilata a minha alma e me une a Jesus.

Todavia, não quero, Madre querida, que penseis que eu faço sem devoção as orações em comum, no coro ou nos eremitérios. Pelo contrário, gosto muito das orações em comum, pois Jesus prometeu ficar no meio dos que se reúnem em nome dele. Sinto, então, que o fervor das minhas irmãs supre o meu; sozinha (tenho vergonha de confessá-lo), a recitação do terço custa-me mais do que usar um instrumento de penitência... Sinto que o recito muito mal; mesmo fazendo esforço para meditar sobre os mistérios do rosário, não consigo fixar minha mente... Durante muito tempo, lastimei essa falta de devoção que me intrigava, pois *amo tanto Nossa Senhora* que deveria ser-me fácil recitar em honra dela orações que lhe agradam. Agora, lastimo menos, penso que, por ser a *minha Mãe*, a Rainha dos Céus deve perceber a minha boa vontade e se agrada com ela.

Vez por outra, quando minha mente está em tão grande aridez que me é impossível extrair um pensamento para me unir a Deus, recito *muito lentamente* um "Pai nosso" e a saudação angélica; então, essas orações me encantam, alimentam minha alma muito mais do que se as tivesse recitado precipitadamente uma centena de vezes...

Nossa Senhora me mostra não estar zangada comigo, nunca deixa de me proteger quando a invoco. Se me vem uma inquietação, um problema, logo me dirijo a ela e sempre, como a mais terna das Mães, ela toma conta dos meus interesses... Quantas vezes, ao falar às noviças, invoco-a e sinto os favores da sua maternal proteção!...

Frequentemente, as noviças me dizem: "Mas tendes resposta para tudo; desta vez, pensava embaraçar-vos... aonde é que ides buscar o que dizeis?". Há umas tão ingênuas que pensam que leio nas almas delas, só porque me aconteceu preveni-las dizendo o que pensavam. Uma noite, uma das minhas companheiras resolve ocultar-me uma pena que a faz sofrer muito. Encontro-a pela manhã, ela me fala com semblante sorridente e eu, sem responder ao que ela me diz, digo-lhe em um tom convicto: "Estais sofrendo". Se tivesse feito a lua cair aos pés dela, creio que não teria olhado para mim com espanto maior. Seu pasmo foi tanto que me contagiou e, por um instante, fui tomada de um pavor sobrenatural. Tinha certeza de não ter o dom de ler nas almas e ter acertado assim, em cheio, me espantou. Sentia que Deus estava muito perto, que sem perceber dissera, como uma criança, palavras que não vinham de mim, mas dele.

Madre querida, compreendeis que às noviças tudo é permitido, é necessário que possam dizer o que pensam sem restrição. O bem e o mal. Isso lhes é tanto mais fácil que não me devem o respeito que se dá a uma mestra. Não posso dizer que Jesus me faz caminhar *exteriormente* pela via das humilhações. Contenta-se em humilhar-me no *fundo* da minha alma. Aos olhos das criaturas, consigo bons resultados em tudo. Ando pelo caminho das honras, na medida em que é possível na vida religiosa. Compreendo que não é para mim, mas para os outros que devo andar por esse caminho que parece tão perigoso. De fato, se eu fosse considerada pela comunidade como uma religiosa cheia de defeitos, incapaz, sem juízo nem inteligência, seria impossível, Madre, fazer-vos ajudar por mim. Eis por que Deus lançou um véu sobre todos os meus defeitos interiores e exteriores. Às vezes, esse véu atrai elogios para mim por parte das noviças. Sinto que não o fazem por adulação, mas que é expressão dos seus ingênuos sentimentos; francamente, isso não poderia inspirar-me vaidade, pois tenho sempre presente à mente a lembrança do que sou. Vez por outra, sou tomada de um desejo muito grande de ouvir outra coisa que não seja elogios.

Sabeis, Madre querida, que prefiro o vinagrete ao açúcar e Jesus permite, então, que se lhe sirva uma boa saladinha, bem avinagrada, bem apimentada, nada falta, a não ser o *azeite*, o que lhe dá um sabor suplementar... Essa boa saladinha me é servida pelas noviças quando menos espero. Deus levanta o véu que esconde as minhas imperfeições e então as minhas queridas irmãzinhas me veem tal como sou e não me acham totalmente do gosto delas. Com uma simplicidade que me encanta, falam-me dos combates em que as coloco, o que lhes desagrada em mim; enfim, não se constrangem mais do que se falassem de outra pessoa, sabendo que me agradam agindo dessa forma. Ah! Francamente, é mais que um prazer, é um banquete delicioso que enche minha alma de alegria. Não consigo explicar como uma coisa que tanto desagrada à natureza possa causar tanta felicidade; se não a tivesse experimentado, não poderia acreditar... Em um dia em que tinha desejado particularmente ser humilhada, uma noviça incumbiu-se tão bem de satisfazer-me que logo pensei em Semei amaldiçoando Davi, e pensava: Sim, é o Senhor que lhe ordena dizer-me essas coisas todas... E minha alma saboreava deliciosamente o alimento amargo que lhe era servido com tanta fartura.

Assim é que Deus se digna cuidar de mim. Nem sempre pode me dar o pão fortificante da humilhação exterior, mas de vez em quando permite que me alimente das migalhas que caem da mesa *das crianças*. Ah! Como é grande a sua misericórdia, só poderei cantá-la no Céu...

Madre querida, sendo que, convosco, começo a cantar na terra essa misericórdia infinita, preciso contar-vos mais um grande favor obtido na missão que me confiastes. Outrora, quando via uma irmã fazer alguma coisa que me desagradava e me parecia irregular, dizia para mim mesma: "Ah! Se eu pudesse dizer-lhe o que penso, mostrar-lhe o erro, isso me faria bem". Depois que comecei a praticar um pouco o ofício, asseguro-vos, Madre, que mudei totalmente de sentimento. Quando vejo uma irmã fazer alguma coisa que me parece imperfeita, solto um suspiro de alívio e penso: Que felicidade! Não é uma noviça, não tenho obrigação de repreendê-la. Logo procuro desculpar a irmã e atribuir-lhe umas boas intenções que, sem dúvida, tem para agir dessa forma.

Ah! Madre, depois que fiquei doente, os cuidados que me prodigalizais instruíram-me muito a respeito da caridade. Não há remédio que vos pareça caro demais e, se não dá os resultados esperados, não vos cansais de procurar outro. Quando ia ao recreio, quanta atenção em me colocar ao abrigo das correntezas de ar; enfim, se eu quisesse contar tudo, não acabaria nunca.

Pensando em todas essas coisas, disse para mim mesma que deveria ser tão compassiva com as enfermidades espirituais das minhas irmãs quanto vós o sois ao cuidar de mim com tanto amor.

Observei (e é bem natural) que as irmãs mais santas são as amadas, procura-se a conversação delas, prestam-se serviços a elas sem que tenham de pedi-los, enfim, essas almas capazes de suportar faltas de consideração, de delicadezas, veem-se cercadas pelo afeto de todas. Pode-se aplicar a elas as seguintes palavras do nosso Pai, São João da Cruz: Todos os bens me foram dados quando não os procurei mais por amor-próprio.

Ao contrário, as almas imperfeitas não são procuradas. Permanece-se, sem dúvida, dentro dos limites da cortesia religiosa, mas receando, talvez, dizer-lhes algumas palavras pouco amáveis, evita-se a companhia delas. Ao mencionar almas imperfeitas não estou me referindo apenas às imperfeições espirituais, pois as mais santas só serão perfeitas no Céu, refiro-me à falta de juízo, de educação, à suscetibilidade de alguns temperamentos, todas coisas que não tornam a vida agradável. Sei que essas enfermidades morais são crônicas, sem esperança de cura, mas sei que minha Madre não deixaria de cuidar de mim, de procurar aliviar-me, se ficasse doente a vida toda. Eis a conclusão a que cheguei: devo procurar, no recreio, na licença, a companhia das irmãs que me são menos agradáveis, desempenhar junto a essas almas feridas o ofício de boa samaritana. Uma palavra, um sorriso amável são muitas vezes suficientes para alegrar uma alma triste. Mas não é absolutamente para alcançar essa meta que quero praticar a caridade, pois sei que logo desanimaria: uma palavra que eu teria proferido com a melhor das intenções seria, talvez, interpretada erroneamente. Por isso, a fim de não perder meu tempo, quero ser amável com todas (e particularmente com as irmãs menos amáveis) para alegrar Jesus e responder ao conselho que me dá no Evangelho, mais ou menos nos seguintes termos: "Quando ofereceres um almoço ou um jantar, não chames os teus amigos, nem os teus irmãos, nem os teus parentes, nem os ricos vizinhos; de outro modo eles também convidar-te-iam e terias uma retribuição. Mas, quando deres um banquete, convida os pobres, os aleijados, os coxos, os cegos; e serás feliz, porque eles não terão como retribuir-te; mas ser-te-á retribuído na ressurreição dos justos".

Que banquete poderia uma carmelita oferecer às suas irmãs, a não ser uma refeição espiritual composta de caridade amável e alegre? Pessoalmente, não conheço outro e quero imitar São Paulo, que se alegrava com quem estava alegre. Verdade que também chorava com os aflitos e as lágrimas devem aparecer, às vezes, no banquete que quero servir, mas sempre procurarei que essas lágrimas se transformem, no final, em alegria; pois o Senhor ama quem dá com alegria.

Recordo-me de um ato de caridade que Deus me inspirou fazer quando ainda era noviça. Era pouca coisa, mas nosso Pai, que vê o que é secreto, que olha mais para a intenção do que para o vulto da ação, já me recompensou sem esperar a outra vida. Era no tempo em que irmã São Pedro ainda ia ao coro e ao refeitório. Para a oração vespertina, estava acomodada à minha frente: às 15h50, uma irmã devia levá-la ao refeitório, pois as enfermeiras tinham então muitas doentes e não podiam levá-la. Custava-me muito oferecer-me para prestar esse pequeno serviço, pois sabia não ser fácil contentar essa pobre irmã São Pedro, que sofria tanto que não gostava de mudar de condutora. Mas eu não queria perder tão boa ocasião de praticar a caridade, lembrando-me de que Jesus disse: "Tudo o que fizerdes a um destes meus irmãos mais pequeninos, a mim o fareis". Ofereci-me, portanto, muito humildemente, para levá-la. Não foi sem dificuldade que consegui fazê-la aceitar meu serviço! Enfim, pus mãos à obra e tinha tão boa vontade que consegui perfeitamente.

Toda tarde, quando via irmã São Pedro sacudir sua ampulheta, sabia o que aquilo significava: partamos. É incrível como me era custoso dispor-me a levá-la, sobretudo no início. Assim mesmo, fazia-o imediatamente e começava todo um cerimonial. Era preciso mover e levar o banco de um jeito preestabelecido, sobretudo, não se apressar; depois, empreendia-se o passeio. Tratava-se de seguir a pobre enferma segurando-a pela cintura, o que eu fazia com a maior delicadeza possível; mas se, por infelicidade, ela dava um passo em falso parecia-lhe logo que não a segurava direito e que ela ia cair. "Ah! Meu Deus! Andais depressa demais, vou me arrebentar." Se eu procurava andar mais devagar: "Mas me acompanhai, não sinto mais a vossa mão, ides largar-me, vou cair, ah! Bem sabia que sois jovem demais para me levar". No final, chegávamos sem incidente ao refeitório. Aí surgiam novas dificuldades, pois era preciso fazê-la sentar e agir com jeito para não machucá-la. Depois, era preciso arregaçar suas mangas (ainda de uma maneira predeterminada). Depois, ficava livre para ir. Com mãos estropiadas, ela ajeitava, como podia, o pão em seu godê. Logo percebi e, toda noite, só a deixava após ter-lhe prestado mais esse servicinho. Como não me tinha pedido para fazê-lo, ficou muito comovida e foi por esse gesto, que eu não tinha planejado, que conquistei seu afeto e sobretudo (soube mais tarde) porque, depois de ter cortado o pão, despedia-me dela com meu mais lindo sorriso.

Madre querida, talvez estejais surpresa por eu relatar esse pequeno ato de caridade, acontecido há tanto tempo. Ah! O fiz porque sinto que preciso cantar, por causa dele, as misericórdias do Senhor. Dignou-se conservar a lembrança em mim, como um perfume que me incita a praticar a caridade. Recordo-me, às vezes, de certos pormenores que são para minha alma como uma brisa primaveril. Eis mais um que me vem à memória: em uma tarde de inverno, cumpria, como de costume, meu pequeno ofício. Fazia frio, estava escuro... de repente, ouvi ao longe o som harmonioso de um instrumento musical. Imaginei, então, um salão bem iluminado, brilhante de ouro, moças elegantemente vestidas trocando gentilezas mundanas; meu olhar desviou-se para a pobre doente que eu sustentava. Em vez de melodia, ouvia, de vez em quando, seus gemidos plangentes, em vez de douração, via os tijolos do nosso claustro austero, iluminado por luz fraca.

Não pude expressar o que se passou na minha alma, sei que o Senhor a iluminou com os raios da verdade, que superaram tanto o tenebroso brilho das festas da terra que não podia acreditar na minha felicidade... Ah! Para gozar mil anos das festas mundanas, não teria dado os dez minutos empregados na execução do meu ofício de caridade... Se já no sofrimento, no meio da luta, pode-se gozar por um instante de uma felicidade que ultrapassa todas as felicidades da terra, pensando que Deus retirou-nos do mundo, como será no Céu, quando virmos, no seio da alegria e do repouso eterno, a graça incomparável que o Senhor nos fez escolhendo-nos para morar em sua casa, verdadeiro pórtico dos Céus?...

Nem sempre pratiquei a caridade com tais enlevos de alegria, mas no início da minha vida religiosa quis Jesus que eu sentisse como é bom vê-la na alma das suas esposas. Por isso, quando levava minha Irmã São Pedro, fazia-o com tanto amor que me teria sido impossível fazer melhor, mesmo que tivesse levado o próprio Jesus. A prática da caridade não foi sempre tão suave para mim, como vos dizia há pouco, Madre querida. Para prová-lo, vou relatar alguns pequenos combates que, certamente, vos farão sorrir. Por muito tempo, na oração da noite, sentava-me em frente de uma irmã que tinha uma mania estranha e, penso... muitas luzes, pois raramente usava livro. Eis como o percebia: logo que essa irmã chegava, punha-se a fazer um estranho barulhinho semelhante ao que se faria esfregando duas conchas um contra a outra. Só eu percebia, pois tenho ouvido muito bom (às vezes, um pouco demais). Impossível dizer-vos, Madre, como esse ruído me incomodava. Tinha muita vontade de olhar a autora que, por certo, não se dava conta do seu cacoete; era a única maneira de avisá-la, mas no fundo do coração sentia que mais valia sofrer isso por amor a Deus e não magoar a irmã. Ficava quieta, procurava unir-me a Deus, esquecer esse ruído... tudo inútil. Sentia o suor inundar-me e ficava obrigada a uma oração de sofrimento. Embora sofrendo, procurava fazê-lo não com irritação, mas com paz e alegria, pelo menos no íntimo da minha alma. Procurei gostar do barulhinho tão desagradável. Em vez de procurar não ouvi-lo, coisa que me era impossível, pus-me a prestar atenção nele como se fosse um concerto maravilhoso e minha oração toda, que não era de quietude, consistia em oferecer esse concerto a Jesus.

Em outra ocasião, estava na lavanderia diante de uma irmã que me jogava água suja no rosto toda vez que levantava a roupa na tábua de bater. Meu primeiro movimento foi de recuar, enxugando o rosto, a fim de mostrar à irmã que me aspergia que me prestaria serviço ficando quieta. Mas pensei logo que seria tolice recusar tesouros oferecidos tão generosamente. Evitei demonstrar minha luta. Esforcei-me por desejar receber muita água suja, de sorte que, no final, passara a gostar desse novo gênero de aspersão e prometi a mim mesma voltar a esse feliz lugar onde se recebiam tantos tesouros.

Madre querida, estais vendo que sou uma *alma muito pequena* que só pode oferecer a Deus *coisas muito pequenas*. Assim mesmo, acontece-me com frequência deixar escapar esses pequenos sacrifícios que dão tanta paz e tranquilidade à alma. Isso não me desanima, suporto ter um pouco menos de paz e procuro ser mais vigilante na ocasião seguinte.

Ah! O Senhor é tão bom para mim que me é impossível temê-lo. Deu-me sempre o que desejei, ou melhor, fez-me desejar o que queria me dar. Foi assim que, pouco antes de começar minha provação contra a fé, dizia a mim mesma: Francamente, não tenho grandes provações exteriores e, para tê-las no interior, seria preciso Deus mudar a minha via. Não creio que ele o faça, mas não posso viver sempre assim no repouso... Portanto, que meio Jesus irá encontrar para me provar? A resposta não demorou e mostrou-me que Aquele que amo não está desprovido de meios. Sem alterar minha via, mandou-me a prova que devia misturar amargura salutar em todas as minhas alegrias. Não é só quando quer me provar que Jesus me manda um pressentimento e o desejo. Há muito, tinha um desejo totalmente irrealizável, o de ter um *irmão sacerdote*. Pensei muitas vezes que se meus irmãozinhos não tivessem ido para o Céu teria tido a felicidade de vê-los subir ao altar; mas, como Deus os escolheu para fazer deles anjinhos, não podia mais esperar ver meu sonho realizar-se. Eis que não só Jesus concedeu-me o favor pedido, mas uniu-me, pelos laços da alma, a *dois* dos seus apóstolos que passaram a ser meus irmãos... Quero, Madre querida, relatar-vos minuciosamente como Jesus atendeu a meu desejo e até o ultrapassou, pois eu desejava apenas *um* irmão sacerdote que, todo dia, pensasse em mim no santo altar.

Foi nossa Santa Madre Teresa que me mandou, a título de buquê de festa, em 1895, meu primeiro irmãozinho. Estava na lavanderia, muito atarefada com meu trabalho, quando Madre Inês de Jesus, puxando-me à parte, leu uma carta que acabava de receber. Tratava-se de um jovem seminarista inspirado, dizia ele, por Santa Teresa, e que vinha pedir uma irmã que se dedicasse especialmente à salvação da alma dele e o ajudasse com suas orações e sacrifícios quando missionário, a fim de salvar muitas almas. Prometia lembrar-se sempre dela, que passaria a ser sua irmã, quando pudesse oferecer o Santo Sacrifício. Madre Inês de Jesus disse que queria fosse eu a irmã desse futuro missionário.

Madre, seria impossível descrever a minha felicidade. Meu desejo atendido de modo inesperado fez nascer em meu coração uma alegria que chamarei de infantil, pois preciso remontar aos tempos da minha infância para encontrar a lembrança dessas alegrias tão vivas que a alma se sente pequena demais para conter. Nunca mais, durante muitos anos, tinha provado esse tipo de felicidade. Sentia que, nesse aspecto, minha alma permanecera nova; era como se tivessem tocado, pela primeira vez, cordas musicais até então deixadas no esquecimento.

Tinha consciência das obrigações que me impunha, por isso pus logo mãos à obra procurando redobrar meu fervor. É preciso admitir que, inicialmente, não tive consolações para estimular meu zelo. Depois de ter escrito uma gentil cartinha cheia de coração e nobres sentimentos, a fim de agradecer a madre Inês de Jesus, meu irmãozinho só voltou a se manifestar em julho, a bem da verdade enviou sua carta em novembro para comunicar que se alistava no exército. Foi a vós, Madre querida, que o Senhor reservou completar a obra iniciada. Sem dúvida, é pela oração e pelo sacrifício que se pode ajudar os missionários. Mas, às vezes, quando agrada a Jesus unir duas almas para a sua glória, ele permite que, de vez em quando, elas possam comunicar os pensamentos e estimular-se mutuamente a amar mais a Deus. Porém, para isso, é preciso uma *autorização expressa* da superiora, pois creio que, sem essa, a correspondência faria mais mal que bem; se não ao missionário, pelo menos à carmelita que, pelo seu gênero de vida, está continuamente levada a ensimesmar-se. Em vez de uni-la a Deus, essa correspondência que teria solicitado, embora esporádica, ocuparia seu espírito. Imaginando realizar mundos e fundos, só procuraria, a pretexto de zelo, uma distração inútil. Para mim, essa situação não difere das demais: sinto que minhas cartas só produzirão algum bem se forem escritas por obediência e se eu sentir mais repugnância que prazer ao escrevê-las. Quando falo com uma noviça, procuro fazê-lo mortificando-me; evito perguntar para satisfazer a minha curiosidade. Se ela inicia um assunto interessante e passa de repente, sem concluir o primeiro, a outro que me aborrece, evito lembrar-lhe o assunto que deixou de lado, pois parece-me que não se pode fazer bem algum quando se procura a si mesmo.

Madre querida, dou-me conta de que nunca vou corrigir-me. Eis-me, mais uma vez, muito longe do meu assunto, com todas as minhas digressões. Desculpai-me, peço, e permiti que recomece na próxima oportunidade, pois não consigo fazer diferente!... Agi como Deus, que não se cansa de me ouvir quando lhe conto simplesmente minhas penas e minhas alegrias, como se ele não as conhecesse... Vós também, Madre, conheceis há muito o que penso e todos os acontecimentos um pouco memoráveis da minha vida. Não conseguiria informar-vos de nenhuma coisa nova. Não posso impedir o riso ao pensar que vos relato escrupulosamente tantas coisas que sabeis tão bem quanto eu. Enfim, Madre querida, obedeço-vos. E se, agora, não encontrais interesse na leitura destas páginas, talvez possam distrair-vos na vossa velhice e servir depois para acender o fogo. Não terei perdido meu tempo... Mas estou brincando de falar como criança. Não creiais, Madre, que procuro saber qual a utilidade que meu pobre trabalho possa ter. Faço-o por obediência e isso me é suficiente. Não sentiria nenhuma mágoa se o queimásseis diante dos meus olhos, sem o terdes lido.

Chegou o momento de voltar a falar dos meus irmãos que ocupam, agora, tanto espaço em minha vida. No ano passado, em fins do maio, lembro-me de que mandastes chamar-me antes de irmos ao refeitório. O coração batia-me forte quando fui a vosso encontro, Madre querida. Cismava no que podíeis ter para me dizer, pois era a primeira vez que mandáveis chamar-me dessa forma. Depois de convidar-me a sentar, eis a proposta que me fizestes: "Quereis encarregar-vos dos interesses espirituais de um missionário que deve ser ordenado sacerdote e partir brevemente?", e, Madre, lestes para mim a carta desse jovem padre, a fim de que eu soubesse exatamente o que ele pedia. Meu primeiro sentimento foi de alegria, logo substituído pelo temor. Expliquei, Madre querida, que, tendo já oferecido meus pobres méritos para um futuro apóstolo, acreditava não poder fazê-lo às intenções de outro e que, aliás, havia muitas irmãs melhores do que eu que poderiam responder ao desejo dele. Todas as minhas objeções foram inúteis, respondestes que é possível ter diversos irmãos. Perguntei, então, se a obediência poderia duplicar meus méritos. Respondestes afirmativamente, dizendo muitas coisas que me fizeram ver que era preciso aceitar sem receio um novo irmão. No fundo, Madre, pensava igual a vós e, até, sendo que "o zelo de uma carmelita deve abranger o mundo", espero, com a graça divina, ser útil a mais de *dois* missionários, e não poderia esquecer de rezar por todos, sem deixar de lado os simples padres cuja missão é, às vezes, tão difícil de cumprir quanto a dos apóstolos pregando para infiéis. Enfim, quero ser filha da Igreja como o era nossa Madre Santa Teresa e rezar nas intenções do nosso Santo Padre, o Papa, sabendo que as intenções dele abrangem o universo. Eis a meta geral da minha vida, mas isso não me teria impedido de rezar e unir-me especialmente às obras dos meus anjinhos queridos se tivessem sido sacerdotes. Bem! Eis como me uni espiritualmente aos apóstolos que Jesus me deu como irmãos: tudo o que me pertence, pertence a cada um deles, sinto muito bem que Deus é *bom* demais para fazer partilhas, é tão rico que dá sem medida tudo o que peço a ele... Mas não penseis, Madre, que eu me perco em longas enumerações.

Depois que passei a ter dois irmãos e minhas irmãzinhas, as noviças, se eu quisesse pedir para cada alma o que ela necessita e pormenorizá-lo, os dias seriam curtos demais e recearia muito esquecer alguma coisa importante. Para as almas simples, não são necessários meios complicados. Como sou uma delas, certa manhã, durante minha ação de graças, Jesus deu-me um meio *simples* de cumprir minha missão. Fez-me compreender a seguinte palavra dos Cânticos: "Atraí-me, corramos ao odor de vossos perfumes". Ó Jesus, nem é necessário dizer: atraindo-me, atraí as almas que amo. Essa simples palavra: "Atraí-me", é suficiente. Compreendo-o, Senhor, quando uma alma se deixou cativar pelo odor inebriante dos vossos perfumes, não conseguiria mais correr sozinha; todas as almas que ela ama são arrastadas por ela. Isso se dá sem coação, sem esforço; é consequência natural da sua atração por vós. Assim como uma torrente que se lança com impetuosidade no oceano arrasta atrás de si tudo o que encontrou na sua passagem, assim, ó meu Jesus, a alma que mergulha no oceano sem margens do vosso amor arrasta consigo todos os tesouros que possui... Sabeis, Senhor, não tenho outros tesouros senão as almas que vos dignastes unir à minha; fostes vós que me confiastes esses tesouros, por isso ouso tomar de empréstimo as palavras que dirigistes ao Pai celeste na última noite que passastes na terra, viajante e mortal. Jesus, meu Bem-Amado, não sei quando acabará meu exílio... mais de uma tarde me verá cantar ainda no exílio as vossas misericórdias, mas, enfim, para mim também, chegará a última noite. Gostaria, então, de poder dizer-vos: "Eu glorifiquei-vos na terra, consumando a obra que me destes a fazer. Manifestei o vosso nome aos homens que me destes, separando-os do mundo. Eram vossos e os destes a mim; eles guardaram a vossa palavra. Sabem agora que tudo quanto me destes vem de vós, porque eu lhes transmiti as palavras que vós me comunicastes, e eles receberam-nas, e conheceram verdadeiramente que eu saí de vós e creram que vós me enviastes. Por eles é que eu rogo; não é pelo mundo que rogo, é por aqueles que me destes, porque são vossos. Já não estou no mundo, ao passo que eles ficam no mundo, enquanto eu vou para vós. Pai santo, guardai por causa do vosso nome os que me destes. Mas agora vou para vós e digo estas coisas estando ainda no mundo para que tenham em si a plenitude da minha alegria. Não peço que os tireis do mundo, mas que os guardeis do mal. Eles não são do mundo, como eu não sou do mundo. Não rogo só por eles, mas também por aqueles que vão crer em vós, por meio da vossa palavra".

"Ó Pai, que onde eu estiver, os que me destes estejam também comigo, e que o mundo conheça que vós os amastes como amastes a mim."

Eis, Senhor, o que queria repetir para vós antes de voar para os vossos braços. Talvez seja temeridade. Mas há algum tempo permitis que seja audaciosa convosco. Como o pai do filho pródigo, falando para seu filho primogênito, dissestes-me: "*Tudo* o que é meu é teu". Portanto, vossas palavras são minhas e posso servir-me delas para atrair sobre as almas, que me são unidas, os favores do Pai celeste. Mas, Senhor, quando digo que onde eu estiver desejo que os que me destes também estejam, não pretendo que não possam alcançar uma glória muito mais elevada que aquela que vos agradar me conceder. Apenas quero que sejamos todos reunidos no vosso belo Céu. Sabeis, Deus meu, nunca desejei nada senão amar-vos, não almejo outra glória. Vosso amor preservou-me desde a minha infância, cresceu comigo e, agora, é um abismo cuja profundeza não posso avaliar. O amor atrai o amor, por isso, meu Jesus, o meu se lança para vós, queria encher o abismo que o atrai, mas ai! Não é nem uma gota de orvalho perdida no oceano!... Para amar-vos como me amais, preciso tomar de empréstimo o vosso próprio amor, só então encontro o repouso. Ó meu Jesus, talvez seja uma ilusão, mas parece-me que não podeis encher uma alma com mais amor do que o que me destes. É por isso que ouso pedir-vos para amar os que me destes como amastes a mim mesma. Um dia, no Céu, se eu descobrir que os amais mais do que a mim, regozijar-me-ei, reconhecendo desde agora que essas almas merecem muito mais que a minha o vosso amor. Mas na terra não posso conceber amor maior que aquele que vos dignastes prodigalizar-me gratuitamente, sem mérito algum da minha parte.

Madre querida, enfim, volto para vós, toda espantada pelo que acabo de escrever, pois não era minha intenção. Mas, como está escrito, tem de ficar. Antes de voltar à história dos meus irmãos, quero vos dizer, Madre, que não aplico a eles, mas às minhas irmãzinhas, as primeiras palavras tomadas de empréstimo ao Evangelho: "Comuniquei-lhes as palavras que me comunicastes" etc., pois não me sinto capaz de instruir os missionários, felizmente não sou bastante orgulhosa ainda para tanto! Nem teria sido capaz de dar alguns conselhos às minhas irmãs, se vós, Madre, que representais Deus para mim, não me tivésseis dado graça para isso.

Ao contrário, era nos vossos filhos espirituais, meus irmãos, que eu pensava ao escrever essas palavras de Jesus e as que seguem: "Não vos peço para retirá-los do mundo... rogo ainda para os que acreditarão em vós pelo que ouvirão dizer". Como, de fato, não poderia rezar pelas almas que salvarão em suas missões longínquas pelo sofrimento e pela pregação?

Madre, creio ser necessário dar-vos mais algumas explicações referentes à passagem do Cântico dos Cânticos: "Atraí-me, corramos". O que disse me parece pouco compreensível. "Ninguém", disse Jesus, "pode vir a mim, se *meu Pai* que me enviou não o atrair." Depois, por meio de parábolas sublimes e, muitas vezes, sem mesmo usar desse meio tão familiar ao povo, ele nos ensina que basta bater para que se abra, procurar para encontrar e estender humildemente a mão para receber o que se pede... Acrescenta que tudo o que se pedir a *seu Pai*, em seu nome, ele o concede. É por isso sem dúvida que o Espírito Santo, antes do nascimento de Jesus, ditou essa oração profética: "Atraí-me, corramos".

O que é pedir para ser *atraído*, senão unir-se de maneira íntima ao objeto que cativa o coração? Se o fogo e o ferro tivessem raciocínio, que este último dissesse ao outro: Atraí-me, não provaria que deseja identificar-se com o fogo de maneira que o penetre e o impregne da sua ardente substância e passe a fazer um só com ele? Madre querida, eis a minha oração: peço a Jesus que me atraia às chamas do seu amor, que me una tão estreitamente a ele, que seja ele quem viva e aja em mim. Sinto que quanto mais o fogo do amor abrasar meu coração, mais repetirei: "Atraí-me". Mais as almas se aproximarem de mim (pobres pequenos escombros de ferro inúteis, se eu fosse afastada do braseiro divino), mais rápido correrão em direção ao odor dos perfumes do seu Bem-amado, pois uma alma abrasada de amor não pode permanecer inativa. Sem dúvida, como Santa Madalena, fica aos pés de Jesus, escuta suas palavras suaves e calorosas. Parecendo nada dar, dá muito mais que Marta, que se atormenta a respeito de muitas coisas e gostaria que sua irmã a imitasse. Não são os afazeres de Marta que Jesus censura, esses trabalhos, sua divina Mãe submeteu-se humildemente a eles a vida toda, pois cabia a ela preparar as refeições da Sagrada Família. É apenas a inquietação de sua dedicada anfitriã que ele quer corrigir. Todos os santos compreenderam isso e, mais particularmente, talvez, os que iluminaram o universo com a doutrina evangélica. Não foi na oração que os santos Paulo, Agostinho, João da Cruz, Tomás de Aquino, Francisco, Domingos e tantos outros ilustres amigos de Deus foram encontrar essa ciência divina que encanta os maiores gênios? Um cientista disse: "Deem-me uma alavanca, um ponto de apoio, e levantarei o mundo". O que Arquimedes não conseguiu obter, porque seu pedido não foi feito a Deus e era feito só do ponto de vista material, os santos o obtiveram em toda a sua plenitude. O Todo-Poderoso deu-lhes como ponto de apoio: *ele próprio e só ele*. Como alavanca: a oração que abrasa pelo fogo do amor. Foi com isso que ergueram o mundo. É com isso que os santos que ainda militam o erguem. Até o final dos séculos, será com isso também que os santos que vierem haverão de erguê-lo.

Madre querida, quero falar-vos agora do que entendo por odor dos perfumes do Bem-amado. Como Jesus voltou ao Céu, só posso segui-lo pelas pistas que deixou. Como são luminosas essas pistas, como são perfumadas! Basta lançar o olhar nos santos Evangelhos que logo respiro os perfumes da vida de Jesus e sei a que lado me dirigir... Não para o primeiro lugar que vou, mas para o último. Em vez de avançar com o fariseu, repito, cheia de confiança, a humilde oração do publicano e, sobretudo, imito o comportamento de Madalena, seu espantoso, ou melhor, seu amoroso atrevimento, que encanta o Coração de Jesus, conquista o meu. Sinto-o. Mesmo que eu tivesse na consciência todos os pecados que se possa cometer, iria, com o coração dilacerado pelo arrependimento, lançar-me nos braços de Jesus, pois sei o quanto ama o filho pródigo que volta para ele. Não é porque Deus, na sua *obsequiosa* misericórdia, preservou minha alma do pecado mortal que me elevo para ele pela confiança e pelo amor.

36

SENTADA À MESA COM OS PECADORES

Os últimos dezoito meses de Irmã Teresa do Menino Jesus e da Santa Face são feitos de luz e de noite, mais de noite que de luz. Ela precisa buscar a Deus com intensidade para poder entender o que se passa. Deus é amor, luz, é vida, mas, em determinados momentos, Deus é *noite* profunda, quando não podemos fazer nada a não ser crer, não com o sentimento, mas com a força de vontade, com a total liberdade de dizer: "Creio, não no que eu sinto, mas no que eu quero crer!".

Teresa não escreve a cada passo que é e se sente uma "grande pecadora". Ela sabe que sempre tem buscado a Deus com amor e sempre teve uma consciência delicada, embora tivesse escrúpulos em saber se Deus estava contente com ela, com a sua vida. E, um dia, o confessor lhe diz sem meios-termos: "Jesus está muito contente com você... e você nunca cometeu um pecado mortal!". Estas palavras são com uma luz que penetra todo o castelo da alma de Teresa. Sente-se feliz, mas não deixa que o orgulho bata à sua porta, está sempre vigilante em viver e fazer sempre o melhor para agradar a Deus e às suas irmãs. Tendo sempre amado os pecadores, *cinco* pecadores passam a fazer parte da sua vida:

- Henri Pranzini, o famoso homicida, o terror de Paris, que Teresa menina reza pela sua conversão;
- Padre Jacinto Loysi, Carmelita Descalço, que abandonou a Ordem, tornou-se apóstata e fundou uma igreja;

- Diana Vaughan, que enganou a Deus e à Igreja;
- Os sacerdotes: ela entrou no Carmelo para rezar pelos pecadores e sacerdotes;
- Cada pessoa. Nesta última categoria, Teresa inclui cada um de nós, e ela sabe que, para se converter, não servem as belas palavras, mas sim a capacidade de amar e de não se escandalizar com os pecados dos outros. Ela deseja *sentar-se à mesa com os pecadores*. Nela, está presente a pessoa de Jesus, que amava ir à casa dos pecadores, como Zaqueu e o apóstolo Levi, Mateus, que deu uma grande festa para se despedir do seu trabalho de cobrador de impostos, oferecendo um grande jantar onde havia muitos publicanos, pecadores. E Jesus faz o grande anúncio da sua missão, diante das críticas: "Não são os sãos que necessitam de médico, nem os justos de salvação, mas sim os pecadores...".

A noite escura que Teresa vive nesse tempo é terrível, e ela pensa até não ser possível salvar-se... Dúvida que não consegue superar, e provavelmente não encontra ninguém com quem falar. Crê, só com a força da vontade, que tudo é nada.

"TENHO MEDO DE BLASFEMAR..."

Creio que estas sejam as palavras mais duras que Teresa pronuncia para tentar dizer o que sente no seu coração. E para que isso não aconteça, ela para e fecha o discurso da noite interior sem dizer nada, escrevendo sobre outro assunto. Como ela vence as tentações? Fazendo atos de fé. Um amigo do Carmelo, padre Madelaine, a aconselha a escrever o Credo, e Teresa o escreve com o próprio *sangue*. Ela o traz no coração e, nos momentos difíceis, poderá acioná-lo.

Mas é a própria Teresa quem nos diz que, mais forte que as trevas, é a fé de quem crê na misericórdia infinita de Deus.

37
NÃO TENHO OUTROS TESOUROS

Estamos caminhando rumo ao pôr do sol de Irmã Teresa do Menino Jesus e da Santa Face. A noite coloria-se de vermelho, e as estrelas lentamente se acendiam no céu, apesar de as nuvens ainda o cobrirem; aquele mesmo céu em que Teresa, menina, tinha visto seu T desenhado e o mostrado ao pai, quando voltava para casa depois de uma tarde serena e tranquila passada com ele.

Teresa está quase terminando a *História da sua vida*, que dedicará à sua atual priora, madre Maria de Gonzaga.

Escutemos Teresa:

Sabeis, Senhor, não tenho outros tesouros senão as almas que vos dignastes unir à minha; fostes vós que me confiastes esses tesouros, por isso ouso tomar de empréstimo as palavras que dirigistes ao Pai celeste na última noite que passastes na terra, viajante e mortal. Jesus, meu Bem-Amado, não sei quando acabará meu exílio... mais de uma tarde me verá cantar ainda no exílio as vossas misericórdias, mas, enfim, para mim também, chegará a última noite. Gostaria, então, de poder dizer-vos: "Eu glorifiquei-vos na terra, consumando a obra que me destes a fazer. Manifestei o vosso nome aos homens que me destes, separando-os do mundo. Eram vossos e os destes a mim; eles guardaram a vossa palavra. Sabem agora que tudo quanto me destes vem de vós, porque eu lhes transmiti as palavras que vós me comunicastes, e eles receberam-nas, e conheceram verdadeiramente que eu saí de vós e creram que vós me enviastes. Por eles é que eu rogo; não é pelo mundo que rogo, é por aqueles que me destes, porque são vossos. Já não estou no mundo, ao passo que eles ficam no mundo, enquanto eu vou para vós. Pai santo, guardai por causa do vosso nome os que me destes. Mas agora vou para vós e digo estas coisas estando ainda no mundo para que tenham em si a plenitude da minha alegria. Não peço que os tireis do mundo, mas que os guardeis do mal. Eles não são do mundo, como eu não sou do mundo. Não rogo só por eles, mas também por aqueles que vão crer em vós, por meio da vossa palavra".

"Ó Pai, que onde eu estiver, os que me destes estejam também comigo, e que o mundo conheça que vós os amastes como amastes a mim."

Eis, Senhor, o que queria repetir para vós antes de voar para os vossos braços. Talvez seja temeridade. Mas há algum tempo permitis que seja audaciosa convosco. Como o pai do filho pródigo, falando para seu filho primogênito, dissestes-me: *"Tudo* o que é meu é teu". Portanto, vossas palavras são minhas e posso servir-me delas para atrair sobre as almas, que me são unidas, os favores do Pai celeste. Mas, Senhor, quando digo que onde eu estiver desejo que os que me destes também estejam, não pretendo que não possam alcançar uma glória muito mais elevada que aquela que vos agradar me conceder. Apenas quero que sejamos todos reunidos no vosso belo Céu. Sabeis, Deus meu, nunca desejei nada senão amar-vos, não almejo outra glória. Vosso amor preservou-me desde a minha infância, cresceu comigo e, agora, é um abismo cuja profundeza não posso avaliar. O amor atrai o amor, por isso, meu Jesus, o meu se lança para vós, queria encher o abismo que o atrai, mas ai! Não é nem uma gota de orvalho perdida no oceano!... Para amar-vos como me amais, preciso tomar de empréstimo o vosso próprio amor, só então encontro o repouso. Ó meu Jesus, talvez seja uma ilusão, mas parece-me que não podeis encher uma alma com mais amor do que o que me destes. É por isso que ouso pedir-vos para amar os que me destes como amastes a mim mesma. Um dia, no Céu, se eu descobrir que os amais mais do que a mim, regozijar-me-ei, reconhecendo desde agora que essas almas merecem muito mais que a minha o vosso amor. Mas na terra não posso conceber amor maior que aquele que vos dignastes prodigalizar-me gratuitamente, sem mérito algum da minha parte.

Madre querida, enfim, volto para vós, toda espantada pelo que acabo de escrever, pois não era minha intenção. Mas, como está escrito, tem de ficar. Antes de voltar à história dos meus irmãos, quero vos dizer, Madre, que não aplico a eles, mas às minhas irmãzinhas, as primeiras palavras tomadas de empréstimo ao Evangelho: "Comuniquei-lhes as palavras que me comunicastes" etc., pois não me sinto capaz de instruir os missionários, felizmente não sou bastante orgulhosa ainda para tanto! Nem teria sido capaz de dar alguns conselhos às minhas irmãs, se vós, Madre, que representais Deus para mim, não me tivésseis dado graça para isso.

Ao contrário, era nos vossos filhos espirituais, meus irmãos, que eu pensava ao escrever essas palavras de Jesus e as que seguem: "Não vos peço para retirá-los do mundo... Rogo ainda para os que acreditarão em vós pelo que ouvirão dizer". Como, de fato, não poderia rezar pelas almas que salvarão em suas missões longínquas pelo sofrimento e pela pregação?

Madre, creio ser necessário dar-vos mais algumas explicações referentes à passagem do Cântico dos Cânticos: "Atraí-me, corramos". O que disse me parece pouco compreensível. "Ninguém", disse Jesus, "pode vir a mim, se *meu Pai* que me enviou não o atrair". Depois, por meio de parábolas sublimes e, muitas vezes, sem mesmo usar desse meio tão familiar ao povo, ele nos ensina que basta bater para que se abra, procurar para encontrar e estender humildemente a mão para receber o que se pede... Acrescenta que tudo o que se pedir a *seu Pai*, em seu nome, ele o concede. É por isso sem dúvida que o Espírito Santo, antes do nascimento de Jesus, ditou essa oração profética: "Atraí-me, corramos".

O que é pedir para ser *atraído*, senão unir-se de maneira íntima ao objeto que cativa o coração? Se o fogo e o ferro tivessem raciocínio, que este último dissesse ao outro: Atraí-me, não provaria que deseja identificar-se com o fogo de maneira que o penetre e o impregne da sua ardente substância e passe a fazer um só com ele? Madre querida, eis a minha oração: peço a Jesus que me atraia às chamas do seu amor, que me una tão estreitamente a ele, que seja ele quem viva e aja em mim. Sinto que quanto mais o fogo do amor abrasar meu coração, mais repetirei: "Atraí-me". Mais as almas se aproximarem de mim (pobres pequenos escombros de ferro inúteis, se eu fosse afastada do braseiro divino), mais rápido correrão em direção ao odor dos perfumes do seu Bem-amado, pois uma alma abrasada de amor não pode permanecer inativa. Sem dúvida, como Santa Madalena, fica aos pés de Jesus, escuta suas palavras suaves e calorosas. Parecendo nada dar, dá muito mais que Marta, que se atormenta a respeito de muitas coisas e gostaria que sua irmã a imitasse. Não são os afazeres de Marta que Jesus censura, esses trabalhos, sua divina Mãe submeteu-se humildemente a eles a vida toda, pois cabia a ela preparar as refeições da Sagrada Família. É apenas a inquietação de sua dedicada anfitriã que ele quer corrigir. Todos os santos compreenderam isso e, mais particularmente, talvez, os que iluminaram o universo com a doutrina evangélica. Não foi na oração que os santos Paulo, Agostinho, João da Cruz, Tomás de Aquino, Francisco, Domingos e tantos outros ilustres amigos de Deus foram encontrar essa ciência divina que encanta os maiores gênios? Um cientista disse: "Deem-me uma alavanca, um ponto de apoio, e levantarei o mundo". O que Arquimedes não conseguiu obter, porque seu pedido não foi feito a Deus e era feito só do ponto de vista material, os santos o obtiveram em toda a sua plenitude. O Todo-Poderoso deu-lhes como ponto de apoio: *ele próprio e só ele*. Como alavanca: a oração que abrasa pelo fogo do amor. Foi com isso que ergueram o mundo. É com isso que os santos que ainda militam o erguem. Até o final dos séculos, será com isso também que os santos que vierem haverão de erguê-lo.

Madre querida, quero falar-vos agora do que entendo por odor dos perfumes do Bem-amado. Como Jesus voltou ao Céu, só posso segui-lo pelas pistas que deixou. Como são luminosas essas pistas, como são perfumadas! Basta lançar o olhar nos santos Evangelhos que logo respiro os perfumes da vida de Jesus e sei a que lado me dirigir... Não para o primeiro lugar que vou, mas para o último. Em vez de avançar com o fariseu, repito, cheia de confiança, a humilde oração do publicano e, sobretudo, imito o comportamento de Madalena, seu espantoso, ou melhor, seu amoroso atrevimento, que encanta o Coração de Jesus, conquista o meu. Sinto-o. Mesmo que eu tivesse na consciência todos os pecados que se possa cometer, iria, com o coração dilacerado pelo arrependimento, lançar-me nos braços de Jesus, pois sei o quanto ama o filho pródigo que volta para ele. Não é porque Deus, na sua *obsequiosa* misericórdia, preservou minha alma do pecado mortal que me elevo para ele pela confiança e pelo amor (HA 335-339).

É assim que se fecha o último caderninho de Irmã Teresa do Menino Jesus. Creio que seja impossível dizer as mesmas coisas como ela as diz, com simplicidade e amor.

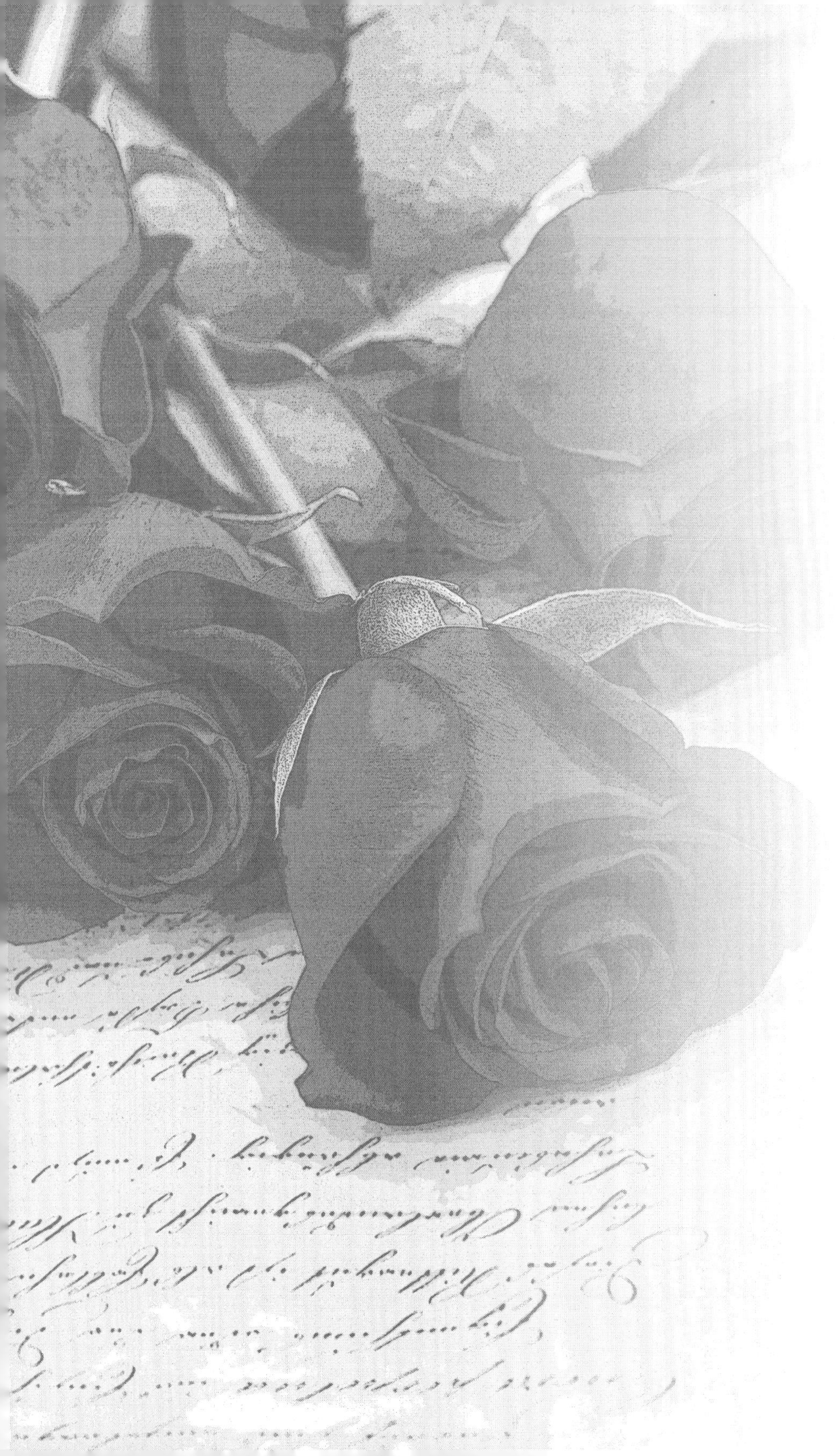

38

O ÚLTIMO SORRISO DE SANTA TERESINHA

Teresa teve saúde frágil desde o seu nascimento. Não sentiu nem a alegria do leite materno, mas, onde ela foi, sempre encontrou amor, e em todas as pessoas despertou afeto e atenção pela sua beleza, pela sua doçura, pela sua inteligência. Uma menina que falava com os olhos e com o sorriso. Uma menina decidida, volitiva, que sabia conquistar os outros e quase os manipulava, obrigando-os a dizer "sim" aos seus desejos.

Entrou no Carmelo aos quinze anos, recebeu dois Irmãos missionários, reagiu às injustiças que viu dentro do próprio Carmelo, mas, ao mesmo tempo, soube permanecer serena e tranquila na sua alma. Possuía uma fé adulta e madura, emitindo juízos com severidade e ternura. Durante o tempo do Carmelo, foi uma menina-monja que levava a sério o que fazia e o que desejava. Às vezes, tentavam manipulá-la, mas ela, com "arte e diplomacia", o evitava.

A tuberculose destruiu a sua resistência. Os últimos dezoito meses de vida são terríveis. No Carmelo, recebeu apoio das suas três irmãs. O clã Martin impunha-se pela sua capacidade e pela ajuda que tio Isidoro destinava ali. Madre Maria de Gonzaga, mesmo nem sempre com alegria e boa vontade, viu-se obrigada a ceder às iniciativas de madre Inês, ex-priora, e Teresa teve uma enfermeira pessoal nos últimos meses de vida. Foi madre Inês quem também, tendo vislumbrado a grandeza da alma de sua irmã Teresa, passou a fazer perguntas interessantes a ela, que as respondia sempre com simplicidade e verdade. Essas respostas constituem *Últimas conversações*, as quais passam a ser publicadas sempre como apêndice aos escritos teresianos. Cada palavra de Teresa, cada gesto, representa uma "preciosa relíquia" dela.

Ao acompanhar os últimos trinta dias da vida de Irmã Teresa do Menino Jesus, sentimo-nos comovidos. Ela esteve sempre serena, atenta a tudo, sabendo disfarçar o seu sofrimento e comunicando paz às Irmãs que a visitavam na enfermaria. Para todos havia uma palavra de conforto, e ela conservou até o fim o seu senso de humor. Todas as monjas sabiam que Teresa estava mal e que corria risco de morrer sufocada por uma improvisa hemoptise, vômito de sangue. Fora do Carmelo, quem sabia um pouco desse estado de saúde era os únicos parentes da família, em particular tio Isidoro.

Lentamente, portanto, Irmã Teresa do Menino Jesus e da Santa Face não conseguia mais acompanhar os atos da comunidade, e não saía mais da enfermaria. Recebia assistência contínua das Irmãs, especialmente da madre Inês, que tinha a preocupação não só de anotar tudo o que Teresa dizia, mas de provocar respostas ao que ela deseja saber.

Teresa sentia que o tempo da morte se aproximava. Algumas das monjas, ingenuamente lhe perguntavam: "Você sabe morrer?", ao que ela respondia, com um olhar "maroto": "Não sei, porque nunca morri!".

Um dos clichês que temos espalhado sobre Teresa é que ela queria morrer. Não, ela queria viver, amava a vida. Ela mesma o confirma em várias circunstâncias.

As últimas conversações que Irmã Teresa trava com suas irmãs de sangue, e com as outras Irmãs, são, sem dúvida, importantes, diria até sem censura. Nas 263 cartas escritas por ela, diz o que pensa e como vê as coisas sob a sua ótica de monja carmelita, com a sua cultura e humor da Normandia.

Próximo do fim, embora com bastante sofrimento, ela ainda escreve cartas, e nesse tempo percebemos nelas certa convicção de que a morte não está longe. Mesmo assim, a todos infunde entusiasmo, especialmente aos seus dois Irmãos missionários e a Leônia, que já se tornara Irmã Dositeia e se encontrava no mosteiro das Visitandinas. Teresa estava convencida de que, com a morte, iniciaria a sua nova missão: espalhar pétalas de rosas, converter as almas, proteger os seus devotos.

39

TRINTA DE SETEMBRO DE 1897

O dia 30 de setembro de 1897 é o último de Santa Teresinha na terra. Ela morreu às 19h20, dando um último suspiro e pronunciando as últimas palavras: "Meu Deus, eu vos amo!". Também o Papa Bento XVI pronunciou estas palavras antes de entrar na agonia. Os santos, que na vida toda tiveram fixo o próprio pensamento em Deus, não podem morrer a não ser proclamando ainda pela última vez o desejo de estar totalmente com Deus. E a profissão da fé dos santos é: "Meu Deus, eu te amo".

Vamos terminar o nosso caminho com Teresa do Menino Jesus, a santa revolucionária, que como um gênio da espiritualidade descobriu o caminho da santidade fácil e simples para todos, o caminho do abandono e da confiança em Deus. Ela nos ensina a não ter medo de Deus, porque Deus é amor. O que aconteceu naquele dia 30 de setembro de 1897? Deixemos a palavra à Irmã Genoveva, ou Celina, que esteve presente com ela até o fim.

ÚLTIMAS PALAVRAS DE NOSSA QUERIDA TERESINHA

Oh! É puro sofrimento, porque não há consolação. Não, nem uma só! Ó meu Deus!!! No entanto, eu amo o bom Deus... Ó minha boa Virgem Santa, socorrei-me! Se isto é a agonia, o que é a morte, então?... Ó minha Mãe! Eu vos garanto que o vaso está cheio até a borda! Sim, meu Deus, tanto quanto quiserdes... mas tende piedade de mim! Minhas irmãzinhas... minhas irmãzinhas... Meu Deus, meu Deus, tende piedade de mim! Não aguento mais... Não aguento mais! E, contudo, é preciso, sim, que eu resista... Estou... estou reduzida... Não, jamais teria acreditado que alguém pudesse sofrer tanto... Jamais, jamais! Ó minha Mãe, não creio mais na morte para mim... só creio no sofrimento! Amanhã, será ainda pior! Enfim, tanto melhor!

À NOITE

Nossa Mãe acabava de dispensar a Comunidade, dizendo que a agonia ainda se prolongaria: a Santa doentinha prosseguiu imediatamente:

"Pois bem, vamos! Vamos! Oh! Eu não gostaria de sofrer menos!... Oh! Eu o amo...

Meu Deus... eu... vos amo!" (LISIEUX, 2022, 109).

E como foi o dia 30 de setembro segundo o relato de Irmã Maria do Sagrado Coração, madre Inês, reproduziu suas últimas palavras?

30 DE SETEMBRO

"Oh! É mesmo sofrimento puro, porque não há consolações... Não, nenhuma sequer! Ó meu Deus!!! Entretanto, eu o amo, o bom Deus... ó minha boa Virgem Santa, socorrei-me! Se isto é a agonia, o que é, então, a morte?... Ó minha pobre Mãezinha, garanto que o vaso está cheio até a borda! Sim, meu Deus, tudo o que quiserdes!...mas tende piedade de mim! Minhas irmãzinhas... minhas irmãzinhas... Meu Deus... Meu Deus, tende piedade de mim! Não aguento mais...não aguento mais! E, no entanto, é preciso que eu suporte... Estou... estou reduzida... Não, não poderia jamais acreditar que alguém pudesse sofrer tanto... jamais! Jamais! Ó minha Mãe, não creio mais na morte para mim... Creio mesmo é no sofrimento! Amanhã será ainda pior? Enfim, tanto melhor!"

Última palavra, olhando seu crucifixo:

"Oh! Eu o amo... Meu Deus... eu vos amo!" (LISIEUX, 2022, 109).

40

O FUNERAL DE TERESA

Nos últimos instantes da vida de Irmã Teresa, madre Inês chama a priora e reúne toda a comunidade. Teresa, olhando para o crucifixo, balbucia com esforço: "Meu Deus... eu vos amo", e reclina a cabeça no travesseiro. O relógio marca 19h20.

Leônia estava na casa de tio Isidoro e sua família, pois tinha voltado das Visitandinas para passar alguns dias com os primos. Madre Inês envia-lhes, então, uma mensagem com poucas palavras: "Meus queridos tios e minha querida Leônia, nosso Anjo está no céu. Deu o último suspiro às 19 horas, tendo o seu crucifixo sobre o coração e dizendo: 'Oh te amo!', olhando para o céu...". Que estaria vendo?

Madre Inês e Irmã Amada preparam o corpo de Teresa para ser depois levado à capela. Sobre o seu coração, o crucifixo, um terço e uma palma. A palma é significativa. Normalmente indica o martírio, e Teresa é verdadeiramente uma mártir do amor. Ao lado, colocam também a Virgem do Sorriso, tão querida e amada por ela.

No dia 1º de outubro de 1897, uma sexta-feira, Irmã Genoveva – "Celina" –, tira uma foto de Teresa, e, depois, o seu corpo é exposto no coro das monjas até à tarde, quando é levado até a igreja, para as últimas despedidas. Lentamente, o corpo de Teresa se transforma, e Irmã Genoveva tira a última fotografia. Na tarde de domingo, dia 3 de outubro, cerram o caixão, porque o corpo já tem sinais de decomposição.

Teresa é enterrada, por fim, no dia 4 de outubro, no cemitério de Lisieux, onde tio Isidoro havia comprado um túmulo para o Carmelo.

Coincidentemente, é o mesmo dia em que, em 1582, Santa Teresa d'Ávila morreu, em Alba de Tormes. Às nove horas, celebra-se uma missa no Carmelo e depois se procede à transladação do corpo para o cemitério da cidade.

Depois da Santa Missa, o caixão é colocado em um carro puxado por dois cavalos, e um pequeno grupo de cerca de vinte pessoas o acompanha a caminho do cemitério. Tio Isidoro não pôde ir, porque uma crise de gota o obrigou a ficar em casa.

Uma pequena cruz é colocada sobre a tumba, com os dizeres:

Irmã Teresa do Menino Jesus e da Santa Face
*2 de janeiro 1873 †30 setembro 1897
"O que eu quero, oh meu Deus, é levar longe o teu fogo – lembra-te!"

Como o operário que levava a cruz ao cemitério acabou apagando a escrita, alguns dias depois na cruz se lê: "Quero passar o meu céu fazendo o bem na terra!".

41
LEÔNIA COMPRA O HÁBITO DE TERESA

Na terça-feira, isto é, no dia 5 de outubro, as Irmãs fazem faxina na cela da enfermaria onde Irmã Teresa tinha morrido. Como de costume, por medo de contágio, queimam o colchão e as sandálias dela. Uma Irmã queria conservar tudo aquilo, mas outras dizem: "Que fazer com toda esta 'sujeira'? Vamos queimar!".

Era tradição no Carmelo que, quando alguma monja ou frade morria, o hábito era passado para outra pessoa que necessitasse. Madre Inês, então, tem uma ideia genial e profética: aconselha Leônia que *compre* o hábito, a capa branca, os véus e uma sandália "alpargatas" de Teresa. Tudo isso custou 90 francos!

E quanto custou o funeral de Irmã Teresa do Menino Jesus? Pelos livros de entradas e saídas do Carmelo, pode-se saber:

- Carpinteiro (caixão e duas cruzes): 42 francos.
- Enterro: 41 francos.
- 55 santas missas em sufrágio: 33 francos.

Teresa viveu no Carmelo durante nove anos, e, nesse tempo, nem todas as monjas viram nela uma santa, tampouco uma Irmã normal, mas até um pouco menos que o normal, a ponto de a Irmã São Vicente de Paulo dizer: "A minha Irmã Teresa do Menino Jesus vai morrer em breve e eu realmente me pergunto o que vai dizer dela Nossa Madre depois da sua morte. Se encontrará em uma bela dificuldade, pois, embora esta Irmã seja amável, não tem feito nada que valha a pena *recordar*...".

Mas Teresa, que escolhera o último lugar, realizou a profecia de Jesus: "Os últimos serão os primeiros...".

Cada dia que passa, portanto, a pequena Teresa do Menino Jesus, com sua mensagem, com seu título de "Doutora da ciência do amor", se faz mais importante para o nosso mundo complicado, tecnológico, onde a verdadeira simplicidade se torna cada vez mais difícil.

Te louvo e te agradeço, ó Pai!

Naquela ocasião, Jesus pronunciou estas palavras: "Eu te louvo, Pai, Senhor do céu e da terra, porque escondeste estas coisas aos sábios e entendidos e as revelaste aos pequeninos. Sim, Pai, assim foi do teu agrado. Tudo me foi entregue por meu Pai, e ninguém conhece o Filho, senão o Pai, e ninguém conhece o Pai, senão o Filho e aquele a quem o Filho o quiser revelar. Vinde a mim, todos vós que estais cansados e carregados de fardos, e eu vos darei descanso" (Mt 11,25-28).

42

AS FLORES DO JARDIM DE TERESA

Estamos chegando ao fim de nossa viagem. Percorremos os 24 anos da vida de Santa Teresa do Menino Jesus, uma santa jovem, madura e cheia de entusiasmo; uma palavra de Deus feita carne, que, tendo vivido no escondimento e na normalidade a sua vida de jovem e de monja, tem espalhado a Deus pelo mundo afora, e no coração de todas as pessoas e de todas as religiões.

Quem se aproxima dos seus escritos, sem dúvida encontra uma resposta para si mesmo e para os outros. Escolhi apresentar alguns conselhos que ela mesma nos oferece para vivermos felizes, em paz com Deus, conosco mesmos e com os outros. Não vou comentar as suas palavras, mas apenas colocá-las para que cada um as medite, as interprete e as aplique na sua vida pessoal:

1. *A paz* – Por que falar de uma alegria delirante? Não, essa expressão não está adequada. Era antes a paz calma e serena do navegante avistando o farol que deve guiá-lo ao porto... Ó Farol luminoso do Amor, sei como chegar a ti, encontrei o segredo para apropriar-me da tua chama. Sou apenas uma criança, impotente e fraca, mas é minha própria fraqueza que me dá a audácia para me oferecer como Vítima ao teu Amor, ó Jesus! Outrora, só as hóstias puras e sem manchas eram aceitas pelo Deus forte e poderoso. Para satisfazer a justiça divina, havia necessidade de vítimas perfeitas. Mas à lei do temor sucedeu a

do Amor e o Amor escolheu-me para holocausto, eu, fraca e imperfeita criatura... Não é escolha digna do Amor?... Sim, a fim de que o Amor seja plenamente satisfeito é preciso que se abaixe, que se abaixe até o nada e que transforme esse nada em *fogo*... (HA 255).

2. *A alegria* – Ah! Não foi para prestar serviços ao Carmelo que quisesse receber-me que eu deixaria tudo o que me é caro; sem dúvida, faria tudo o que dependesse de mim, mas conheço minha incapacidade e sei que fazendo o melhor que eu puder não chegaria a fazer muito e bem, por não ter, como dizia há pouco, conhecimento algum das coisas da terra. Minha única finalidade seria cumprir a vontade de Deus, sacrificar-me por ele da maneira que lhe fosse agradável. Sinto que eu não teria decepção nenhuma, pois, quando se espera um sofrimento puro e sem mistura, a menor alegria torna-se uma surpresa e, vós o sabeis Madre, o próprio sofrimento passa a ser a maior das alegrias quando é buscado como o mais precioso dos tesouros. Oh, não! Não é para usufruir dos meus trabalhos que quero partir, se tal fosse minha finalidade, não sentiria essa doce paz que me inunda e até sofreria por não poder realizar a minha vocação para as missões longínquas. Há muito não me pertenço, entreguei-me totalmente a Jesus. Portanto, ele é livre para fazer de mim o que quiser. Deu-me a atração por um exílio completo, fez-me *compreender todos os sofrimentos* que eu encontraria, perguntou-me se estava pronta a esgotar o cálice da amargura. Quis tomar logo essa taça, mas, puxando-a da minha mão, fez-me entender que a aceitação lhe era suficiente (HA 286).

3. *Amor ao próximo* – Observei (e é bem natural) que as irmãs mais santas são as amadas, procura-se a conversação delas, prestam-se serviços a elas sem que tenham de pedi-los, enfim, essas almas capazes de suportar faltas de consideração, de delicadezas, veem-se cercadas pelo afeto de todas. Pode-se aplicar a elas as seguintes palavras do nosso Pai, São João da Cruz:

"Todos os bens me foram dados quando não os procurei mais por amor-próprio". Ao contrário, as almas imperfeitas não são procuradas. Permanece-se, sem dúvida, dentro dos limites da cortesia religiosa, mas receando, talvez, dizer-lhes algumas palavras pouco amáveis, evita-se a companhia delas. Ao mencionar almas imperfeitas não estou me referindo apenas às imperfeições espirituais, pois as mais santas só serão perfeitas no Céu; refiro-me à falta de juízo, de educação, à susceptibilidade de alguns temperamentos, todas coisas que não tornam a vida agradável. Sei que essas enfermidades morais são crônicas, sem esperança de cura, mas sei que minha Madre não deixaria de cuidar de mim, de procurar aliviar-me, se ficasse doente a vida toda. Eis a conclusão a que cheguei: devo procurar, no recreio, na licença, a companhia das irmãs que me são menos agradáveis, desempenhar junto a essas almas feridas o ofício de boa samaritana. Uma palavra, um sorriso amável são muitas vezes suficientes para alegrar uma alma triste (HA 323).

4. *Oração* – Não penseis que nado em consolações, oh não! Meu consolo é não ter consolações na terra. Sem mostrar-se, sem se fazer ouvir, Jesus ensina-me em segredo, não é por meio dos livros, pois não entendo o que leio, às vezes, porém, uma palavra como esta que destaquei no final da oração (após ter ficado no silêncio e na aridez) vem consolar-me: "Eis o Mestre que te dou, ensinar-te-á o que deves fazer. Quero levar-te a ler no livro da vida onde está a ciência do Amor". A ciência do Amor, oh sim! Esta palavra soa doce ao ouvido da minha alma, só desejo essa ciência. Tendo dado por ela todas as minhas riquezas, calculo, como a esposa dos cânticos sagrados, nada ter dado... Entendo tão bem que só o amor possa nos tornar agradáveis a Deus, que fiz dele o único objeto dos meus desejos (HA 241).

5. *O sorriso* – Ao ler o que acabo de escrever, poderíeis, Madre, crer que a prática da caridade não me é difícil. É verdade que, desde alguns meses, não tenho mais de combater para praticar essa bela virtude. Não quero dizer com isso que nunca me

acontece cair em faltas. Ah! Sou imperfeita demais para evitar isso, mas não tenho muita dificuldade em me levantar quando caio, pois em um certo combate alcancei a vitória e, por isso, a milícia celeste vem agora em meu socorro, não podendo aceitar ver-me vencida depois de ter sido vitoriosa na guerra gloriosa que vou procurar descrever. Encontra-se na comunidade uma irmã que tem o dom de desagradar-me em tudo, suas maneiras, suas palavras, seu caráter eram-me *muito desagradáveis*, porém é uma santa religiosa que deve ser *muito agradável* a Deus. Não querendo entregar-me à antipatia natural que sentia, disse a mim mesma que a caridade não deveria assentar-se nos sentimentos, mas nas obras. Então, apliquei-me em fazer por essa irmã o que teria feito pela pessoa que mais amo. Cada vez que a encontrava, rezava por ela, oferecendo a Deus todas as suas virtudes e méritos. Sentia que isso agradava a Jesus, pois não há artista que não goste de receber elogios pelas suas obras, e Jesus, o artista das almas, fica feliz quando, em vez de olhar apenas o exterior, entramos no santuário íntimo que ele escolheu para morada e admiramos sua beleza. Não me restringia a rezar muito pela irmã que me levava a tantos combates; procurava prestar-lhe todos os serviços possíveis. Quando estava tentada a responder-lhe de modo desagradável, contentava-me em lhe dar meu mais agradável sorriso e procurava desviar a conversa, pois diz-se na Imitação que é melhor deixar cada um no seu sentimento que se entregar à contestação. Muitas vezes também quando não estava no recreio (quero dizer, durante as horas de trabalho), tendo algum relacionamento de serviço com essa irmã, quando os combates se faziam violentos demais, fugia como desertora. Como ela ignorava completamente o que eu sentia por ela, nunca suspeitou os motivos do meu comportamento e está persuadida de que o caráter dela me é agradável. Um dia, no recreio, disse-me, aproximadamente, as seguintes palavras com ar contentíssimo: "Aceitaríeis dizer-me, Irmã Teresa do Menino Jesus, o que tanto vos atrai em mim, pois cada vez que me olhais vejo-vos sorrir?". Ah! O que me atraía era Jesus oculto no fundo da alma dela... Jesus que torna suave o que é amargo... Respondi que sorria por estar contente em vê-la (obviamente não acrescentei que era do ponto de vista espiritual) (HA 292).

6. *Missionária* – Tinha consciência das obrigações que me impunha, por isso pus logo mãos à obra procurando redobrar meu fervor. É preciso admitir que, inicialmente, não tive consolações para estimular meu zelo. Depois de ter escrito uma gentil cartinha cheia de coração e nobres sentimentos, a fim de agradecer a Madre Inês de Jesus, meu irmãozinho só voltou a se manifestar em julho, a bem da verdade enviou sua carta em novembro para comunicar que se alistava no exército. Foi a vós, Madre querida, que o Senhor reservou completar a obra iniciada. Sem dúvida, é pela oração e pelo sacrifício que se pode ajudar os missionários. Mas, às vezes, quando agrada a Jesus unir duas almas para a sua glória, ele permite que, de vez em quando, elas possam comunicar os pensamentos e estimular-se mutuamente a amar mais a Deus. Porém, para isso, é preciso uma *autorização expressa* da superiora, pois creio que, sem essa, a correspondência faria mais mal que bem; se não ao missionário, pelo menos à carmelita que, pelo seu gênero de vida, está continuamente levada a ensimesmar-se. Em vez de uni-la a Deus, essa correspondência que teria solicitado, embora esporádica, ocuparia seu espírito. Imaginando realizar mundos e fundos, só procuraria, a pretexto de zelo, uma distração inútil. Para mim, essa situação não difere das demais: sinto que minhas cartas só produzirão algum bem se forem escritas por obediência e se eu sentir mais repugnância que prazer ao escrevê-las. Quando falo com uma noviça, procuro fazê-lo mortificando-me; evito perguntar para satisfazer a minha curiosidade. Se ela inicia um assunto interessante e passa de repente, sem concluir o primeiro, a outro que me aborrece, evito lembrar-lhe o assunto que deixou de lado, pois

parece-me que não se pode fazer bem algum quando se procura a si mesmo (HA 331).

7. *Santidade* – Em um dia em que Leônia pensou ser crescida demais para brincar de boneca, veio a nosso encontro com um cesto cheio de vestidos e lindas peças destinadas a fazer outros. Em cima, havia uma boneca deitada. "Irmãzinhas", disse ela, "escolhei, vos dou tudo isso." Celina estendeu a mão e pegou um pequeno pacote de alamar que a agradava. Depois de um breve momento de reflexão, estendi a mão também e disse: *"Escolho tudo!"*, e peguei o cesto sem mais cerimônia. Os que presenciaram a cena acharam a coisa muito certa. A própria Celina não pensou em reclamar (aliás, não lhe faltavam brinquedos, seu padrinho lhe dava muitos presentes e Luísa encontrava meio de lhe dar tudo o que ela queria). Esse pequeno relato da minha infância é o resumo de toda a minha vida. Mais tarde, quando a perfeição passou a ser minha conhecida, compreendi que para tornar-me *uma santa* era preciso sofrer muito, procurar sempre o mais perfeito e esquecer de mim mesma. Compreendi que havia muitos graus de perfeição e que cada alma é livre de responder aos convites de Nosso Senhor, de fazer pouco ou muito para ele; em uma palavra, de *escolher* entre os sacrifícios que ele pede. Então, como nos dias da minha primeira infância, exclamei: "Meu Deus, *escolho tudo*. Não quero ser *santa pela metade*, não tenho medo de sofrer por vós, só temo uma coisa: guardar a minha *vontade*, tomai-a, pois 'escolho tudo' o que quiserdes!..." (HA 37).

8. *Perfeição* – Como pode uma alma tão imperfeita como a minha aspirar à plenitude do Amor?... Ó Jesus! Meu *primeiro, meu único Amigo*, tu que *amo unicamente*, dize-me que mistério é esse? Por que não reservas essas imensas aspirações para as grandes almas, para as águias que planam nas alturas?... Considero-me apenas um mero passarinho coberto de leve penugem, não sou uma águia, só tenho dela os *olhos* e o *coração*, pois, apesar da minha extrema pequenez, ouso fixar o Sol Divino, o

Sol do Amor, e meu coração sente em si todas as aspirações da águia... O passarinho quer voar para esse Sol brilhante que encanta seus olhos, quer imitar as águias, suas irmãs, que vê chegar ao lar divino da Trindade Santíssima... ai! O que pode fazer é bater as *asinhas*, voar, porém, não está em seu *pequeno alcance*! O que será dele? Morrer de tristeza por se ver tão impotente?... Oh não! O passarinho nem vai ficar aflito. Com total abandono, quer ficar olhando seu divino Sol; nada poderá assustá-lo, nem o vento nem a chuva, e se nuvens escuras vierem esconder o Astro de Amor o passarinho não trocará de lugar. Sabe que, além das nuvens, seu Sol continua brilhando, que seu brilho não cessará.

9. *Maria* – Não encontrando socorro nenhum na terra, a pobre Teresinha apelou para sua Mãe do Céu. Pedia-lhe de todo o coração que se compadecesse dela... De repente, a Santíssima Virgem pareceu-me *bonita*, tão *bonita* que nunca vira algo semelhante, seu rosto exalava uma bondade e uma ternura inefáveis, mas o que calou fundo em minha alma foi o "sorriso encantador da Santíssima Virgem". Todas as minhas penas se foram naquele momento, duas grossas lágrimas jorraram das minhas pálpebras e rolaram pelo meu rosto, eram lágrimas de pura alegria... Ah! Pensei, a Santíssima Virgem sorriu para mim, estou feliz... sim, mas nunca o direi a quem quer que seja, pois então minha *felicidade iria embora*. Baixei os olhos sem esforço nenhum e vi Maria, que me olhava com amor. Parecia comovida e duvidosa do favor que a Santíssima Virgem me concedera... Ah! Fora por causa dela, das suas intensas orações, que eu tivera a graça do *sorriso* da Rainha dos Céus. Vendo meu olhar fixado na Santíssima Virgem, ela dissera para si mesma: "Teresa está curada!". Sim, a florzinha ia renascer para a vida, o *Raio* luminoso que a aquecera não ia parar com seus favores, não faz tudo de uma vez só, mas suavemente, docemente, levantou sua flor e a fortificou de tal forma que, cinco anos mais tarde, desabrochava no monte fértil do Carmelo.

10. *Infância espiritual* – Sabeis, Madre, que sempre desejei ser santa, mas ai! Sempre constatei, quando me comparei com os santos, haver entre eles e mim a mesma diferença que existe entre uma montanha cujos cimos se perdem nos céus e o obscuro grão de areia pisado pelos transeuntes. Em vez de desanimar, disse a mim mesma: Deus não poderia inspirar desejos irrealizáveis, portanto, posso, apesar da minha pequenez, aspirar à santidade; não consigo crescer, devo suportar-me como sou, com todas as minhas imperfeições; mas quero encontrar o meio de ir para o Céu por uma via muito direta, muito curta, uma pequena via, totalmente nova. Estamos em um século de invenções. Agora, não é mais preciso subir os degraus de uma escada, nas casas dos ricos, um elevador a substitui com vantagens. Eu também gostaria de encontrar um elevador para elevar-me até Jesus, pois sou pequena demais para subir a íngreme escada da perfeição. Procurei então, na Sagrada Escritura, a indicação do elevador, objeto do meu desejo, e li estas palavras da eterna Sabedoria: Quem for *pequenino*, venha cá; ao que falta entendimento vou falar. Vim, então, adivinhando ter encontrado o que procurava e querendo saber, ó Deus, o que faríeis ao pequenino que respondesse ao vosso chamado. Continuei minhas pesquisas e eis o que achei: Como alguém que é consolado pela própria mãe, assim eu vos consolarei. Sereis amamentados, levados ao colo, e acariciados sobre os joelhos! Ah! Nunca palavras mais suaves, mais melodiosas, vieram alegrar minha alma. Vossos braços são o elevador que deve elevar-me até o Céu, ó Jesus! Para isso, eu não preciso crescer, pelo contrário, preciso permanecer pequena, que o venha a ser sempre mais (HA 271).

Estes dez textos de Santa Teresa do Menino Jesus, tirados todos de *História de uma alma*, podem nos ajudar a conhecer melhor essa santa cheia de amabilidade e de ternura. Ela não fala à nossa inteligência, mas fala ao coração.

Quero terminar o nosso caminho com uma poesia de Teresa: "Tenho somente hoje para amar, para fazer o bem, temos somente *hoje*". A nossa vida projetada demasiadamente no futuro, ou parada no passado, impede de viver a alegria do dia a dia, em que cada um de nós deve construir a própria felicidade.

MEU CANTO DE HOJE

Minha vida é um instante, um rápido segundo,
Um dia só que passa e amanhã estará ausente;
Só tenho, para amar-te, ó meu Deus, neste mundo,
    O momento presente!...

Como te amo, Jesus! Por ti minha alma anseia;
Sejas meu doce apoio por um dia somente.
Reina em meu coração: teu sorriso incendeia
    Agora, no presente!

Que me importa, Senhor, se no futuro há sombra?
Rezar pelo amanhã? Minha alma não consente!
Guarda meu coração puro! Cobre-me com tua sombra
    Agora, no presente!

Se penso no amanhã, temo ser inconstante,
Vejo nascer em meu coração a tristeza e o enfado.
Eu quero, Deus meu, o sofrimento, a prova torturante
    Agora, no presente!

Devo ver-te em breve na praia eterna,
Ó Piloto Divino, cuja mão me conduz.
Sobre as vagas em fúria, guia minha navezinha
    Agora, no presente.

Ah! Deixa-me, Senhor, em tua Face esconder-me.
Para não ouvir o mundo a clamar futilmente.
Dá-me teu amor, conserva-me tua graça
    Agora, no presente.

Junto ao teu Coração divino, esqueço o que se passa,
Não temo mais a noite em ameaça.
Dá-me em teu Coração, Jesus, um lugar,
    Agora, no presente.

Pão vivo, Pão do Céu, divina Eucaristia,
Ó mistério sagrado! Que o Amor produziu…
Vem morar no meu coração, minha branca Hóstia,
    Agora, no presente.

Digna-te unir-me a ti, Vinhedo Consagrado,
Para que meu ramo assim, com frutos, se apresente
E eu vou te oferecer algum cacho dourado, Senhor,
    Agora, no presente.

Esse cacho de amor, cujos grãos são as almas…
Só tenho para formá-lo este dia que foge.
Ah! Dá-me, Jesus, de um Apóstolo o ardor,
    Agora, no presente.

Virgem Imaculada, tu és minha Doce Estrela.
Que me dás Jesus e a Ele me unes;
Deixa-me, terna Mãe, repousar sob teu véu
    Agora, no presente.

Anjo da minha guarda, cobre-me com tuas asas,
Clareia com teus fogos a estrada que sigo;
Vem dirigir meu passo e auxiliar-me, te peço,
    Agora, no presente.

Quero ver-te sem véu, Senhor! Sem nuvem sua,
Ainda exilada, longe de ti, languesço.
Não me escondas, meu Deus, Tua amável Face
   Agora, no presente.

Já voarei ao céu para que aí profira
Meus louvores a ti, no dia sem poente,
Quando, então, cantarei em angélica lira
   O Eterno presente!... (Poesia 5).

43

"RECORDA-TE, JESUS"

Teresa conhecia os evangelhos, mas os conhecia muito mais por meio do amor de Jesus, escondido em cada página do Evangelho. Ela não tinha preocupações exegéticas, mas o lia com os olhos do coração. "Gostaria de conhecer o 'grego' para poder ler o Evangelho na língua de Jesus!" Ela não sabia que a língua de Jesus era o aramaico...

A teologia de Teresa espalha-se como flores, perfumando todos os seus escritos. Uma teologia cotidiana, feita de pequenos gestos de amor. Mesmo que, quando ela escrevia, não citasse os textos bíblicos, podemos perceber que as suas palavras escondem citações implícitas do Evangelho, o qual assimilava por meio da leitura pessoal e dos textos da liturgia. Possuía à sua disposição o Novo Testamento, mas não o Antigo, embora sua irmã Celina tivesse copiado vários textos do Antigo Testamento, especialmente os Salmos e os livros sapienciais.

Na poesia "Recorda-te, Jesus", que colocarei à sua disposição para que possa ler e meditar, Irmã Teresa nos oferece uma "cristologia" ao alcance de todos. Jesus, mesmo para os que não creem, é um modelo de vida. As suas palavras nos indicam como devemos comportar-nos no nosso relacionamento com Deus, com os outros e com nós mesmos. São 33 estrofes, o mesmo número de anos passados aqui na terra por Jesus. Cada estrofe faz uma referência bíblica, como uma maneira de vivê-la na nossa vida, nos momentos de alegria e de tristeza...

Minha filha, procure atentamente, entre as minhas palavras, aquelas que respirem mais amor; escreva-as e, a seguir, guardando-as como relíquias, empenhe-se em relê-las muitas vezes. Quando um amigo quer despertar no coração do seu amigo a vitalidade primeira de sua afeição, ele lhe diz: "Lembra-te daquilo que experimentavas quando me disseste, um dia, aquela palavra", ou então: "Tu te recordas dos teus sentimentos naquela época, naquele dia, em tal lugar?..." Acredite, então, que as mais preciosas relíquias minhas sobre a terra são as palavras do meu amor, as palavras do meu dulcíssimo Coração (Palavras de Nosso Senhor a Santa Gertrudes).

RECORDA-TE, JESUS, MEU BEM-AMADO

Recorda-te da glória do Pai
E também dos divinos esplendores
Que deixaste, exilando-te na terra
Para resgatar teus pobres pecadores.
Jesus, quando desceste ao seio de Maria,
Velaste tua grandeza e tua glória infinita!
Ah, do seio maternal
Que foi teu segundo céu,
Recorda-te!

Recorda-te de que no dia de teu nascimento,
Vindo do Céu os Anjos entoaram:
"Glórias ao nosso Deus, honra e poder
E paz aos corações de boa vontade!"
Dois mil anos depois manténs tua promessa:
Pra teus filhos, Senhor, a paz é uma riqueza.
A fim de saborear
Sempre esta tua Paz,
Eu venho a ti.

Eu venho a ti, Senhor, esconde-me em teus panos,
Pois desejo ficar pra sempre no teu berço;
Aí eu vou poder, cantando com teus anjos,
Lembrar-te das alegrias dos primeiros dias.
Sim, lembra-te, Jesus, dos pastores e magos
Oferecendo-te, radiantes, seus corações e suas homenagens.
   Do cortejo inocente
  Que te deu seu sangue,
     Recorda-te!

Recorda-te dos braços de Maria
Que preferiste a teu trono real.
Criança, para manter tua vida
Só tinhas o leite virginal.
A esta festa de amor que te dava Maria,
Convida-me, Jesus, meu pequenino irmão.
   Esta tua irmãzinha
  Fez pulsar teu coração;
     Recorda-te!

Recorda-te... Chamavas de teu pai
O humilde José, que, com ordens do céu,
Sem te acordar, no colo de Maria,
Salvou-te dos furores de um mortal.
Recorda, Verbo Eterno, esse mistério estranho:
Tu ficas em silêncio e mandas falar um anjo!
   Do teu exílio distante,
  Lá nas margens do Nilo,
     Recorda-te!

Recorda-te de que, em outras paragens,
Os astros de ouro e a lua prateada,
Que eu contemplo no céu limpo, sem nuvens,
Se encantaram com teus olhos de Criança.

Com pequenina mão acariciando Maria,
Sustentavas o mundo e a vida lhe mantinhas
    E pensavas em mim,
    Jesus, meu Reizinho,
      Recorda-te!

  Recorda-te de que, na solidão,
   Com tuas mãos divinas trabalhavas;
    Viver esquecido foi teu mais doce estudo,
Rejeitaste a ciência dos humanos.
Com uma palavra só o mundo encantarias,
    Mas quiseste esconder o teu saber profundo
    Parecendo ignorante,
    Senhor Onipotente.
      Recorda-te!

  Recorda-te de que, estrangeiro nesta terra,
   Viveste como errante, sendo o Verbo Eterno,
    Sem possuir nada teu, nem sequer uma pedra,
Nem mesmo um ninho, como um pássaro do céu...
Ó Jesus, vem a mim, repousa tua fronte,
    Minh'alma está pronta, a fim de receber-te.
    Meu Bem-Amado Salvador,
    Repousa no meu peito
      Que te pertence...

  Recorda-te das tuas divinais ternuras
   Com as quais cumulavas humildes criancinhas;
    Quero receber também os teus carinhos.
    Dá-me, então, eu te peço, os beijos que extasiam.
Para gozar no céu tua doce presença,
Saberei praticar as virtudes da infância.
    Não disseste tantas vezes:
    "O céu é das crianças?"
      Recorda-te!

Recorda-te... Cansado, ao lado de uma fonte,
Exausto viajor, depois das caminhadas,
Fizeste transbordar sobre a Samaritana
Os vagalhões de amor contidos no teu peito.
Ah, bem conheço Aquele que pedia água:
É ele o Dom de Deus, fonte de toda glória.
    Ele é a água que jorra,
    Ele é aquele que diz:
        "Vinde a mim!".

"Vinde a mim, pobres almas sobrecarregadas,
Vossos fardos pesados logo serão leves
E, depois, para sempre já dessedentados,
Do vosso peito fontes hão de borbulhar."
Tenho sede, Jesus! Esta água eu te peço!
Com torrentes do céu vem inundar minh'alma.
    Para fixar morada
    No mar do teu amor,
        Eu venho a ti.

Recorda-te... de que, filha da luz,
Muitas vezes me esqueço de servir meu Rei.
Ah, vem ter compaixão desta miséria imensa
E em teu amor, Jesus, vem perdoar-me.
Torna-me familiar com os assuntos do céu,
Ensina-me o segredo oculto no Evangelho.
    Ah, que este livro de ouro
    Se faça o meu tesouro;
        Recorda-te!

Recorda-te de que tua divina Mãe
Sobre teu coração tem poderes maravilhosos.
Recorda-te de que, um dia, ante um pedido dela,
Tu transformaste a água em vinho delicioso.

Transforma em mim também as obras imperfeitas,
Torna-as perfeitas, Senhor, ante a voz de Maria.
   De que sou tua filha,
    Ó Jesus, com frequência,
      Recorda-te!

Recorda-te de quando, às vezes, as colinas
  Subias, quando o sol, de tarde, descambava;
Recorda-te de tuas orações divinas,
  De teus cantos de amor na hora de dormir.
Tua prece, meu Deus, oferto com prazer
Em minhas orações e no sagrado Ofício.
   Apoiada em teu peito,
    Canto alegremente:
      Recorda-te!

Recorda-te de quando, olhando a pradaria,
  Teu Coração Divino antecipava as messes
  E levantando o olhar para a montanha santa,
  Tua boca murmurava o nome dos eleitos...
Para que o teu trigal seja logo colhido,
Eu me imolo, Senhor, e rezo cada dia:
   Que meus gozos e prantos
   Sejam dos missionários,
     Recorda-te...

Recorda-te da festa dos teus anjos,
  Da harmonia que ecoa lá nos céus,
  Do gozo das celestiais falanges
  Sempre que um pecador a ti eleva o olhar.
Ah! Quero aumentar essa grande alegria,
Jesus, rezando sempre pelos pecadores.
   Vim para o Carmelo
  Para povoar teu céu...
     Recorda-te!

Recorda-te da doce e eterna chama
Que tu nos corações querias acender!
Esse fogo do céu acendeste em minh'alma
E quero te ajudar a espalhar seus ardores.
Uma fagulha só, ó mistério de vida,
Basta para atear todo um imenso incêndio.
    Como quero, ó meu Deus,
    Levar longe teu fogo...
        Recorda-te!

Recorda-te, Senhor, da festa esplêndida
Que deste àquele filho arrependido.
Mas lembra-te também de que cada alma pura
Por ti é alimentada a todo instante.
Jesus, com teu amor o pródigo acolheste,
Mas, para mim, não têm dique as águas de teu Peito.
    Meu Amado e meu Rei,
    Tudo o que tens é meu...
        Recorda-te!

Recorda-te de que, desprezando a glória,
Prodigalizando teus milagres divinos,
Escrevias: "Como podeis crer,
Vós que buscais a estima humana?
Se as obras que faço parecem surpreendentes,
Meus amigos farão obras bem mais notáveis".
    Que foste manso e humilde,
    Jesus, meu terno Esposo,
        Recorda-te!

Recorda-te de que, santamente inebriado,
O Apóstolo-Virgem repousou em teu Peito...
Descansando aí, conheceu as ternuras
E compreendeu, Senhor, todos os teus segredos...

Do discípulo amado não tenho ciúme;
Conheço teus segredos por ser tua esposa.
    Divino Salvador,
      Adormeço em teu Peito
        É meu teu coração!...

Recorda-te da noite da agonia...
Teu sangue misturando-se a teus prantos.
Esse orvalho de amor de valor infinito,
Fazendo germinar só flores virginais.
Um anjo, então, te mostrou esta seara escolhida
E assim fez renascer a alegria em teu rosto.
    Ah, Senhor, tu me viste
      No meio de teus lírios...
        Recorda-te!

Recorda-te do orvalho tão fecundo
  Virginizando o cálice das flores
  E tornando-as capazes, neste mundo,
  De gerar multidões de corações.
Sou Virgem, ó Jesus! No entanto, que mistério!
Com minha união a ti me torno Mãe das almas.
    Das flores virginais
      Que salvam pecadores,
        Recorda-te!

Recorda-te, Jesus, de que, encharcado de dores,
  Condenado a morrer, voltando-te para os céus,
  Exclamaste: "Bem cedo, em meu poder,
  Vós me vereis aparecer glorioso".
Ninguém queria crer que eras Filho de Deus,
Porque estava escondida essa glória inefável.
    Mas eu a reconheço,
      Ó Príncipe da Paz:
        Eu creio em ti!...

Recorda-te de que tua divina Face
Entre os teus sempre foi desconhecida;
Mas para mim deixaste a tua doce imagem
E nela, bem o sabes, te reconheci...
Reconheço-te, sim, toda banhada em pranto,
Ó Face Eterna em que só vejo encantos.
 Dos Corações, Jesus,
 Que recolhem tuas lágrimas
  Recorda-te!

Recorda-te daquele amoroso queixume
Que na cruz te escapou do Coração.
Esta queixa no meu ficou impressa
E me faz partilhar o ardor de tua sede.
Quanto mais me abraso em teu fogo divino,
Mais em mim sinto sede de ofertar-te as almas.
 Sim, na sede do amor
 Me abraso noite e dia...
  Recorda-te!

Recorda-te, Jesus, ó Verbo que dá vida,
Que me amaste até o ponto de morrer por mim.
Quero também amar-te até a loucura;
Quero viver por ti, por ti quero morrer.
Bem sabes, ó meu Deus, tudo quanto desejo
é só fazer-te amado e morrer no martírio.
 Quero morrer de amor...
 Senhor, deste desejo
  Recorda-te...

Recorda-te, Jesus, que após tua vitória
Tu dizias: "Aquele que não viu
O Filho do Homem refulgindo em glória
Poderá ser feliz se nele tiver fé!"

Na sombra dessa fé eu te amo e aí te adoro
E, para ver-te, espero em paz a aurora...
    Meu desejo não é
    Ver-te nesta vida;
        Recorda-te...

Recorda-te de que, subindo ao Pai,
  Órfãos tu não podias nos deixar
  E te fizeste prisioneiro nesta terra,
  Sabendo disfarçar teus fulgores divinos.
Mas mesmo esse disfarce é luminoso e puro:
O Pão Vivo da Fé, Alimento Celeste...
    Ó mistério de Amor,
    Meu Pão de cada dia
        És tu, Jesus!...

És tu, Jesus, que apesar dos blasfemos,
  Inimigos de teu Sacramento de Amor,
  Me queres demonstrar o quanto me amas,
  Porque em meu coração fixas morada.
Pão de exilados, Hóstia santa, Hóstia divina,
Não sou mais eu quem vive, vivo de tua vida.
    Teu sacrário dourado,
    Entre todos preferido,
        Sou eu, Jesus!

Jesus, sou eu teu santuário vivo,
  Que os maus não podem profanar.
  Fica em meu coração. Não é ele um canteiro
  Cujas flores todas querem se voltar para ti?
Mas, se tu te afastas, ó branco Lírio dos Vales,
Tu o sabes, minhas flores logo murcharão.
    Meu Bem-Amado,
    Jesus, Lírio perfumado,
        Floresce sempre em mim.

Recorda-te... desejo, nesta terra,
Te consolar porque te esquecem os malvados.
Ó meu único Amor, escuta minha prece:
Dá-me mil corações para te amar!
Isto é pouco demais, Jesus, Bondade infinda.
Para amar-te me dá teu próprio Coração.
    De meu desejo ardente,
    Senhor, a cada instante,
        Recorda-te!

Recorda-te, Senhor, tua santa vontade
É meu repouso e única alegria;
Eu me abandono e durmo sem temor
Entre teus braços, meu Divino Salvador.
Se adormeces também e a tempestade ruge,
Quero sempre ficar em profunda paz;
    Mas, durante teu sono,
    Para o meu despertar
        Prepara-me, Senhor!...

Recorda-te de quantas vezes suspiro
Pelo dia final do grande evento!
Envia logo o Anjo, aquele que dirá:
"É tempo de acordar! Não existe mais tempo!"
Depressa, então, irei atravessar o espaço
E bem perto de ti tomarei meu lugar
    E na morada eterna
    Serás, Senhor, meu céu...
        Recorda-te! (Poesia 24)

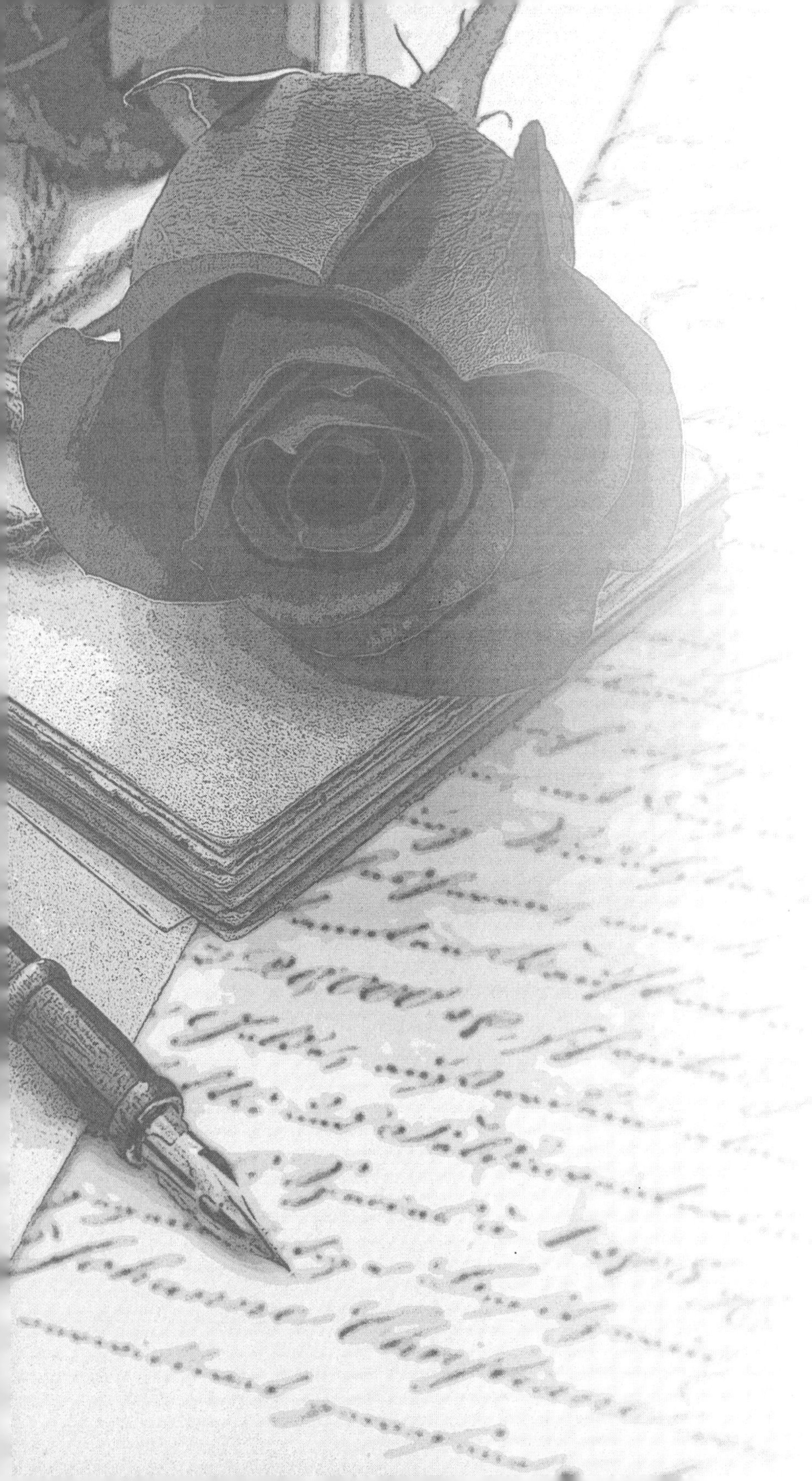

44

SEMEAR A ESPERANÇA

Conta-se que em uma cidade havia uma velhinha que todos os dias pegava o ônibus para ir visitar uma amiga, que vivia em uma cidade vizinha. E ela sempre se sentava no assento perto da janela, uma vez à sua direita, outra vez à sua esquerda. Então, durante toda a viagem, pegava algo que trazia em um saquinho de plástico e jogava pela janela. Os outros passageiros, que também faziam aquele mesmo trajeto todos os dias para ir trabalhar, começaram a ficar curiosos. Um dia, perguntaram a ela: "O que você joga pela janela todos os dias e por que muda sempre de lugar?". Ela respondeu com um sorriso. Eles, portanto, com o tempo, passaram a virar-se em seus bancos e a debochar dela, dizendo que era doida, que não regulava da cabeça etc. Tempos depois, a velhinha morreu, e todos ficaram sem saber o segredo. Chegou a primavera, e as beiradas da estrada, seja do lado direito, seja do esquerdo, começaram a florescer. Aí, todos se deram conta de que a velhinha semeava flores para que a vida fosse mais bonita; ela semeava esperança.

Santa Teresinha tem uma poesia, pequenina, com o título "Jogar flores", em que ela se imagina uma criancinha que não sabe fazer outra coisa senão jogar flores diante do Rei, e assim atrai sobre si todos os olhares. Sempre penso que, nos matrimônios, quem são o centro de atenção não são os noivos, mas sim as crianças que caminham na frente dos noivos rumo ao altar, levando flores e a aliança. Assim, diante de Jesus, quem mais lhe seduz o olhar são as crianças. "Se não vos tornardes como crianças, não entrareis no reino do céu!" (Mt 18,3).

JOGAR FLORES

Jesus, único Amor, ao pé de teu Calvário,
Que prazer para mim, à noite, jogar flores!...
Rosas primaveris por ti despetalando,
    Quisera enxugar teu pranto.

Atirar flores é ofertar as primícias
De pequenos gemidos e de grandes dores.
Alegrias e penas, leves sacrifícios,
    Estas são minhas flores!...

Com a alma enamorada de tua beleza,
Quero dar-te, Senhor, meus perfumes e flores.
E, atirando-as por ti, sobre as asas da brisa,
    Quero abrasar os corações!...

Jogar flores, Jesus, eis aí minhas armas
Quando quero lutar para salvar pecadores;
Nesta batalha venço... e sempre te desarmo
    Com minhas flores!...

As pétalas da flor, acariciando tua Face,
Vão dizendo que é teu este meu coração.
Compreendes o que diz minha rosa esfolhada
    Sorrindo ao meu amor!

Jogar flores, repetindo teus louvores,
Só tenho este prazer neste vale de dores...
Daqui a pouco, no céu, estarei com os teus anjos
    Jogando flores!... (Poesia 34)

Também nós, mesmo adultos, devemos não perder a confiança, a simplicidade, o sorriso da criança, que estão escondidos no nosso coração. Somos chamados a ser *semeadores da esperança*, pois, ainda que seja inverno dentro de nós, um dia florescerá.

Li certa vez que, nas pirâmides do Egito, encontraram sementes de trigo que deviam ter milhares de anos. Foram semeadas e deram frutos. Assim é a flor da esperança, do amor. Um dia, na hora certa, mesmo depois de tantos anos, irão florescer... As sementes que Teresa lançou por meio dos seus escritos, mesmo depois de um século, na hora oportuna, nasceram e floresceram, e outros continuam a semeá-las. Essa continuidade do bem não pode ser interrompida.

45
O QUE FALTA PARA VOCÊ SER FELIZ?

A felicidade não se compra em supermercados, nem em farmácias, nem nos grandes shoppings de nenhuma nação. A verdadeira felicidade está escondida no nosso coração, e daí espalha o seu perfume onde passamos. Não se encontra em relógios de marca, nem em roupas de grife, nem em nada que possamos exibir diante dos olhos, nem dos mais ricos, nem dos mais pobres que nós. A felicidade está dentro de cada um, e somente se adentrarmos em nós mesmos podemos saboreá-la; se fugirmos dos holofotes do mundo, que nos elogia ou nos apedreja, podemos nos considerar felizes.

A chave da felicidade é esquecer a própria felicidade e lembrar-se de fazer os outros felizes. Isso acontece quando não queremos ser servidos, mas servir; quando não queremos ser os primeiros, mas sim escolher, com consciência, o último lugar, aquele que ninguém quer. A felicidade, a alegria, são valores que nascem da gratuidade. Há um texto do Evangelho que me deixa sempre em crise; na verdade, todo o Evangelho me provoca isso; porém, mais ainda dois textos em particular:

> Quando ofereceres um almoço ou jantar, não convides teus amigos, nem teus irmãos, nem teus parentes, nem teus vizinhos ricos. Pois estes podem te convidar por sua vez, e isto já será a tua recompensa. Pelo contrário, quando deres um banquete, convida os pobres, os aleijados, os coxos, os cegos! Então serás feliz, pois estes não têm

como te retribuir! Receberás a recompensa na ressurreição dos justos (Lc 14,12-14).

Antes da festa da Páscoa, sabendo Jesus que tinha chegado a sua hora, hora de passar deste mundo para o Pai, tendo amado os seus que estavam no mundo, amou-os até o fim. Foi durante a ceia. O diabo já tinha seduzido Judas Iscariotes para entregar Jesus. Sabendo que o Pai tinha posto tudo em suas mãos e que de junto de Deus saíra e para Deus voltava, Jesus levantou-se da ceia, tirou o manto, pegou uma toalha e amarrou-a à cintura. Derramou água em uma bacia, pôs-se a lavar os pés dos discípulos e enxugava-os com a toalha que trazia à cintura. Chegou assim a Simão Pedro. Este disse: "Senhor, tu vais lavar-me os pés?" Jesus respondeu: "Agora não entendes o que estou fazendo; mais tarde compreenderás". Pedro disse: "Tu não me lavarás os pés nunca!" Mas Jesus respondeu: "Se eu não te lavar, não terás parte comigo". Simão Pedro disse: "Senhor, então lava-me não só os pés, mas também as mãos e a cabeça". Jesus respondeu: "Quem tomou banho não precisa lavar senão os pés, pois está inteiramente limpo. Vós também estais limpos, mas não todos". Ele já sabia quem o iria entregar. Por isso disse: "Não estais todos limpos". Depois de lavar os pés dos discípulos, Jesus vestiu o manto e voltou ao seu lugar. Disse aos discípulos: "Entendeis o que eu vos fiz? Vós me chamais de Mestre e Senhor; e dizeis bem, porque sou. Se eu, o Senhor e Mestre, vos lavei os pés, também vós deveis lavar os pés uns aos outros. Dei-vos o exemplo, para que façais assim como eu fiz para vós" (Jo 13,1-15).

Escolher o último lugar, sair do palco da comédia do mundo na hora certa, sem ferir, dando lugar a outros mais capacitados e melhores do que nós, promover os outros e fazer o bem; tudo isso se resume na prática da lei de ouro da convivência: "Tudo, portanto, quanto desejais que os outros vos façam, fazei-o, vós também, a eles" (Mt 7,12).

Segundo meu amigo Nizan, que escreveu o livro *Você aguenta ser feliz?*, muitas pessoas não suportam ser felizes despojadas de máscaras e de aparência, de gargalhadas de propaganda de creme dental. Os verdadeiros santos, os homens maduros, porém, sabem ser felizes com atitude interior, e não como comediantes que se veem obrigados a ser felizes.

Conta-se que havia um senhor que estava deprimido, triste e preocupado. Falaram-lhe para procurar o melhor psiquiatra da cidade, a fim de superar a sua tristeza e depressão. Ele foi com a confiança de ter encontrado a solução. O psiquiatra o escutou e depois deu a sua sentença: "Meu amigo, o seu caso é grave. Você necessita de distração, ficar despreocupado e se divertir. Eu acho que uma boa coisa seria ir ao circo. Aqui na cidade tem um circo, e todos dizem que há um palhaço que faz rir até as pedras e os mortos. Seria bom para você, e tome também este remédio, que ajuda, mas não resolve". O senhor bem vestido disse: "Meu amigo, o remédio vou tomar, mas ir ao circo para ver o palhaço, que me poderia ajudar, eu não vou". Então, mesmo que o psiquiatra insistisse, não teve jeito de convencê-lo. Enfim, o médico perguntou: "Mas por que o senhor não quer ir, se é uma coisa tão simples e normal?", e o senhor, com um pouco de vergonha, respondeu ao psiquiatra: "Senhor doutor, não posso ir porque o *palhaço sou eu...*".

Teresinha escreveu um lindo texto em que ela se esquece de si mesma para se preocupar com os problemas de Jesus e das suas irmãs:

> Nessa *noite de luz*, começou o terceiro período da minha vida, o mais bonito de todos, o mais cheio das graças do Céu... Em um instante, a obra que eu não pude cumprir em dez anos, Jesus a fez contentando-se com a *boa vontade* que nunca me faltara. Como os apóstolos, podia dizer-lhe: "Senhor, pesquei a noite toda sem nada pegar". Ainda mais misericordioso comigo do que com os discípulos, Jesus *pegou ele mesmo* a rede, lançou-a e retirou-a cheia de peixes... Fez de mim um pescador de *alma*; senti um desejo imenso de trabalhar pela conversão dos pecadores, desejo que não sentira tanto antes... Em suma, senti a *caridade* entrar em meu coração, a necessidade de me esquecer para agradar e, desde então, fiquei feliz!...

Em um domingo, ao olhar uma foto de Nosso Senhor na Cruz, fiquei impressionada com o sangue que caía de uma das suas mãos divinas. Senti grande aflição pensando que esse sangue caía no chão sem que ninguém se apressasse em recolhê-lo. Resolvi ficar, em espírito, ao pé da Cruz para receber o divino orvalho que se desprendia, compreendendo que precisaria, a seguir, espalhá-lo sobre as almas... O grito de Jesus na Cruz ressoava continuamente em meu coração: *"Tenho sede!"*. Essas palavras despertavam em mim um ardor desconhecido e muito vivo... Queria dar de beber a meu Bem-amado e sentia-me devorada pela *sede das almas...* Ainda não eram as almas dos sacerdotes que me atraíam, mas as dos *grandes pecadores*. *Ardia* do desejo de arrancá-los às chamas eternas...

Para estimular meu zelo, Deus mostrou-me que meus desejos eram-lhe agradáveis. Ouvi falar de um grande criminoso que acabava de ser condenado à morte por crimes horríveis. Tudo fazia crer que morreria impenitente. Quis, a qualquer custo, impedi-lo de cair no inferno. Para conseguir, usei de todos os meios imagináveis: sentindo que, de mim mesma, nada poderia, ofereci a Deus os méritos infinitos de Nosso Senhor, os tesouros da santa Igreja; enfim, pedi a Celina para mandar celebrar uma missa nas minhas intenções, não ousando pedi-la eu mesma, temendo ser obrigada a dizer que era para Pranzini, o grande criminoso. Não queria, tampouco, dizê-lo a Celina, mas insistiu com tanta ternura que lhe confiei meu segredo; longe de zombar de mim, pediu para ajudar a converter *meu pecador*. Aceitei com gratidão, pois teria desejado que todas as criaturas se unissem a mim para implorar a graça para o culpado. No fundo do meu coração, tinha *certeza* de que nossos desejos seriam atendidos. Mas, a fim de ter coragem para continuar a rezar pelos pecadores, disse a Deus estar segura de que ele perdoaria o pobre infeliz Pranzini, que acreditaria mesmo que não se *confessasse* e não desse *sinal nenhum de arrependimento*, enorme era minha confiança na misericórdia infinita de Jesus, mas lhe pedia apenas um *sinal* de arrependimento, para meu próprio consolo... Minha oração foi atendida ao pé da letra! Apesar da proibição de papai de lermos jornais, não pensava desobedecer lendo as passagens que falavam de Pranzini. No dia seguinte à sua execução, cai-me às mãos o jornal *La Croix*. Abro-o apressada e o que vejo?... Ah! Minhas lágrimas traíram minha emoção e fui obrigada a me esconder... Pranzini não se confessou, subiu ao cadafalso e preparava-se para colocar a cabeça no buraco lúgubre quando, em uma inspiração repentina, virou-se, apanhou um *Crucifixo* que lhe apresentava o sacerdote e *beijou por três vezes suas chagas sagradas*!... Sua alma foi receber a sentença *misericordiosa* daquele que declarou que no Céu haverá mais alegria por um só pecador arrependido do que por 99 justos que não precisam de arrependimento!... (HA 134-135).

46

COMO SANTA TERESINHA REZAVA?

Sem dúvida, no coração dos meus cinco leitores deste livro, surge espontaneamente uma pergunta: mas, afinal, como Santa Teresinha rezava? É verdade que todos os seus escritos falam de Deus, de oração, mas como ela se relacionava com Deus? Temos orações escritas por ela em que podemos compreender a sua espontaneidade e como manifestava os seus sentimentos, quando se punha, não a escrever textos, mas sim a rezar. E quais dificuldades ela encontrava na oração? Teresinha dizia com certa ironia que não saberia escolher uma oração, porque eram todas belas, mas, ao mesmo tempo, escreveu vinte e uma orações! Rezando-as, podemos descobrir os seus sentimentos, o que se passava naquele momento no seu coração e, além de tudo, a sua familiaridade com Deus, fonte de misericórdia e de amor infinitos.

No Carmelo, temos ainda hoje duas horas de "oração silenciosa" com Deus. O método carmelitano é o mais estranho que eu conheço: iniciamos a oração, seja da manhã, seja da tarde, com a invocação do Espírito Santo:

> Vinde Espírito Santo, enchei os corações dos vossos fiéis e acendei neles o fogo do vosso Amor. Enviai o vosso Espírito e tudo será criado e renovareis a face da terra. Oremos: Ó Deus que instruíste os corações dos vossos fiéis, com a luz do Espírito Santo, fazei que apreciemos retamente todas as coisas segundo o mesmo Espírito e gozemos da sua consolação. Por Cristo Senhor Nosso. Amém.

E, ao fim de uma hora, concluímos com uma simples oração: "Sob a tua proteção": "À vossa proteção recorremos, Santa Mãe de Deus. Não desprezeis as nossas súplicas em nossas necessidades, mas livrai-nos sempre de todos os perigos, ó Virgem gloriosa e bendita".

O que acontece nessas horas de oração silenciosa, só Deus e a pessoa o sabem. Teresinha confessa que às vezes dormia... Porém resolvia o problema com uma explicação aparentemente infantil, mas na realidade muito séria: os pais gostam das crianças seja quando elas estão acordadas, seja quando dormem. "Deus é meu pai e, então, gosta de mim seja quando estou acordada, seja quando durmo!"

A mais bela definição de oração que conheço é a de Santa Teresinha, e assim também pensa a própria Igreja, porque a colocou no início da quarta parte do *Catecismo da Igreja Católica*, quando fala da oração: "Para mim a oração é um impulso do coração, um simples olhar para o Céu, um grito de gratidão e amor tanto no meio da provação como no da alegria".

ALGUMAS ORAÇÕES DE TERESA...

[BILHETE DE PROFISSÃO]

8 de setembro de 1890

Ó Jesus, meu divino esposo, que eu jamais perca a segunda veste do meu Batismo, toma-me antes que [eu] cometa a mais leve falta voluntária! Que eu nunca procure e nunca encontre senão a ti somente; que as criaturas não sejam nada para mim e que eu nada seja para elas, mas que tu, Jesus, sejas tudo!... Que as coisas da terra jamais consigam perturbar a minha alma, que ninguém perturbe a minha paz; Jesus, só te peço a paz, e também o amor, o amor infinito sem outro limite além de ti, o amor que já não seja eu, mas tu, meu Jesus. Jesus, que por ti eu morra mártir, o martírio do coração ou do corpo, ou antes os dois... Dá-me cumprir meus votos em toda a sua perfeição e faze-me compreender o que deve ser uma esposa tua. Faze que eu nunca seja um encargo para a comunidade, mas que ninguém se ocupe de mim; que eu seja olhada, pisada com desprezo, esquecida, como um grãozinho de areia, para ti, Jesus. Que tua vontade seja feita em mim, perfeitamente; que eu chegue ao lugar que me deves ter preparado... Jesus, faze que eu salve muitas almas, que hoje não haja nem uma só condenada e que todas as almas do purgatório sejam salvas. Jesus, perdoa-me se digo coisas que não se devem dizer; só quero dar-te prazer e te consolar (Oração n. 2).

HOMENAGEM À SANTÍSSIMA TRINDADE

Ó meu Deus, aqui estamos prostradas diante de vós. Imploramos a graça de trabalhar para vossa glória. As blasfêmias dos pecadores soaram dolorosamente em nossos ouvidos; para vos consolar e reparar as injúrias que vos fazem sofrer as almas resgatadas por vós – ó Trindade adorável! –, queremos formar um "concerto" de todos os pequenos sacrifícios que faremos por vosso amor. Durante quinze dias, nós vos ofereceremos o canto dos passarinhos do Céu que não cessam de vos louvar e de censurar os homens por sua ingratidão. Ofereceremos também a vós – ó meu Deus! – a melodia dos instrumentos musicais, e esperamos que nossa alma mereça ser uma lira harmoniosa que fareis vibrar para vos consolar da indiferença de tantas almas que não pensam em vós. Queremos também, durante oito dias, amontoar *diamantes* e pedras preciosas que irão reparar o empenho dos pobres mortais que percebem as riquezas passageiras, sem se preocupar com as da eternidade. Ó meu Deus! Dai-nos a graça de sermos mais vigilantes na procura dos sacrifícios do que as almas que não vos amam, na procura dos bens da terra. Por fim, durante oito dias, o *perfume* das flores será recolhido por vossas filhas, que com isso querem reparar todas as indelicadezas das almas sacerdotais e religiosas, que vos fazem sofrer. Ó bem-aventurada Trindade, concedei que sejamos fiéis e dai-nos a graça de vos possuir depois do exílio desta vida...

Assim seja (Oração n. 4).

[ORAÇÃO A JESUS NO TABERNÁCULO]

Jesus†

16 de julho de 1895

Ó Deus escondido na prisão do tabernáculo! É feliz que volto para perto de vós todas as noites, para vos agradecer as graças que me concedestes e implorar o perdão das faltas que cometi durante o dia que acaba de passar como um sonho...

Ó Jesus! Como eu ficaria feliz se tivesse sido bem fiel, mas pobre de mim! Muitas vezes fico triste, à noite, pois sinto que poderia ter correspondido melhor às vossas graças... Se eu fosse mais unida a vós, mais caridosa com minhas irmãs, mais humilde e me mortificasse mais, teria menor dificuldade para conversar convosco na oração. No entanto, ó meu Deus! Bem longe de desanimar vendo minhas misérias, venho a vós confiante, lembrando-me de que: "Não são os que têm saúde que precisam de médico, mas sim os doentes". Eu vos suplico, pois, a cura, o perdão, e me lembrarei, Senhor, "que a alma à qual perdoastes mais deve também amar-vos mais que as outras!..." Ofereço-vos todas as batidas de meu coração como outros tantos atos de amor e de reparação, e os uno a vossos méritos infinitos. Suplico-vos, ó meu Divino Esposo, que sejais vós mesmo o Reparador de minha alma, que opereis em mim sem levar em conta minhas resistências, enfim, já não quero ter outra vontade senão a vossa; e amanhã, com o auxílio de vossa graça, recomeçarei uma nova vida da qual cada instante será um ato de amor e de renúncia.

Depois de vir, assim, todas as noites ao pé do vosso Altar, chegarei finalmente à última noite de minha vida; então, começará para mim o dia sem ocaso da eternidade em que repousarei, sobre vosso Divino Coração, das lutas do exílio!...

Assim seja (Oração n. 7).

[OFERENDA DO DIA]

Meu Deus, eu vos ofereço todas as minhas ações de hoje, nas intenções e para a glória do Sagrado Coração de Jesus; quero santificar as batidas de meu coração, meus pensamentos e obras mais simples, unindo-os a seus méritos infinitos, e reparar minhas faltas, lançando-as na fornalha de seu amor misericordioso.

Ó meu Deus! Peço-vos, para mim e para os que me são caros, a graça de cumprir com perfeição vossa santa vontade, de aceitar por vosso amor as alegrias e os sofrimentos desta vida passageira, para que estejamos um dia reunidos no Céu, por toda a eternidade.

Assim seja (Oração n. 10).

CONSAGRAÇÃO À SAGRADA FACE

Senhor, escondei-nos no segredo de vossa Face!...
Ir. C. Genoveva de Sta. Ter. – Maria *da Sagrada Face*
Ir. L. J. Maria da Trindade e *da Sagrada Face*
Ir. Maria F. Ter. do Men. Jesus *e da Sagrada Face*
O menor movimento de *puro Amor* é mais útil à Igreja do que todas as outras obras reunidas... Portanto, é da maior importância que nossas almas se exercitem muito no *Amor*, a fim de que, consumindo-se depressa, elas parem muito pouco neste mundo e cheguem rapidamente a ver *Jesus, Face a Face...*
Consagração à Sagrada Face
Ó *Face Adorável de Jesus!* Como vos dignais escolher particularmente nossas almas para vos dardes a elas, acabamos de consagrá-las a vós... Parece, *ó Jesus*, que vos ouvimos dizer: "*Abri para mim*, minhas irmãs, minhas esposas bem-amadas, pois *minha Face* está coberta de orvalho e *meus cabelos* de gotas da noite". Nossas almas compreendem vossa linguagem *de amor*; queremos enxugar vosso *doce Rosto* e consolar-vos do esquecimento dos maus a cujos olhos estais ainda como que escondido. Eles vos consideram como um objeto de desprezo...

Ó Rosto mais belo que os lírios e as rosas da primavera! Não estais escondido a nossos olhos... As *Lágrimas* que turvam vosso *divino olhar* mostram-se como *Diamantes preciosos* que desejamos recolher para comprar, com seu valor infinito, *as almas* de nossos irmãos.

De vossa *Boca Adorada* ouvimos *a queixa amorosa*; compreendendo que *a sede que vos consome é uma sede de Amor*, gostaríamos de possuir, para vos desalterar, *um Amor infinito*... *Esposo Bem-Amado* de nossas almas, se tivéssemos *o amor* de todos os corações, todo esse *amor* seria vosso... Pois bem! dai-nos esse *amor* e vinde vos *desalterar* em vossas pequenas esposas...

Almas, Senhor, precisamos de *almas*... Sobretudo *almas de apóstolos e de mártires*, para que, por meio delas, *inflamemos de vosso Amor* a multidão dos pobres pecadores. *Ó Face Adorável*, saberemos obter de vós essa graça!... Esquecendo o exílio à beira dos rios da Babilônia, cantaremos a vossos *Ouvidos* as mais doces melodias; como sois a verdadeira, a única Pátria de nossos corações, nossos cânticos não serão cantados em terra estrangeira.

Ó Face querida de Jesus! Esperando o dia eterno em que contemplaremos vossa Glória infinita, nosso único desejo é encantar vossos *Olhos Divinos*, escondendo também o rosto para que, neste mundo, ninguém possa nos reconhecer... vosso *Olhar Velado*, eis o nosso *Céu, ó Jesus!...*

Assinado:
Ter. do Men. Jesus e da Sagrada Face – M. da Trindade e da Sagrada Face – G. de Sta. Ter. Maria da Sagrada Face (Oração n. 12).

[À SAGRADA FACE]
EU SOU O JESUS DE TERESA

16 de julho de 1897

Ó Face Adorável de Jesus, única Beleza que arrebata meu coração, digna-te imprimir em mim tua Divina Semelhança, para que não possas olhar a alma de tua pequena esposa sem contemplar-te a ti mesmo.

Ó meu Bem-Amado, por teu amor, aceito não ver, neste mundo, a doçura de teu Olhar, não sentir o inexprimível beijo de tua Boca, mas eu te suplico que me incendeies com teu amor, para que ele me consuma rapidamente e me faça comparecer logo diante de ti:
Teresa da Sagrada Face (Oração n. 16).

São orações concretas, práticas, que nos ajudam no caminho da vida. Para Teresa a oração é simples, é um olhar para o céu. É difícil encontrar na vida alguém que nos compreende totalmente, e sem falar, cada um de nós tem algo de tão secreto, pessoal, íntimo, que não revela a ninguém, mas pode sem medo falar com Deus. Nós somos dele, ele nos conhece pela frente e por detrás, no mais íntimo de nós mesmos.

[Ao maestro do coro. Salmo de Davi.] Senhor, tu me examinas e me conheces, sabes quando me sento e quando me levanto. Penetras de longe meus pensamentos, distingues meu caminho e meu descanso, sabes todas as minhas trilhas. A palavra ainda não me chegou à língua e tu, Senhor, já a conheces toda. Por trás e pela frente me envolves e pões sobre mim a tua mão. Para mim, tua sabedoria é grandiosa, alta demais, eu não a entendo. Para onde irei, longe do teu espírito? Para onde fugirei da tua presença? Se subo ao céu, lá estás, se desço ao abismo, aí te encontro. Se utilizo as asas da aurora para ir morar nos confins do mar, também lá tua mão me guia e me segura tua mão direita (Sl 138,1-10).

Na oração fazemos cair, ou melhor tiramos todas as máscaras, sem segredos. Deus é diferente das pessoas, que nos amam como deveríamos ser, Deus nos ama assim como somos. A oração para Teresa é deixar-se amar por Deus, para re-amá-lo, é uma resposta ao amor infinito de Deus.

Deixemo-nos amar por Deus e pelos outros. Façamos cair a autossuficiência, somos frágeis. A criança não ama, se deixa amar e deixando-se amar aprende a amar.

47

CELEBRAR AS MARAVILHAS DO AMOR

Na vida da Igreja, na palavra de Deus, seja do AT como no Novo Testamento, a vida é considerada um grande salmo, que cada um é chamado a escrever sozinho, com a própria vida e com os próprios sentimentos. Os santos não podem ser pessimistas, porque os olhos de quem crê e coloca em prática a palavra de Deus, apesar das nuvens e das tempestades, estão sempre fixos além do horizonte. A esperança aqui na terra é o fundamento da fé e da caridade, é a virtude mais indispensável no caminho humano e na realização do projeto de Deus. A esperança domina todas as nossas atividades e consolida o nosso dia a dia.

Teresa do Menino Jesus inicia *História de uma alma* com estas palavras: "Cantarei as misericórdias do Senhor!", que é o refrão do salmo 88: "Cantarei eternamente as misericórdias do Senhor de geração em geração". E sabemos como Santa Teresa d'Ávila usa estas mesmas palavras para narrar a sua vida, cheia de dons e, como ela mesma diz, "de pecados".

Teresa do Menino Jesus usa a expressão "misericórdia" 29 vezes ao longo dos seus escritos, além da grande oferenda ao amor misericordioso. Santa Faustina, depois de ter lido *História de uma alma*, procurou aprofundar, por uma divina inspiração, o tema da misericórdia, que permeia os seus escritos. Os santos, embora por caminhos diferentes, chegam à mesma conclusão e meta: a fonte da misericórdia é o próprio Deus, misericordioso e lento em julgar. Uma misericórdia que tem a sua máxima revelação em Cristo Jesus, Bom Pastor, que é justo e sem pecado, e que morreu por nós, pecadores, na cruz.

O SALMO QUE VOCÊ DEVE COMPLETAR

Teresa do Menino Jesus conhecia suficientemente os salmos, porque os rezava comunitariamente. É interessante que ela tenha citado o salmo 130, que é o salmo do abandono e da confiança plena em Deus, o cântico da humildade e da pobreza interior, que a Igreja tem escolhido para sua festa litúrgica.

Sendo assim, quero terminar esta nossa viagem com este salmo, que nos ajuda a não sermos orgulhosos, a não levantar demasiadamente a nossa cabeça, mas a lançarmo-nos como crianças ao colo da mãe; como uma criança desmamada que começa a dar os primeiros passos na vida, mas será teodependente, isto é, dependente da misericórdia do Senhor:

[Cântico das romarias.] Senhor, meu coração não se orgulha e meu olhar não é soberbo; não ando atrás de coisas grandes, superiores às minhas forças. Antes, me acalmo e tranquilizo, como criança desmamada no colo da mãe, como criança desmamada é minha alma. Israel espere no Senhor desde agora e para sempre (Sl 130).

48

COMO REZAR A SANTA TERESINHA

Talvez alguns leitores, chegando ao final deste livro, se perguntem: "Mas eu rezo a Santa Teresinha e nunca recebo uma rosa; então, será que ela não me escutou ou minha oração não tem valor?".

Nada disso. A oração não é um poder milagroso, um *"vapt vupt"*, mas sim algo que é como o fermento que você coloca na farinha. Não age imediatamente, mas sim lentamente, com força e suavidade. É como o perfume que se espalha ao nosso redor. Viver de amor, diria Santa Teresinha, é doar-se sem descanso, é voar nas asas do amor. Mesmo que você não receba a rosa branca ou vermelha, pode ter certeza de que Teresinha não descarta as orações que lhe dirigimos.

Antes de tudo, devemos pedir o que agrada a Deus, o que é segundo a vontade de Deus. Muitas vezes a nossa oração é muito material, e, quando Deus não faz a nossa vontade, nos rebelamos e batemos os pés, como crianças birrentas. Mas não é Deus quem deve fazer sempre a nossa vontade, mas nós que devemos fazer a sua vontade. É verdade que Santa Teresinha tinha uma grande confiança em Deus, e diz: "No céu, Deus fará a minha vontade, porque eu aqui na terra sempre fiz a sua vontade". A ousadia dos santos sempre nos surpreende. Portanto, assim como eles, também devemos crer que Deus sempre dá o melhor para nós e para os outros.

Podemos falar com Santa Teresinha de coração para coração, como a uma amiga com quem conversamos de tudo, sem vergonha do que pedimos. Não são as orações bonitas, estilisticamente impecáveis, que comovem o coração de Deus, mas as orações cheias e transbordantes de amor, de fé e de esperança. Deus não corrige os erros de gramática, mas sim os erros da nossa vida, do nosso agir.

Falemos com Santa Teresinha do que mais necessitamos na nossa vida humana, espiritual. Aqui na Basílica de Santa Teresinha no Cairo, durante o tempo dos exames, forma-se uma fila que não acaba mais de jovens para pedir a Santa Teresinha que passem nos exames, e também a bênção do padre, para superar os exames. Sempre pergunto: "Você estudou? Você se aplicou de verdade aos estudos? Tranquilo, Santa Teresinha te ajuda! Mas, se você não fez nada disso, sinto muito, Santa Teresinha não te ajuda, porque os santos não ajudam os preguiçosos".

Faça de Santa Teresinha a sua amiga, a sua mestra, para aprender a viver a alegria. Ela mesma disse que a alegria mora dentro de nós, e não está nas coisas materiais. Tanto podemos ser felizes em uma cabana como em um castelo, e ser infelizes vivendo na maior das riquezas.

A melhor maneira para rezar é viver o Evangelho, o que nos torna amados por Deus e pelos outros.

A oração de que eu gosto mesmo é a *Novena das rosas*, apresentada a seguir.

ORAÇÃO A SANTA TERESINHA

"Santíssima Trindade, Pai, Filho e Espírito Santo, eu vos agradeço todos os favores, todas as graças com que enriquecestes a alma de vossa serva Teresa do Menino Jesus durante os 24 anos que passou na terra. Pelos méritos de tão querida santinha, concedei-me a graça que ardentemente vos peço *(fazer o pedido)*, se for conforme a vossa santíssima vontade e para salvação de minha alma. Ajudai minha fé e minha esperança, ó Santa Teresinha, cumprindo, mais uma vez, sua promessa de que ninguém vos invocaria em vão, fazendo-me ganhar uma rosa, sinal de que alcançarei a graça pedida."

Em seguida, reza-se 24 vezes: "Glória ao Pai, ao Filho e ao Espírito Santo, assim como era no princípio, agora e sempre, por todos os séculos dos séculos. Amém".

A cada Glória, pode-se acrescentar a jaculatória:

"Santa Teresinha do Menino Jesus, rogai por nós!"

A primeira graça que Santa Teresinha faz aos seus devotos é *não desanimar na vida*, buscando sempre caminhos alternativos para realizar os nossos ideais de paz, de alegria, de amor.

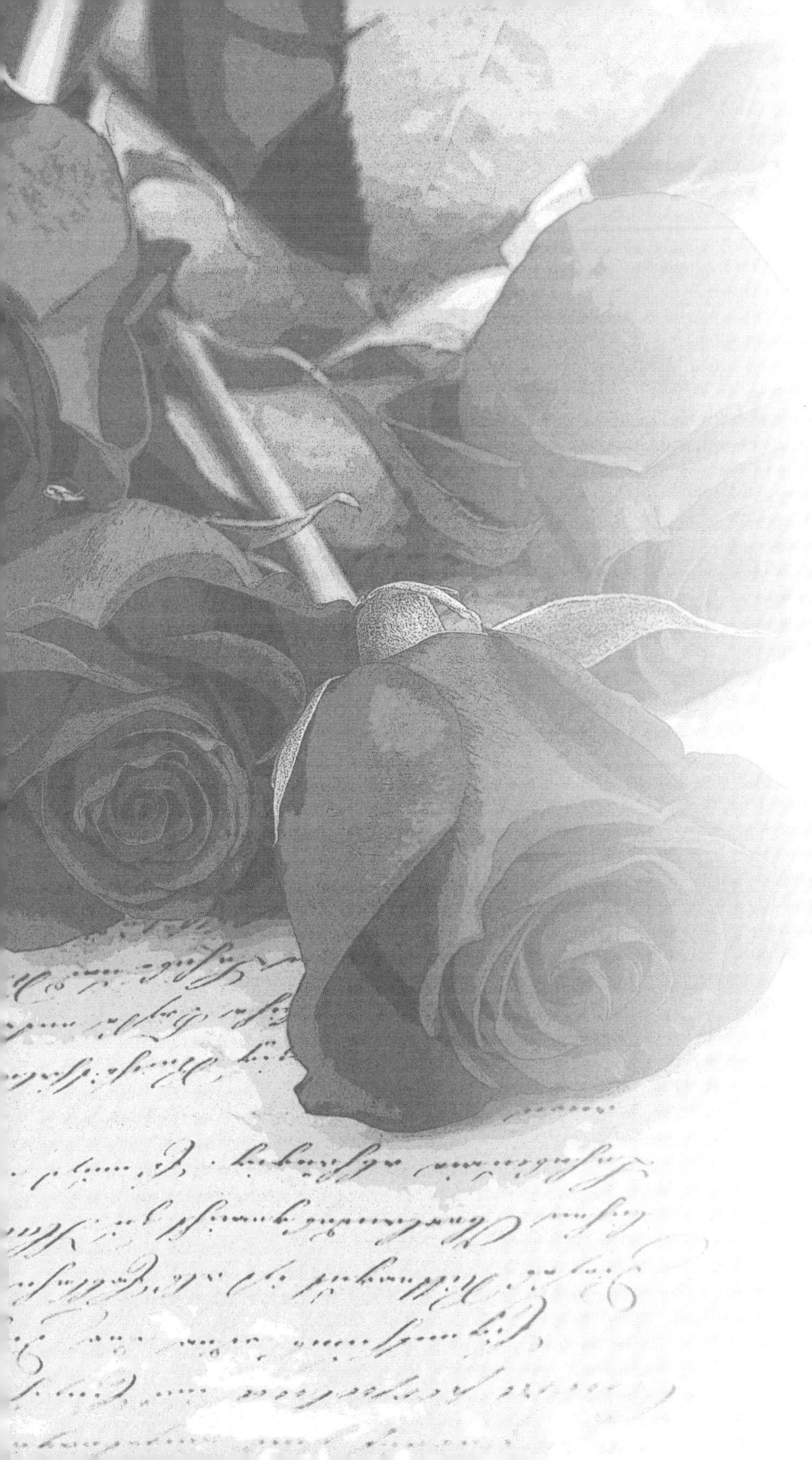

REFERÊNCIAS

CAMINHANDO COM SANTA TERESINHA. *Ato de oferenda ao Amor Misericordioso*. Out. 2012. Disponível em: http://caminhandocomsantateresinha.blogspot.com/2012/10/ato-de-oferenda-ao-amor misericordioso.html. Acesso em: jun. 2024.

CAVALCANTE, Pedro Teixeira. *Dicionário de Santa Teresinha*. Roma: Paulus, 1997.

LISIEUX, Teresa de. *Obras completas de Santa Teresinha do Menino Jesus*. São Paulo: Loyola, ³2022.

SANTA TERESINHA DO MENINO JESUS. *História de uma alma. Manuscritos autobiográficos*. São Paulo: Loyola, 1996.

WIKIPEDIA, *Hyacinthe Loyson*. Disponível em: https://en.wikipedia.org/wiki/Hyacinthe_Loyson. Acesso em: jun. 2024.

anexo

CASA SANTA TERESINHA – AMOR CONCRETO

Depois de ler sobre a vida de Santa Teresinha, com seu exemplo de simplicidade e amor, somos convidados a não nos fecharmos em nós mesmos, mas sim a abrirmos os olhos e o coração para acolher a todos os que sofrem. Por isso, quis apresentar no final do livro uma obra assistencial que mora no meu coração, a fim de que todos os que chegaram até estas últimas páginas possam conhecê-la e sentir o desejo de contribuir com ela, assim como eu.

Trata-se da Casa Santa Teresinha, um farol de esperança, um exemplo vivo de como o cuidado e o amor podem impactar positivamente a vida das pessoas, de modo especial os pequenos, as crianças que, por doenças particulares, são muitas vezes marginalizadas e colocadas de lado pela sociedade. Por meio de seu compromisso inabalável, a Casa ilumina os caminhos daqueles que vivem com genodermatoses, doenças congênitas da pele, proporcionando-lhes um ambiente seguro, acolhedor e cheio de oportunidades.

A Casa Santa Teresinha, portanto, quer ser um lar para todas as crianças e adolescentes doentes que sofrem, a fim de que sejam amados e ocupem um lugar especial não só no coração de Deus, mas também no de todos os que sentem que o maior pecado é o egoísmo de pensar somente em si mesmos.

Então, nos passos de Santa Teresinha, esse projeto de amor concreto é um lembrete poderoso de que, juntos, podemos construir um mundo mais solidário, inclusivo e compassivo.

"CASA SANTA TERESINHA – AMOR CONCRETO"

Fundado em 4 de dezembro de 2013, o Instituto Brasileiro de Apoio aos Portadores de Genodermatoses (Ibagen), em 2018 adotou o nome de Casa Santa Teresinha de Lisieux (CSTL), pelo nosso benfeitor, o publicitário Nizan Guanaes, que, ao tomar conhecimento das adversidades enfrentadas por crianças e adolescentes portadores de genodermatoses, abraçou o projeto filantrópico, ampliando significativamente os horizontes da instituição. Em 1º de outubro de 2019, a CSTL foi solenemente inaugurada na presença do Arcebispo Metropolitano de São Paulo, Cardeal Dom Odilo Pedro Scherer.

A CSTL tem se dedicado incansavelmente a combater o preconceito e a elevar a qualidade de vida de crianças e adolescentes com doenças congênitas de pele. Essa associação, sem fins lucrativos, está sediada na cidade de São Paulo, no bairro de Higienópolis, ao lado da igreja de Santa Teresinha, e foi cuidadosamente projetada para oferecer um ambiente acolhedor e adaptado às necessidades de seus pacientes.

Com espaços como brinquedoteca, salas de artes, TV, inclusão digital e atendimento multiprofissional, a instituição busca promover a socialização, o desenvolvimento pessoal e a melhoria da qualidade de vida dessas pessoas.

Com abordagem multidisciplinar, oferece um atendimento integral e personalizado de médicos, psicólogos, fisioterapeutas, terapeutas ocupacionais, assistentes sociais e educadores, que trabalham em conjunto para fornecer cuidados médicos, apoio emocional e desenvolvimento educacional, visando não apenas ao tratamento das condições físicas, mas também ao bem-estar emocional e ao crescimento pessoal dos portadores de genodermatoses.

Além disso, a CSTL, reconhecendo a importância da socialização e do desenvolvimento de habilidades sociais de crianças e adolescentes tratados ali, oferece experiências lúdicas, artísticas e culturais, criando um ambiente propício para a construção de laços sociais e a garantia dos direitos estabelecidos pelo Estatuto da Criança e do Adolescente. A participação em atividades recreativas e culturais é vista como uma forma de promover a inclusão e a integração deles na sociedade.

Em 2019, fomos homenageados pela Sociedade Brasileira de Dermatologia – Regional São Paulo (SBD-RESP), o que representou não apenas um reconhecimento, mas também a relevância e o impacto significativo de nossa instituição no âmbito da dermatologia e nas iniciativas de Saúde Pública direcionadas ao combate e ao tratamento das genodermatoses.

O compromisso da Casa Santa Teresinha com a sociedade e o bem-estar dos atendidos foi reconhecida também em 2020, quando o Ministério da Justiça conferiu à instituição o *status* de Organização da Sociedade Civil de Interesse Público (OSCIP), conforme a Lei n. 9.790/99. Esse reconhecimento não apenas oficializa, mas também valoriza profundamente o trabalho contínuo da equipe em prol dos portadores de doenças congênitas de pele.

Prosseguindo com nossa trajetória, em 2021 alcançamos um marco significativo ao obter o registro no Conselho Municipal dos Direitos da Criança e do Adolescente (CMDCA) do Município de São Paulo. Essa importante conquista sublinha o engajamento ativo e a dedicação contínua à comunidade, reforçando ainda mais nosso compromisso com o bem-estar de crianças e adolescentes.

O reconhecimento internacional de nosso trabalho veio em 2022, ao recebermos o Certificado de Apreciação da Liga Internacional das Sociedades de Dermatologia (ILDS), na categoria Dermatologia Humanitária, representando a América Latina e Caribe, o que também celebra o esforço coletivo e a paixão que são a essência da nossa instituição, impulsionando-nos a prosseguir com amor e dedicação incansáveis em nossa missão. A premiação levou em consideração a contribuição e o trabalho humanitários, voltados ao acolhimento de crianças e adolescentes com doenças congênitas de pele.

O voluntariado é um dos valores fundamentais da CSTL, pois acredita-se que o envolvimento da comunidade é essencial para criar uma sociedade mais justa e inclusiva. Todos são encorajados a contribuir e a fazer a diferença na vida dos portadores de genodermatoses, promovendo valores como ética, paz, cidadania e direitos humanos.

Vaticano, 26 de maio de 2023

Querida irmã,

Desejo agradecer-te pela tua amável carta, com a qual me enviaste as fotos das crianças atendidas na Casa Santa Teresinha.

Obrigado pelas expressões de afeto que manifestaste. Te peço que faças, em meu nome, um gesto de carinho em cada criança, dizendo-lhes que rezo por elas e animo-as a serem sempre corajosas e alegres.

Faço votos que Cristo, nossa Esperança, ilumine sempre os seus passos e as mantenha em Seu Amor.

Invocando a proteção de Nossa Senhora e de São José, abençôo de coração todas as crianças e os colaboradores da Casa Santa Teresinha.

Por favor, continuem a rezar por mim; eu rezarei por vocês.

Fraternalmente,

Franciscus

_____
A Régia Celli Patriota de Sica
Presidente da Casa Santa Teresinha de Liseux

International League of Dermatological Societies
Skin Health for the World

Certificate of Appreciation
in Humanitarian Dermatology

This certificate is awarded to

Prof. Régia Celli Patriota de Sica

in recognition of their outstanding work in a selfless, humanitarian and not-for-profit manner to improve the skin health of people in under-served areas of the world

Nominated by: Brazilian Society of Dermatology

Lars French
ILDS President

Kenji Kabashima
Chair, Awards Committee

2022

Além de seu foco nos portadores de genodermatoses, a CSTL também se dedica a apoiar suas famílias. Por meio de palestras, encontros e acompanhamento psicossocial, a instituição fortalece os laços familiares e fornece suporte adequado para que enfrentem os desafios diários relacionados às genodermatoses. Reconhece-se, assim, a importância de um ambiente familiar saudável e do apoio emocional contínuo para promover o bem-estar de todos os envolvidos.

A mensagem central transmitida pela Casa Santa Teresinha é a importância de combater o preconceito e oferecer um amor prático e real aos portadores de genodermatoses. Essa mensagem é profundamente inspirada na história de Santa Teresinha de Lisieux, que também nos ensina: "A caridade não deve consistir em simples sentimentos, mas em obras". Portanto, assim como ela, a CSTL busca promover um amor concreto, que vai além das palavras e se manifesta através de ações práticas e significativas. É um amor que enxerga além das condições físicas e valoriza a dignidade e o potencial de cada indivíduo.

A CSTL reconhece que o preconceito em relação às pessoas com doenças congênitas da pele ainda é uma realidade, e, por isso, empenha-se em promover a conscientização e a sensibilização da sociedade. Por meio de programas educativos, produção de materiais de combate ao preconceito e participação em eventos científicos e culturais, a instituição busca desfazer estereótipos e disseminar o respeito e a compreensão.

Também o Frei Patrício Sciadini acrescenta profundidade e reflexão à narrativa da Casa Santa Teresinha. Com sensibilidade e conhecimento, com suas palavras nos convida a olhar além das aparências e a refletir sobre o verdadeiro significado do amor e da compaixão, enriquecendo a mensagem do amor concreto de Teresa e inspirando os leitores a agir, como ela, com bondade, empatia e solidariedade.

Em 2023, precisamente no dia 26 de maio, recebemos uma cordial carta do Santo Padre, o Papa Francisco, estimulando a missão da Casa Santa Teresinha. Ele enviou uma carinhosa saudação a todos, dedicando bênçãos às crianças, aos adolescentes, à nossa equipe, aos colaboradores e a toda a infraestrutura da CSTL. Esse gesto abençoado nos proporcionou uma graça divina que transcendeu meras inspirações, iluminando nosso caminho espiritual e fortalecendo o vínculo de fé que nos une em Cristo.

Em um mundo frequentemente marcado pelo preconceito e pela indiferença, a mensagem transmitida pela Casa Santa Teresinha é um chamado para que todos se envolvam nessa causa. Cada pessoa pode fazer a diferença, seja pelo voluntariado, por doações, seja, simplesmente, agindo como agentes de mudança nas próprias vidas. O amor concreto é um convite para que cada um de nós seja parte dessa transformação, reconhecendo a importância de acolher e apoiar aqueles que enfrentam desafios específicos de saúde.

Que a mensagem da Casa Santa Teresinha toque os corações e inspire ações transformadoras, fazendo a diferença na vida de outras pessoas. É um chamado para que olhemos para além das aparências e estereótipos, e reconheçamos o valor intrínseco de cada pessoa, independentemente de sua condição de saúde.

Ao seguir os passos de Santa Teresinha, a CSTL nos mostra que é por meio das pequenas ações diárias, do cuidado genuíno e do compromisso com o bem-estar dos outros que podemos transformar vidas e construir um mundo melhor. Cada gesto de bondade e compaixão, por menor que seja, tem o poder de fazer a diferença na vida de alguém que enfrenta desafios.

Gostaria de fazer uma menção especial aos nossos associados fundadores, cuja visão e dedicação estabeleceram os alicerces sobre os quais construímos nossa história. Igualmente, expresso minha gratidão aos membros dos Conselhos de Administração, Técnico Consultivo e Fiscal, cuja orientação e sabedoria têm sido essenciais para o nosso sucesso contínuo.

A cada membro de nossa comunidade – equipe, apoiadores – estendemos nosso coração cheio de gratidão. Juntos, estamos construindo uma realidade em que a inclusão, a dignidade e a esperança não são apenas aspirações, mas objetivos concretos que nos esforçamos para tornar cada vez mais acessíveis.

Neste momento especial de agradecimento, gostaríamos de destacar ainda nossa imensa gratidão à família Nizan Guanaes, à cofundadora Donata Meirelles, Baile do BB, a Beto Pacheco e a Tiago Moura. Eles são os grandes benfeitores da Casa Santa Teresinha, cujo apoio generoso tem sido um divisor de águas para nossa organização, proporcionando recursos vitais que têm impulsionado nossa missão adiante. Sua contribuição tem sido decisiva para o nosso desenvolvimento e crescimento, permitindo-nos expandir e aprimorar nosso alcance e impacto de maneira significativa.

Além disso, expressamos nosso profundo apreço aos Frades Carmelitas Descalços, cuja orientação espiritual e apoio constantes representam um valor inestimável em nossa jornada. A presença e a sabedoria desses irmãos em Cristo têm enriquecido imensuravelmente não apenas nosso trabalho, mas também as vidas daqueles a quem dedicamos nosso serviço, consolidando nossa missão de promover inclusão, esperança e dignidade.

Concluo esta mensagem inspirando-me nas palavras de Santa Teresinha de Lisieux: "A caridade não deve ficar fechada no fundo do coração", que, com esse eco de sabedoria, nos lembra da importância vital de expressar ativamente a caridade, um princípio fundamental que anima o cerne do nosso trabalho. Esta mensagem ressoa profundamente em nosso compromisso de ajudar a transformar as vidas de crianças e adolescentes, por meio de ações concretas de amor e cuidado.

Renovamos hoje nosso compromisso de seguir em frente com amor e dedicação, trabalhando incansavelmente por um futuro mais inclusivo e acolhedor.

Com gratidão e compromisso renovado.

Com gratidão e um compromisso renovado.

Dra. Régia Celli Patriota de Sica
Presidente do Conselho de Administração

Edições Loyola

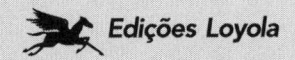

Leia também, do **Frei Patrício Sciadini, OCD**

Na descoberta do amor como sua vocação, ela nos ensina o caminho do abandono e da confiança!

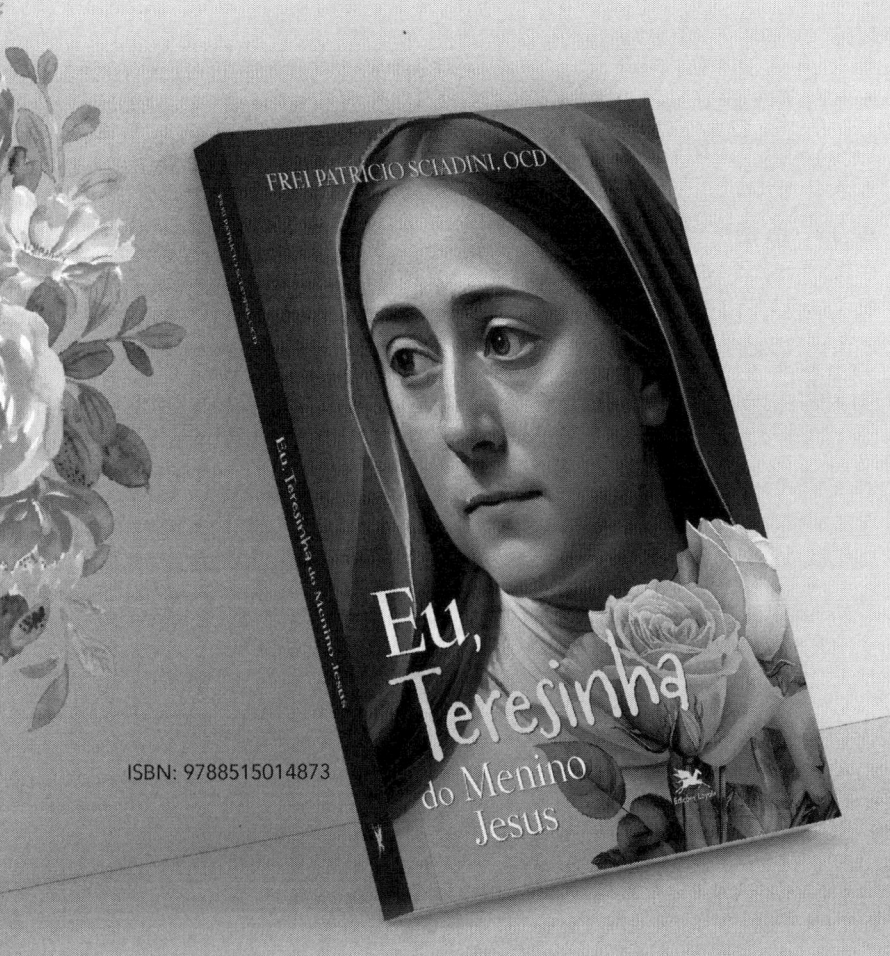

ISBN: 9788515014873

www.**loyola**.com.br

Edições Loyola

LEITURAS CLÁSSICAS PARA QUEM QUER IR ALÉM QUANDO SE TRATA DESTA SANTA TÃO CONHECIDA PELO PÚBLICO CATÓLICO.

Obras completas
SANTA TERESINHA DO MENINO JESUS
Teresa de Lisieux

ISBN: 9788515013999

Guy Gaucher
Santa Teresa de Lisieux
1873-1897
Biografia de Santa Teresinha

ISBN: 9786555042764

www.**loyola**.com.br

Edições Loyola

editoração impressão acabamento

Rua 1822 n° 341 – Ipiranga
04216-000 São Paulo, SP
T 55 11 3385 8500/8501, 2063 4275
www.loyola.com.br